台灣謀略

刺激2020，
再認識中國大陸，
探索台灣未來路

李勝峯——著

目錄

推薦序
兩岸可能性很多，端看有謀無謀　公孫策　009
一份永遠的智慧　徐宗懋　015
從歷史汲取智慧面對兩岸未來　黃清龍　017

自序　027

序章　台灣前途的真話與假話　039
聽真話或者講假話　040
紅藍綠同床異夢的兩岸交流，台灣還有多少空間　043
台灣還能撐多久？　049
政權是過客，人民才是歷史的主人　056

第一章　台灣往何處去？　065

民意如流水，可載舟，可覆舟　065
當前國、民兩黨的兩岸論述　070
統獨運動在台不同的本質　079
建構討論兩岸的三假設，存在否？　088
台灣民心民意知多少？　105
矛盾情結的集體意識　113
與年輕人的對話　119
抗疫在中國　123
化獨導統兩岸融合　128
認識歷史的中國，才能認識現在的中國　134
非當代主流的中共體制，為何能成就中國　141
化解疑慮才有互信　148
各有各的體制，相互尊重　153

第二章　兩岸類科普，明白話兩岸　163

生死存亡　164
恐懼、威嚇與挑釁　171
只有美國玩台以制中，台灣玩不了美國　180
反共，反什麼樣的共　186
務實求生存，務虛路不通　190
全面評析中美博弈與台灣　198
評價中美博弈的四個面向　205

第三章　大陸全球戰略下的兩岸方案　213

新型大國關係　213
大陸對台策略　218
如何重建新型態兩岸關係　234

第四章　中美博弈，危機四伏　245
前途難料的中美博弈　245
政治、經濟、軍事的較勁　252
中國力爭第一，美國就要唯一　257
控疫成敗，關乎領導，不在體制　262
喔！這樣的中國，美國就安心，中美就和諧　266
抗疫譜出的新國際政治關係　271
中美新冷戰？　278

第五章　再認識中國的意義　291
一九四三年開羅會議，民族復興第一步　292
長城的中國　297
中國vs西方　301
現代的中國　306

高鐵的中國 309
自主的中國 313
發展中的中國 317
現象的中國 320

第六章 中國崛起——認識現代中國 325
全新視野認識現代中國 325
民間可以亢奮，廟堂卻很清醒 331
四大優勢，創造有底氣的經濟實力 339

第七章 台灣如何因應統戰，求生存、拓發展 361
什麼是統戰？一樣看花兩樣情 361
自我虛幻的兩岸恐懼症 368

面對現實，就必須務實 376
下一步，該怎麼辦？ 383

第八章 香港怎麼了 391

什麼是反送中？如何看問題，釐清真相 391
表象背後，大家在裝傻？ 399
港版國安照妖鏡 408
香港最大的敗筆，是傷了十四億人的感情 415
香港不是台灣，民進黨不可學，英美承諾不能信 421

推薦序

兩岸可能性很多，端看有謀無謀

●公孫策

李勝峯兄新作《台灣謀略》全書滿溢他對台灣前途的使命感。由於對動不動要人表態統獨的風氣至為厭惡，同時也不喜歡被亂扣統獨帽子，所以通常我只在自己的專欄或臉書粉絲專頁上陳述相關觀點，因為可以將自己的論點講清楚，而幾乎不為文推薦其他人的著述。

我推薦本書則是基於以下幾個理由：

一、我贊成此時此刻是把統獨問題攤開來討論的時機；

二、胡佛教授逝世前一年說的「議統將漸成風氣」果然言中，而台灣的領導人無謀，將被逼到死角；

三、深為作者對年輕人的苦口婆心所打動；

四、本書資料蒐集詳細，即使不同意其立場或論點，仍極具參考價值。

為什麼現在是攤開來談的時機，從前不是嗎？

因為從前都是儘量模糊，攤開來談勢必縮限了模糊空間，台灣對上大陸肯定是弱勢，保持模糊空間還可以偶而打打擦邊球。可是蔡英文政府卻是擺明了跟北京對衝，而北京對蔡政府的態度也從漸失耐性轉為毫無商量空間。如此情況下，如果大家繼續過去的思維，還想恢復模糊空間，其結果將是蔡英文獨斷獨行——容我直言，那將是一場災難，不是指兩岸政策，而是說蔡英文坤綱獨斷（是災難）。

胡佛教授於二〇一八年去世，他在前一年提出「議統將漸成風氣」，他的意思是，之前對統獨討論的都偏重在「台獨、反獨」，也就是台灣獨立有什麼危險？為什麼不可行（甚至不可以明說）？而他認為那個階段過去了，以後將會討論「如何統」。他的預言在他逝世隔年應驗，**二〇一九年一月二日，習近平提出「探索『兩制』台灣方案」，雖然這讓蔡英文「撿到槍」並成功運用而贏得大選，可是不容諱言，兩岸從此進入「討論統」——二〇二〇年大選後的政治氣候，見似抗中蔚然成風，但即使高喊抗中反統，還是討論「統」，而不是討論「獨」**。**也就是說，從前是北京用力反獨，現在是台灣努力反統，**如此情況，**主動權操在哪一邊呢？**更由於台灣的領導人（不論藍綠白）事實上都不如中共領導人，**一旦兩岸議題主導權**

落入對方手中，台灣將完全處於被動。弱勢一方要想扭轉情勢，必定要爭取主動，而爭取主動必須有謀，台灣的領導人幾乎完全無謀，藍以為「一中各表」是金鐘罩，綠以為美軍是如來佛，白則只能以「兩岸一家親」希望仍然保持模糊。此話說來沈重，但事實如此：弱勢一方無謀的結果只有束手待斃。

或許有人要問：無謀固然束手待斃，有謀又能怎樣？除了統或獨，還能有什麼可能？錢穆先生的教誨於此有用了：「在現實裡找問題，去歷史裡尋答案。」今天的統獨問題似乎已經糾纏數十年而群士束手，那是因為眼睛只盯著海峽，腦袋只想著當前（個人利害），其實歷史上曾有一段時期，與現今兩岸對峙情勢頗為類似的經驗，就是清初鄭成功父子跟清廷的和戰與談判過程。

鄭成功佔領金門、廈門，以兩島抗天下的過程不贅述。他退居台灣之前，順治皇帝數次向鄭成功招降，鄭成功都堅持「不薙髮」，且提出「如朝鮮例」，雙方沒有交集，當然談不攏，而鄭成功收復台灣之後不久就逝世了，海峽兩岸的談判對手也成為康熙和鄭經。

這裡說明一下：在當時，「不薙髮」的意義就是不認滿清的統治；而「朝鮮例」則是受大清冊，但實質上獨立，與今天的「一國兩制」有些接近——用今天的說法就是「被矮化，沒尊嚴」。簡單說，鄭成功堅持不薙髮是維持尊嚴，援朝鮮例是保有實質。

到康熙皇帝時，由於大陸內部形勢發生過很多變化，包括除鰲拜、三藩叛變等，而海峽兩岸的和戰、談判也隨之變化。

康熙親政並誅鰲拜之後，給自己立下三件最優先要處理的事情，所謂「三大政」：三藩、治河、漕運，而台灣問題不在其中。於是他派最親信的大臣明珠為招撫大臣，會同福建的靖南王耿繼茂，派遣使節慕天顏、副使季佺攜帶詔書與明珠、耿繼茂的書函渡過海峽，去見鄭經。鄭經只開啟明珠的信函，不肯開啟康熙詔書（不奉詔，以示對等）。季佺向鄭經表示：「殿下如果真的肯休兵，那就可以循朝鮮例：不登岸、不薙髮、不易衣冠。」鄭經認為，明珠的函中沒如此說，副使所言，不能算數，仍派出兩位大臣葉亨、柯平為使者，隨慕天顏、季佺回福州，並且以書信回覆明珠：「必須如副使所言（三不），然後可以議和。」那一次談判過程另有曲折，此處不贅，結果雖是議和不成，但北京和台灣之間「自是使節頻通，相安無事」。

之後三藩兵起，鄭經先後跟耿精忠（耿繼茂之子）和清軍合作，待得耿精忠投降，康熙又命耿精忠「隨大兵征剿海逆」。之後，駐軍福建的滿清康親王傑書跟鄭經打打談談，過程中傑書給鄭經的函件中甚至有「果能釋甲東歸，照依朝鮮事例，永為世好，作屏藩重臣。」的字句，也就是北京居然同意了「鄭成功上限」。再往後，接替傑書的平南將軍賚塔致函鄭經，信中說：「若能保境息兵，則從此不必登岸，不必薙髮，不必易衣冠，稱臣入貢可也，不稱臣入貢亦可也。」連朝鮮模式都不必了，北京又讓一大步。

雖然，歷史的結局是施琅征台，清朝「收復台灣」。但是我們看那一段歷史可以得到的啟發是：**兩岸之間的可能性很多，以前談過的上限、下限沒有不能修改、突破的，關鍵在態度和實力，還有就是海峽以外的變數，在當年是三藩戰事，現在是中美關係。**

然而，**絕不可以缺少的就是「有謀」，絕對不能僵化無彈性**，這是我欣賞「台灣謀略」書名的最重要原因。

推薦序

一份永遠的智慧

●徐宗懋

勝峯兄是我三十多年的朋友，在台灣的政治起伏的環境中，能夠三十多年維持一貫的看法屬於極少數，勝峯兄是其中一位。當然，有智慧的人懂得與時俱進，但核心精神卻不變，這就是我所認識的勝峯兄，是生活在台灣的務實、溫和的中華民族主義者。**民族主義使得一個人有所本，不是風中浮萍，四處飄盪，務實溫和則是善於解析時局，找出自己的位置，作出最好的選擇，而這是今天台灣人所需要的。**

這本書是他最近寫的，但卻是三十多年來持續性的觀察，談論的不僅是台灣的局勢，也包含了大陸的發展、兩岸關係的變化、美國的前景以及中美關係的走向。作者很務實地認為，台灣是居於陸美兩大之間，實力不可能跟兩者相比，只能小心翼翼地盤算，不能主觀期待自己的意願能夠單方面落實，而是要客觀了解大陸跟美國未來競爭的趨勢，如此才能夠回頭過來確認台灣本身的優勢，這是劫難和機會之間的選擇，需要高度智慧。他認為，大陸過去三十年達成了人類史上少有的成就，儘管中間存在不少問題，但整體上驚人的發展卻是不容否認。反之，美國則有走下坡的趨勢，正是因為走下坡，擔心無法有效面對中國大陸重新崛起的挑戰，所以才強烈採取反中的政策，卻不知中國並不是美國，有著自己政治管理和經濟發展的法則，而且**大陸新一代的民族自信心和自尊心都達到高峰，不再像過去那麼樣一切以美國的方法為依歸。因此，他們將不會畏懼美國的壓力，繼續在經濟、科技和文化上堅持自己的發展之路，對於同屬中華民族的台灣人而言，這條路其實台灣人掌握了許多優勢，台灣年輕人應該善用這種優勢，而不需要困在短期被操弄的政治情緒中，把眼光放遠，加入中國大陸發展的行列，同時順勢透過政治協商，與大陸取得解決兩岸問題的最後方案。**

勝峯兄的觀點不一定符合台灣當今時髦的說法，更不討好多數人，但這正是這本書可貴之處，因為他將留下歷史的證言，許多年後當人們回頭看這本書時，會更確認書中所言的真理價值。作為三十多年的好友，我跟他分享許多共同的見解，十分樂於見到他的觀點編印成冊，為台灣、大陸以及世界留下一份永遠的智慧。

推薦序

從歷史汲取智慧面對兩岸未來

●黃清龍

兩岸問題是台灣的生死大事，情勢如此複雜，我們該如何面對？勝峯兄大作《台灣謀略》一書，就是想為台灣在一片迷霧中找尋出路。他囑我作序文，委實不敢當卻無法拒絕，只能野人獻曝了。

我們知道，兩岸問題脫離不了美中關係，美中關係又牽涉到兩大國之間的世紀爭霸。自二〇一八年三月美中貿易戰開打以來，國際間即有所謂「修昔底德陷阱」的說法，亦即一個新崛起的大國必然要挑戰現存大國，而現存大國也必然要回應這種威脅。美中同屬核武大國，一般認為直接爆發軍事衝突的機率很低，惟不能排除局部的、有限的代理人戰爭出現。

過去兩年來美中之間的衝突不斷擴大，從貿易戰打到科技戰再到金融戰，乃至意識形態戰爭，眼前的美中關係已是一九七九年建交以來最惡劣的情況，台海則出現一九九六年飛彈危機之後最兇險的局面。然而美中之間隔著廣闊的太平洋，兩岸卻只是一道淺淺的海峽，且不說戰爭爆發，哪怕只是外島的些許駁火，都足以影響台灣的軍民士氣；更何況美國最終能否有效馳援，乃至願意挺台力戰到底，都是個大問號，而那時台灣卻已淪為廢墟。

因此如何才能有效避戰，**乃是當前台灣上下必須嚴肅面對的課題**，這也正是勝峯兄《台灣謀略》這本書的重點所在。書中盡顯作者多年觀察兩岸問題的獨到見解，如以婚姻比喻國、民、共三黨：同是交流，目標各異，國民黨是「以不一定結婚為前提的交流」，民進黨是「以不結婚為前提的交流」，共產黨是要「以結婚為前提的交流」。三黨對兩岸現狀的理解也大有區別，國民黨的維持現狀是「不統、不獨、不武」，民進黨的維持現狀是「不統、不武」，不獨不見了，且有許多暗獨，共產黨則是「要統、反獨、備武」，以現狀為基礎，邁向統一。至於台灣人「懼統又拒統」的情結，勝峯兄更有極精妙的剖析，**他認為台灣唯有面對統一**、**討論統一**，**才有能力處理統一的壓力**，**厥為本書之精義所在**，讀者盡可詳閱得之，本人僅做以下幾點補充，供讀者思考兩岸問題時的參考。

從歷史上看，幾百年來台灣的命運一直是隨著中國大陸的興衰而起伏波動。歷史經驗顯示，只要大陸陷入亂局，台灣就可能和大陸脫離，反之當中原王朝強盛時，台灣又回歸版圖。明末中原局勢板蕩，鄭成功趕走荷蘭人在台建立東寧王朝，此其一；等到康熙盛世來臨，台灣就成為清朝版圖，此其二；清末國勢衰微，台灣被割讓給日本，此其三；等到日本戰敗，台灣又重回中國版圖，此其四；一九四九年國共內戰，台灣再度與大陸分離，此其五。**幾百年來的兩岸關係，就是循著這樣的歷史規律反覆出現，如今中國再度崛起，台灣也再度面臨與大陸的分合問題。**

從近代來看，兩岸現狀——即在台灣的中華民國與在大陸的中華人民共和國並存，乃是一連串偶發因素形成的。如果沒有國共內戰，在一九四五年日本投降之後台灣已經回歸祖國，與廣東、福建一樣都是中華民國的一個省分；如果國民黨在內戰勝利了，當然也不會有今天以台北為中華民國首都的局面；相反地國民黨在內戰徹底失敗後、如果蔣介石沒有帶領百萬軍民渡海來台，台灣將很快成為中華民共和國的一部分。甚至於如果不是韓戰爆發，美軍介入參戰並協防台灣，兩岸恐怕也早就統一了；台灣人將和對岸人民一樣，經歷大躍進、文革等政治災難。也就是說，**地緣因素對台灣的命運有著決定性的影響，而今全球地緣戰略再度因美中對抗而撬動，台灣也被推到震盪的第一線；七十年前塑造如今兩岸現狀的外部環境—國際因素，彷彿一夕間重新回來了，這些都冷酷但也清楚地告訴我們：所謂的兩岸現狀並不像磐石般穩固，是隨時可能動搖的。**

然而兩岸歷經長年分隔，從甲午戰敗至今已有一百二十五年，當中除了一九四五到一九四九短短四年，兩岸一直都處於分離狀態，期間台灣還經過日本五十年的殖民統治。長期的分立使得兩岸儘管在血緣、文字、語言上同源一脈，但在政治制度、社會文化與價值觀上已然有了不同的面貌。台灣是個移民社會，四百年來頻繁更迭的統治，從荷蘭、明鄭、清朝到日本、國民政府，每一個新的統治者都想方設法要消除前朝留下的痕跡。這使得台灣人的歷史記憶特別短淺，但相對地台灣人的歷史包袱也輕了許多，遇到重大轉折點時很容易就跨越過去。台灣從威權到民主的轉型，雖然是各種內外因素相激相盪之下的結果，也與台灣人特殊環境下歷史包袱較少有關。反觀中國大陸在兩千多年的封建統治下，歷史包袱要比台灣沈重許多，除了人民安土重遷、社會體系超穩定，加上疆域遼闊、民族複雜，中央極權因此成為必然的結果。這是兩岸在不同歷史經驗下，政治體系出現差異的根本原因。

尤其一九四九年後中共成立中華人民共和國，國民黨退守台灣，延續了民國命脈，兩岸自此對峙。當年跨海來台的不只有冷冰冰的政權，還有大批的文官、學者、作家、藝術家、教育家，他們帶著深厚的文化根柢而來，在重重險境中開出了似錦繁花：新儒家、人間佛教、新詩、民歌、鄉土小說、現代舞、書法藝術、油畫、水墨畫、京崑劇、歌仔戲、布袋戲……千百種哲思與文化藝術，在島嶼上百花齊放，形成兼容並蓄的台灣文化，使台灣從偏安一隅的閩南文化、殖民文化，躍升而為中華文化的主流。可以說是**因一九四九年兩岸政治的變易，才使得台灣在歷史的偶然下，成為中華文化的繼承者，並賦予它重生的肌理，進而於上世紀八〇年代大陸改革開放後，重新回流到中國大地，填補了一代人的文化斷層與心靈空缺**。

一九八八年台灣解除戒嚴，民主化伴隨著本土化浪潮，使得原本以中原文化為主的台灣文化，增添了閩南、客家、原住民文化，以及外來的西洋、東洋文化而更加多元豐富。所以台灣文化走向在地認同，乃是現代化、民主化後的必然發展，但這並不意味著與中華文化的割裂；相反地，中華文化一直是也仍然是台灣文化中最重要的成分。正是在中華文化的養分根基上，經過半個多世紀的現代性洗禮，走過歷史風霜的台灣文化，才有今天的海納百川、兼容並蓄，但其內涵、氣質已經和大陸有所不同。從這個角度來看，**所謂的「文化中國」並不以地域為界定，也不能拿傳統的中央與地方來區分主次，而須從文化的傳承、創新與流傳程度，來看兩岸文化根柢同源而又先後互補的關係。**

但不論兩岸在政治體制與文化內涵上有多大的差別，**基於歷史與地緣等因素，台灣都無法迴避對岸訴求兩岸統一的召喚。如同作者所說：「一個復興的中華民族，是否容許兩岸持續分裂？」、「假若中國共產黨把民族復興當作它的歷史使命，請問一個復興的民族，會是一個分裂的國家嗎？」這是台灣今天必須面對的殘酷實情。當中最大的糾結、或稱對兩岸未來的認知分歧主要有兩個，一個是中共目前的集權體制能否永久持續下去？一個是兩岸的終局究竟是領土的統一，還是制度的融合？**前者是對所謂中國模式的預測，有人樂觀認為中國模式將可長期發展，有人則持悲觀的中國崩潰論，吾人或可以前蘇聯之經驗教訓作為比較。後者則牽涉到兩岸的未來，更具體地說兩岸如果要走向統一，台灣經驗對中華民族復興有何意義與影響。

就前者來說，冷戰結束後，中共從蘇聯崩潰汲取到充分教訓，正常情況下理應不會再犯蘇聯的錯誤。但近年北京當局改變「韜光養晦」策略，推動一帶一路、在南海大舉擴張勢力，並廢除國家主席任期限制、對香港民主運動打壓、對少數民族進行強迫式同化，引起美國的強烈反應，同時也為中共帶來管治危機。目前美國對中國的貿易戰及制裁措施，已令中國經濟下行。當年蘇聯在經濟下行時，仍然大筆資助社會主義陣營國家，如古巴、越南、及東歐各衛星國，甚至對阿富汗、安哥拉及東南亞軍事介入，最終導致其失敗。對於今日中國而言，一帶一路正是當年蘇聯的類似政策。

如果中國希望避免步上蘇聯後塵，理應盡量避免與美國產生地緣政治與國家利益上的衝突，但中共的政策是繼續鼓吹中華民族主義，對抗「美國侵略」；而原本有機會拉攏的歐洲國家，亦因北京持續打壓香港、西藏、新疆等地而失效。但縱然如此，只要中國能避免與美國爆發軍事衝突，習近平政權仍將會十分穩固，不會像蘇聯般內部崩潰。畢竟在全球化時代，無論中國經濟怎樣下行，擁有十四億人口的龐大市場，總有辦法吸引外資過來，這是蘇聯沒有的優勢。再加上今天在中國真心相信民族主義、愛國主義的人，都遠超過蘇聯末年相信共產主義的人，這就是習近平強調的「制度優越性」，所以中共高層也不容易產生戈巴契夫這類的人。也就是說中國儘管存在大量問題，但這些問題和中共政權能否存續，卻是兩回事。更何況今天中共透過數位科技進行的獨裁管治，基本上已令國內任何反抗勢力難以存在，不但基層人民被嚴密監控，連高層的潛在競爭對手也被嚴密監控，而且是大數據的監控，這同樣是蘇聯所沒有的優勢。

所以**目前中共這套體制雖不能說一定可以垂之久遠，但也絕不是某些人想像的以為它很快就會崩潰。這是我們在思考兩岸問題時，必須要有的認識。如果不把所謂「中共崩潰論」列為選項，我們思考兩岸的未來，就必須更務實地認識中共的規劃**。簡單說，十九大後，中共的兩岸統一時間表已經浮現（二〇四九）。可幸的是儘管武統聲浪從未止歇，和平的、心靈契合的統一仍是北京當局的主調。然而由於兩岸關係持續惡化，大陸單向操作也越來越明顯，並已出現從「兩岸融合」過渡到「實質統一」，再走向「形式統一」，以及統一後要「確保中央全面管治權」等對台新的論述。

面對中共的統一訴求，在台灣除了一些堅定的台獨主義者外，其實也有兩種關於兩岸統一的主張，一種認為統一是早晚的事，因此台灣應當趁還有籌碼時及早提出統一方案，有些企業、某些台商多少有此傾向，某種程度上他們是習近平「一國兩制台灣方案」的支持者。**另一種則認為中華民族的復興固然不能不以兩岸統一為前提，但更重要的是兩岸的統一必須與普世價值連結，思考對人類能夠做出什麼貢獻**；尤其應當凸顯台灣經驗的價值。**前者我稱之為現實派，後者則是理想派**，兩者各有其理性根據，誰對誰錯，就看是現實重要還是理想重要。這就要說到《蔣經國日記》開放的當代意義。

一九七八年十一月中共召開十一屆三中全會，決定走向改革開放。隔年一月一日中共與美國建交，同一天發表「告台灣同胞書」，對台展開統戰攻勢。蔣經國深知此後的兩岸競爭即將進入一個新的階段，在他一九七九年三月二十五日的日記就記載：「共匪自從與美建交以來，就對我展開空前的和平談判攻勢，余堅守立場，不顧無比重大來自海內外之壓力，決定置之不理。」而在同年四月四日國民黨中常會中，前述蔣經國的立場更進一步成為不接觸、不談判、不妥協的三不政策的內涵。從事後的發展來看，蔣經國當年的反共或許過於頑固，有著「一朝被蛇咬」的陰影，三不政策後來也被迫妥協修正。但一九八一年三月底國民黨十二全大會上，就通過了「貫徹以三民主義統一中國案」，希望透過實際的政治與經濟建設，凸顯台灣的具體建設價值，以利實現「和平反攻」。

蔣經國提出的以「三民主義統一中國」路線，雖已過了四十年，如今來看卻是歷久而彌新的。其最大意義就在於擺脫狹隘的成王敗寇歷史循環觀，從為人類文明建立典範的高度，來看待當前的兩岸問題與未來的兩岸統一。**也就是說統一不只是為了結束兩岸有形的分裂，而是要追求兩岸人民基於共同價值觀下的心靈契合；統一也不只是為了中華民族的偉大復興，而更應該是具有普世認同的價值內涵，達到習近平總書記在中共九十五週年黨慶上說的：「中國有信心為人類對更好社會制度的探索，提供中國方案。」**

最後，我想談一談兩岸統一的步驟。習近平曾說：「兩岸問題的關鍵在於大陸本身的進步與發展。」展現大陸自信的一面，亦即隨著大陸在經濟、社會、政治、人民生活水準、文明程度，以及國際地位的提升，台灣民眾對大陸的看法也會跟著改觀，統一的條件就會發生變化。**如果兩岸的統一是在當「中國方案」具有普世價值、能為世人所認同，並且經過民主程序得到台灣人民的多數支持，這樣的統一，我們有什麼理由反對呢？**

自序

兩岸問題，涉及台灣的生死存亡。是何其嚴肅的大問題。

朝野上上下下，逃避、輕忽遠多於正視、討論。

誰願嚴肅以對？誰討論，誰挨罵，誰面對，誰痛苦。誰逃避、誰苟活。能拖就拖，但是以拖待變，問題不會消失，只會更嚴重。

兩岸問題，是一塊難啃的硬骨頭，為台灣前途計，再硬也要啃。吾人就要嘗試啃一啃。拋磚引玉，大家一起面對，討論一下，台灣的生死存亡。

兩岸逃不開統獨的問題，台灣必須面對。

或說應擱置統獨爭議，避免耗費社會成本，先全心全力建設，有成後再論其他。先不論是否能不受政治干擾，全力建設，但就主觀意願的擱置，能否擋住現實發展的腳步？擋不住時，該如何？以拖待變，拖到何時？缺乏準備，屆時如何因應變局？

或說，不統、不獨，維持現狀。不統、不獨，若指涉不談統獨，如前述所言，躲過一時，仍須面對。若是不要統，如何面對北京？不要獨，如何處理台灣內部？不面對，就難處理。不統、不獨是因應兩岸的有效策略？或僅是為化解集體焦慮，滿足各方，逃避現實的因應方案？仍無法真正解決問題。

或說，在台灣，統一可做，不可說；台獨可說，不可做。統一既然能做，就應能說，看你怎麼說。台獨既然不能做，就不應該天天鼓吹著說。若涉及台灣生命存亡的統獨問題，只能在可不可說，可不可做之間徘徊，當然解決不了問題。

當民進黨成功地掀起反共反中，抗統緩獨的浪潮，贏得了政權。民進黨或許得利了，但此後兩岸將圍繞在北京的促統、台灣反統抗統的氛圍下，那台灣的下一步呢？

當中國大陸為化解、或擋住、或反擊民進黨的攻勢，立場更堅定，促統態度更積極，戰略更彈性，戰術更強硬之際，台灣的應對之策呢？

美國，尤其川普，基於救選情，操弄台灣以抗中之時，已到紅線邊緣，夾在當中的台灣如何面對美國一連串的出招？台灣或身不由己、或半推半就的捲入、或自決宣告中立、或只有一連串的問號。今天吾人願以一己之力，試圖挑起、解開問號，扯開避論統獨的面紗，大家一起來討論。**我們可以互不同意，但應互相討論；台灣要贏，不是要辯贏。**

統獨問題，兩岸分合，不只是論理辯證，更涉及客觀現實、主客觀實力，及主觀意願三大面向：即現實、實力，意願必須三者合一面對、討論。換言之，一套又一套的理論固然重要，但是台灣與大陸不是距離二千公里，是二百公里的地緣現實更重要。

一套套慷慨激昂的兩岸必統，必獨之論，都有其理，但是兩岸實力的大小、強弱，國際影響力的差距，政府、人民的意志力，更具決定性。換言之，兩岸之間，**愈面對現實，愈務實，愈有討論解決的空間；愈落入史觀，理念的爭辯愈難解**。幾十年來，或統、或獨，說再多，不如攤開來，面對現實、談事實，先實事求是，就能解放思想、找出路。

與其在古今中外歷史裡，挖取以小制大，以弱勝強的故事，激勵自己，不如檢視內部是否已凝聚足夠的意志，不惜犧牲一切的意願，才足以構成「毒蟄雖小，卻願犧牲自己毒死大象」的威嚇之力。假若只想、或只要別人當毒蟄，「詛咒讓別人代替死」，就別扯了！缺乏自我犧牲的意願，縱有孔明的智慧謀略，也只是枉然的阿斗。

影響兩岸或分、或離、或鬥、或和的美國，對台灣的意義，在於中美的實力對比，及美國是否有為台灣付出的意願。當中美實力愈來愈接近，美國就越要付出更大的代價。美國當然會以對己利弊得失的衡量，決定意願。非台灣一廂情願的想像。

自助而後人助，台灣應先放下美國會介入的想像或爭辯。當以台灣一己的實力和意願，能凝聚多少力量，願意付出多少犧牲，撐住多久時間，穩住多少局勢，然後，才有然後，才有其他。否則都是一廂情願的想像。

畢竟美國再有實力，不是台灣可以支配的，就如同朋友再有錢財，是朋友的，自己要先有本事，自助撐住危難，人助才有機會可能出現。注意！只是有機會，不是必然。

本書不在理論上扯東扯西，而是紮紮實實地以現實、實力、意願，討論台灣最好的出路。畢竟我生在台灣，長在台灣；先祖在乾隆年間自福建遷台後，近三百年來，世世代代在台灣，當然先想台灣，台灣優先。愛台、保台、利台的重點不在口號、扯皮，在於面對現實、檢視有無意願及實力，找出最好的台灣路。這就是吾人撰寫本書的初衷。

知己知彼，百戰不殆；古有明訓也罷；商戰、選戰、一般競賽、競爭求勝的鐵律也罷，為何涉及台灣生死存亡的兩岸問題，如何處理台灣與中國大陸之間的相處，應知己知彼的常識，全走了樣，亂了套。

吾人堅信，**今天台灣必須精準認識大陸，正確掌握資訊，不論是個人或台灣，明天才能做下正確的選擇**。捫心自問，我們對歷史的中國、文化的中國、現代的中國、中共體制，及其統治下的民心民意，了解有多少？

片面或全面？扭曲或正視？偏見或真相？只取滿足主觀意識的資訊？或真實認知客觀存在的美醜好壞？扭曲與偏見改變不了對方存在的事實，卻妨礙我們的認知，做下錯誤的判斷，斷送自己的前途。

在台灣，不缺乏攻擊、否定、看衰大陸的信息；也不缺乏誇大北京對台灣的惡意，擴大台灣對大陸的恐懼之訴求；更充斥著國際會力挺，美軍會為台灣千里馳援的想像。以致認為可以一戰保台灣，尤其二、三十歲的年輕族群。**戰爭對年輕人而言，是第一次面對，是青春、生命、人生、鮮血的付出，絕不是手指操控鍵盤的遊戲畫面，輸了可以重來。**

因此，吾人有義務，讓台灣認知美國的兩岸政策，對台、用台的真相。當然會不同於坊間的觀點，卻有助於我們思考，挑戰我們自以為是的真，是否經得起考驗。

「絕對」是法西斯的要求，不是民主的價值，「相對」才是民主的真義。在台灣有關兩岸的論述太片面。俗話說得好「呷魚、呷肉」之外，也來點「鹹菜配」。

平衡，呈現當前台灣社會對大陸的看法、認知之外，有另一個大面向；平衡，比客觀有意義。

每一個人都喜歡說自己是客觀、中立。如何定位自己，是每個人的權力，但我了解，「客觀」，說易行難。所以我更主張平衡。

本書有關中國大陸的內容，就是在台灣充斥片面資訊下，來點相對的鹹菜配一下，對號稱民主的台灣，必有其意義。

民國六〇年代，黨外民主運動風起雲湧之際，有不少人質問黨外人士，「國民黨真的那

麼差，一無是處，都是壞？」當時黨外回答：「講國民黨好的人和媒體太多了，不必多我們一個來錦上添花。」這段回答，就是我出版本書的意義之一。為台灣開啟另一扇認識大陸、思考兩岸的門。相對呈現，平衡認知，另類思考—就是吾人出版本書重要的目的。

吾人一向旗幟鮮明，主張兩岸和平統一，既保台又利台，旗幟鮮明地投入中華民族復興的行列。

研究當代歷史，我清楚明白，中華民國在中華民族復興過程中既有的角色與貢獻。我是台灣人，關心兩岸關係與台灣發展，更清楚了解，台灣對中華民族未來的發展，一則可扮演適當的角色、有效發揮功能，二則能取得極有利台灣的成果。一舉兩得，智者應為。

無庸置疑，由台灣的立場，以台灣的觀點談統論獨對台的利弊得失，再融入中華民族發展的角度，討論台灣的定位與出路，不僅是務實，更讓台灣如虎添翼。

在台灣有關台獨的問題，談得夠多，論得夠徹了；卻全面缺乏面統、論統的氛圍。台灣已到了該面統、論統的時刻了。沒有平衡的統獨論證，豈有保台、利台的正確取捨之道？

吾人不必，也不會，刻意各打五十大板，強調公正；左擺右晃，模模糊糊，以示客觀。如此無法面對真相、討論問題。

以我數十年對台灣獨立運動的專業研究，必然能同理台獨存在的主客觀因素。因此，我充分認知，**反對台獨，僅是一種反對態度的表達，解決不了問題。消滅台獨，也只是一種情緒表述，消滅不了什麼。因此「化獨」，化解台獨才是面對台獨、處理台獨的重要態度與策略。**

平衡，就是討論現實上台獨成功與否的機會，對台灣及個人，尤其對年輕人發展的利弊得失。同時讓台灣人，真真正正地認識，不論好壞美醜，真實的中國大陸。

中國大陸絕非凡事好棒棒，否則哪來不斷改革的要求；也絕不是一切都是很爛爛，否則何來今天的成就。

但是否能說好一篇一篇改革開放過程中，精彩且真實的中國故事；讓台灣人體會到，台灣發展與大陸的兩利則合，合則兩利的關係。

改革開放四十年來取得成果的中國大陸，在台灣人的心目中是一個怎樣的大陸？亦即台灣人對現在大陸的評價，會影響對未來大陸的想像，這決定了台灣人的選擇。

打鐵必須身子硬，一個貧窮落後的大陸，對台灣沒有吸引力，對台統一的訴求，也沒有意義。

改革開放的事蹟，不論良善、美醜或成敗，在台灣，總是捨好取壞，大多被描繪得烏漆抹黑，之後大陸民間反彈的結果，則是大量「厲害了我的國」的歌頌，讓台灣失去認識真實中國大陸的機會，也間接助長促獨抗統的氛圍，不利兩岸，更不利台灣。

一個原本經由不斷改革、創造治理績效的政治體制，卻被簡化為只是極權統治的必然，人民受迫害的國家形象，台灣當然更恐懼中共體制了。對北京的任何承諾，失去了信心，更強化反中反共，抗統恐共的意識。

兩岸的鴻溝更擴大、對立更嚴重，對峙更難解。獲利的是操弄台灣以制中的美國，及操縱抗中得利的政黨、政客，人民卻陷於困局的危機中。

讓台灣人民，有公平的機會，取得訊息，認知改革開放後真實的大陸，不斷發展中的中國。只要台灣因應得宜，成功發展的大陸，是利台的資產，是台灣更發展的機運，是台灣人創業、就業發展的舞台；久而久之，不言統、不促統而統。

與其反獨，不如化獨，與其促統，不如導統；化獨導統是王道的手段，達到對台灣最有利的目標。因此吾人，意圖呈現另一個角度，看中國大陸，讓大家另類思考統獨的問題，探討台灣的出路。

擺開統獨、黨派、政權、顏色、意識的立場，以人民生活的高度，看兩岸分合，與其說是政權的統一或分立，不如說，台灣是否能在正確認知真實中國大陸的現況、體制及未來的發展之後，決定入席或缺席的選擇。因為人民才是歷史的主人，政權只是過客。

試想，現在大學、研究所剛畢業二十多歲的年輕人，第一個十年，尋找自己的職業定位，第二個十年發展累積工作的成效，第三個十年發揚光大成就自己的人生。三十年的黃金歲月與二〇二〇年起，中國大陸再成長的三十年，幾乎同步前進，此刻誰也沒有權力築高牆，阻礙年輕人的機會，更沒有權力，僅提供片面單向，甚至是偏差的信息，使年輕人做下錯誤的選擇。

本書印行的目的之一，就在於鼓勵年輕人，有權利突破統獨的侷限。自己的人生，自己掌握，自尋出路，自我實現。

至於很多人擔心李登輝之後二十多年的反中、去中教育，及台獨運動的深化下，台灣是否就一去不回頭了？

我始終深信，數千年累積的中華民族基因，不會因數十年的政治運動，就會被清洗掉。一九四九年～一九七九年，中共統治的三十年間，一波又一波的高舉馬列旗號政治運動，尤其最後十年的文化大革命，力度之大，層面之廣，影響之深，比之於今天台灣的反中獨化，不可同日而語。

但之後改革開放，一夜之間，大陸以中華文化為根，將中國人的民族基因激活之後，中國元素質變了馬列教條，成為中國特色的社會主義，造就今天的成就。

台灣人，或許會因去中政治社會化運動，使中國元素受壓制於一時，但是同樣身懷中華民族基因，同文同種的台灣人，只要抓對了時機，隨時有被激活的時刻。

吾人出書就是基於這份信心，播下一顆種子，意圖激活台灣人的中華民族基因。

序章

台灣前途的真話與假話

大家都說，喜歡聽真話，但是真話，常令人不太舒服，心裡很糾結。

台灣近年來，論及政治和兩岸議題的特色之一，就是活在假話中。活得很自在，也自我感覺很良好。不敢面對現實，把假的當成是真的，集體的自我欺騙蒙蔽，直到問題出現，逼到眼前，措手不及，不知如何應對。

只要願聽真話，面對真相，心中或許尚會糾結，但是還有機會因應變局，找對出路。大家想一想，**台灣還有多少時間，實力和能力，因應中國大陸的崛起？**

聽真話或者講假話

中國大陸的國民所得，二〇一六年的GDP約一一兆三千億美金（以下同），台灣每年的經濟成長率一．三％。我們將它提高到二．〇％。對比大陸一一兆三千億的六．五％，台灣GDP五千三百億的二．〇％兩相比較之下，一年單以成長率，差距至少約七千二百億左右，比台灣總GDP多出約二千億，兩岸實力差距，必隨著時間，愈來愈大。

面對這個事實，有何因應對策？打嘴砲？期待大陸垮？大陸垮了，台灣從此過著幸福安康快樂的日子嗎？我們準備好迎接，大陸垮掉的衝擊嗎？我不認為，我們有因應策略。

大陸強大了，我們有壓力；大陸垮了，我們有立即的危機。但是我們的因應對策？難道我們就這樣繼續以拖待變嗎？不敢面對真相，謊言又能撐多久？

大陸強大了，我們不知怎麼辦；大陸垮了我們也不知怎麼辦。主觀的意願隨你想，但是怎麼想是一回事，客觀的現實是一回事。**今天台灣就是充滿太多主觀想像，自以為是，以為自己所想，就是正確的，而不願意去面對客觀的真相。**

我想要的≠可能會發生

進到今天主題以前，我提出幾個選項，提供大家選擇。在主觀的意願下，你會如何選擇？客觀現實下，名政論家范疇先生曾提以下觀點，我稍試修正一些，你認為以下哪項發生的機率大？

第一：台灣脫離中華民國而獨立，成立所謂台灣國，獲得美國日本強烈的支持。

第二：不管中華民國或台灣換成什麼名號，最終擺脫中華人民共和國的壓力，順利達成兩岸分裂，分離的目標。美國、日本等全力支持。

第三：台灣不管怎麼選擇，不論以何名號（義）融入美日安保體系內。只要台灣有難，美日基於條約，全力協助台灣。台灣也願意聯合美日，和中國打一仗。

第四：北京當局在主客觀的考量和壓力下，放棄對台的統一政策。

第五：台灣成為一個比香港條件更高、自主權更大的特別行政區。

第六：台灣跟中國大陸形成一個聯邦或是邦聯的體制。

第七：以上皆非，各位可以想一想，還有哪些創意構想？

這裡有我們主觀想要的，如台獨支持者最喜歡選的第一，或第二，更有不少人最期待第四項發生；假若不作為，最可能出現五；用心面對，規劃、運作或可能出現六。假若我們無法做出正確、有效的事，當然得不到符合主觀意願和客觀現實的結果。

台灣的前途，我們主觀地認為，應該由全體台灣人民來決定就可以。這是一句讓我們感受最舒服，最滿意的話，也是政客最容易說出口，討好台灣人的話。但這只是一句很好聽，聽了很順耳的話。**然而客觀的國際現實，兩岸現實，卻無情地告訴我們，台灣的前途，絕非我們的單方主觀意願說了算，所能決定。這是一句，讓台灣人聽了不舒服的話，也很糾結的話，甚至很生氣的話；但不幸的是，這才是必須面對的真話。**

想獨，獨不了；不想統，要面對

兩岸之間，台灣往何處去？有人想獨，但獨不了。如果台灣與大陸距離二千公里以上，或有機會。但問題是，只有二百公里！所以想獨，難啊。親愛的朋友，過往國民黨威權統治下，壓制了台獨。**今天壓制台獨的力量，不是來自國民黨，也不是島內的反獨力量，主要是來自北京，和擔心被拖入台海戰局的美國，進而由北京與國際強權，共管了台獨。**

民進黨即使執政了，想台獨，卻不能高舉台獨旗號，堂而皇之地推動台灣獨立，深綠的支持者對此甚為不滿。為了選票、權位，甚至政治操作的需要，再不喜歡，也得掛著他所不認同的「中華民國」的旗號。只好，也只能從改課綱，改名稱，護照加上台灣等枝節，去中國化，號稱凸顯台灣主體性，自我阿Q，滿足一下台獨夢。

其實他們也很難受。想獨，就是獨不了。不想統，卻必須要面對。台灣社會懼統又拒統，卻避不了，必須面對它。所以，我主張，此時在台灣，唯有面對統一、討論統一，才有能力處理統一的壓力和問題。

紅藍綠同床異夢的兩岸交流，台灣還有多少空間

「我想」跟「我是」是兩個世界，我，可以海闊天空地「想」；我，必須去面對現實的自我。以兩岸的交流為例，三方都有自己的「我想」，紅藍綠各有不同的期待。前立法院長王金平在總質詢中就提到以下比喻：

國民黨是「以不一定結婚為前提的交流」。

民進黨是「以不結婚為前提的交流」。

共產黨是「要以結婚為前提的交流」。

同是交流，目標各異，大家卻都裝糊塗。兩岸交流要大陸讓利，台灣要取利。試想男女雙方交往時，女方今天要LV包，明天要吃大餐，後天要出國度假，大後天要一條鑽石項鍊。……你要的，人家都給你了，然後問，要不要結婚。老是回答「不要」、「以後再說」，一再拒絕或拖延，又一再要取利。

從過往的社會新聞來看，會發生什麼事？可能有各種不同的結果，但似乎很少以沒事善了收場的。

既要兩岸交流，又一再要求讓利，利台，我實在看不出，台灣有何實力和策略，可以維持「不結婚」或「不一定要結婚」的主觀意願，又可獲利無限。

「維持現狀」紅、藍、綠現狀各表

國民黨自一九四九年後，以「反共、防共、保台」為維穩統治的主軸。反對共產主義，共產黨，防止中共滲透，保衛台澎金馬為前提，進行全民政治社會化教育。數十年來，已內化為台灣各黨派、各階層政治正確的主流價值。拒統、抗統的心理，與民進黨主張的台獨訴求，交集很大。**藍綠只有反共角度、力度的差別，沒有防共、保台的差異。**

連戰於二〇〇五年連胡會的破冰之旅，使國共兩黨的關係，由對峙走向合作、和平。但是反共、防共的陰影，仍揮之不去。深怕一不小心就掉入「中共統戰陷阱」，更怕被戴上紅帽。

國民黨要合作，又要反共，要交流，又要防共。對北京既期待，又怕受傷害。矛盾中，剪不斷，理還亂，只能過一天算一天，蒙混前進。

民進黨主張台獨，將反共拉高到仇共，擴充到去中，反中，仇中對立。因此，防共自保台，成為國民兩黨兩岸政策的最大公約數。所以「維持現狀」四個字，就成了藍綠各自逃避現實，各自解讀，各取所需的萬靈膏藥。

紅、藍、綠三方，對所謂的維持現狀，有完全不同的理解。

國民黨的維持現狀就是「不統、不獨、不武」。

民進黨的維持現狀是「不統、不武」，不獨不見了，而且搞各種奇奇怪怪的暗獨，但是**共產黨沒有維持現狀的說法，一貫的政策是「要統、反獨、備武」。以現狀為基點，邁向統一**。

藍綠都講維持現狀，卻同床異夢。國民黨以為如此可以保住中華民國，民進黨自以為可邁向台獨，大陸也認為，如此可以暫時抓住台灣不分離。相同的名詞，不同的理解，哪天要見真章，豈不出亂子？

維持現狀，對台灣而言，就是以拖待變。但還能拖多久？這就是維持現狀的真相，被指為國王的新衣，聽了會不太舒服。但在真正勇敢面對現實之後，我們如何思考、因應，找出台灣出路，才是正道。

正視中華民國的存在，意義何在？

面對兩岸的問題，台灣有許多沒看透、沒想通，卻自以為理直氣壯的說詞，其實是氣壯，理卻不一定直。

如我聽了不少藍軍的朋友，尤其是大咖的，都曾說，在大陸，面對中共高官，指稱中共要正視中華民國的存在，才能解決兩岸的問題。我不知道，他們在大陸，是否講的那麼慷慨激昂，既然這麼說，我們姑且聽之。確實有不少人主張，大陸先正視中華民國存在，兩岸困局才有解。這個說法，沒有錯。**在兩岸問題上，正視中華民國，意味著要面對一個極關鍵的**

年代——一九四九。

正視中華民國的存在，確實能滿足一般人的常識認知：兩岸一邊是中華民國，一邊是中華人民共和國，也能滿足民進黨求獨拒統的目標。但這也很容易被解讀為承認或接受兩個中國。各色主張者，不論其主觀想法如何，就客觀的現實而言，兩個中國政策，就是無法處理兩岸的問題。

正視中華民國的存在，最符合史實的意涵，就是「一九四九年成立的中華人民共和國，必須正視一九一二年成立的中華民國，至今仍在中國領土上，有效地統治台澎金馬」。這段以史實為基礎的描述論述，雖彰顯了中華民國存在的事實，同時也點出以海峽為界分離的現狀，係內戰的遺緒，尚未解決。

解決內戰的遺緒，一是幹到底，決定成王敗寇的結果。另一是和談，談出結局。但是提議正視中華民國存在的朋友，想好了要與大陸和談，解決兩岸困局了嗎？做好和談，解決兩岸終局安排的準備了嗎？想通了沒有？

在我看來，想通看透的不太多，若不能以和談為前提，敢把和談擺上來，所謂正視中華民國的存在，是難經得起考驗的訴求。

一中各表，解決不了一中

有不少人主張，兩岸簽署和平協議，我很贊同。要簽署和平協議，避不開一中統一的問題，主張要簽署的朋友，想通了嗎？

或許有人會說，「九二共識，一中各表」，一中問題就解決了。馬英九先生很喜歡據此論述，「一中各表的一中，就是中華民國」。講得很大聲，至於自己信多少？別人是否也相信？我存疑。反正只在台灣內部表述，大陸不否認。九二會談之後，兩岸展開兩會辜汪會談，簽署各項協議，係大陸方面認為兩岸事務性的談判，不涉及一個中國的內涵，也接受台灣方面「以口頭各自表述一個中國」的態度。

要簽署和平協議，當然是政治談判。什麼是「一個中國」，大陸方面當然會表述，要明白表述，就不存在一中各表，屆時，兩岸必須同表一中，只有一中同表了。

台灣社會並沒有做好和談的準備，對兩岸最關鍵的「一中」也沒有共識。我們卻已理直氣壯地提出，要正視中華民國的存在，要推動簽署和平協議了。再次凸顯，台灣處理兩岸問題的輕率心態和一廂情願。

台灣還能撐多久？

現實擺在眼前，我們必須面對，是鐵錚錚的事實，不是口說筆下的理論。負責任的政黨，或政治人物，起碼要有帶領大家，面對真相的勇氣和能力。不是暗示大家「一中各表」可以混；「維持現狀」可以拖。講大話，說假話可以騙得一時，今天混過了，明天怎麼辦？不能過一天算一天，醜媳婦總要見公婆。一翻兩瞪眼，屆時台灣怎麼辦？

「一中各表」讓國民黨忽悠了八年，已到頭了。但是，假若民進黨今天要用「一中各表」，等於是跨出一大步。可以為台灣爭取多一點的時間，藉機積累更大的談判實力。有利台灣，更有利於未來的兩岸發展。

國民黨若想在兩岸事務，扮演更積極主動的利台角色，可能要先好好思考研究，如何在一中各表的基礎上，進一步優化，論述一中，回應一中，才能掌握後續發展的可能。否則民進黨只要務實地往中華民國跨一步，玩起一中各表，各表一中的遊戲，國民黨就更難混了。（註：二〇二〇年筆者重新整理文稿時，蔡英文真的以「中華民國（台灣）」僵住了國民黨的論述空間了。）

此一時的中國，彼一時的中國

我想在座的各位朋友，有很多人一定都還記得，在七〇年代，我們被迫退出聯合國，正逢保釣愛國運動。中共也趁勢在海外、尤其在美國，發起「回歸認同偉大社會主義祖國」。北京強調說：「社會主義祖國強大，加入聯合國，有原子彈，人造衛星，洲際飛彈等」。無論是對在美國的各位，或對當時的台灣，都起不了作用，發揮不了吸引力。

有少數人響應回歸認同運動，如作家陳若曦等。但回到大陸，當時正處文革，她很難適應，便即刻回頭。也有少數人，作下了終身的選擇。

當時所謂回歸認同運動，沒有引起太多共鳴。因為我們不認同以政治掛帥，人民卻貧窮飢餓的假相強大。或許有利於統治者，但絕無益於人民，更不符我們對中華民族復興的期待。

隨兩岸實力的消長，不知不覺中，我們的價值認知，甚至認同也發生了質變。以美中、台三方關係稱謂的轉變為例。

民國六七年（西元一九七八年），美國和中華民國斷交，與中華人民共和國建交。在台灣，或支持台灣者，當時以「中美斷交，美匪建交」，表述中華民國的正統地位，今天早已沒有人如是說。說了，人家也聽不懂。包含台灣在內，現在大家很自然地以「台美斷交，中美（美中）建交」取而代之。

沒人引導，沒人宣傳，也不用調整課綱，因兩岸情勢的逆轉，我們也很自然地將語意轉換表述。並內化為價值的一部分。也凸顯兩岸發展的弔詭。「從匪變成為中國」、「從中國變為台灣」，中華民國代表中國的正當性，完全被挑戰，甚至否定。所剩者，僅存討論中華民國與台灣關係：是中華民國在台灣；中華民國是台灣；或台灣是中華民國的表述而已。當曾被冠「匪」之名的中華人民共和國，已成為中國的代表，中華民國卻逐漸被以「台灣」取代了。

台灣曾是中華民族復興的典範和希望

回首中國近代史，國共兩黨，分別認為以三民主義、共產主義，可以拯救中華民族於危難，振興中國。兩黨歷經數十年的競爭、合作、分裂、鬥爭及戰爭，國民黨顯然敗得很慘，被逼退守台灣。退守台灣之後，卻也是國民黨在中華民族歷史上最爭氣，最有成就的年代。雖然國民黨只能統治小小的台澎金馬，卻驕傲且自豪地說：「中華民族的希望在台灣」、「中華民族發展的楷模在台灣」、「誰說中國人不能迎頭趕上西潮，創造成功」。

改革開放之初，面對外匯存底以「千億」美元計的台灣，大陸百思不解，兩岸大小強弱如此差距，大陸只有十幾億的外匯，台灣怎麼有那麼大的能量？台灣是如何做到的。當時台灣是驕傲且尊嚴地面對大陸。

中共在一九四九年成立政權之後，一切以政治掛帥，搞三反五反、三面紅旗、大躍進、文化大革命等。在中華大地上，足足折騰人民三十多年。同時間，台灣務實地從事經濟發展，發揚中華文化，並以中華文化做為主導社會的價值。

所以當大陸改革開放之初，在姓資、姓社路線爭論不休時，台灣以自身的成就，很自信地說：「政治學台北，經濟學台灣。」更進一步，很豪氣地說：「只有中國問題，沒有台灣問題。」要以三民主義統一中國，要創造自由、民主、均富的中國。不論是否可實現，至少國民黨主政的中華民國，表現出「誰來經理中國」、「捨我其誰」的氣勢。

中國大陸改革開放三十多年過去了，台灣也歷經了近二十多年政治折騰，今天我們已沒有底氣說「政治學台北」，也沒有條件要大陸「經濟學台灣」了。因為我們不但被比下去，而且被抛得很遠了。

務實地說，國民黨的三民主義、共產黨的共產主義都已質變了。從少談主義，多看實際的角度，國民黨在這一波三十年的競賽中，顯然是落後了。

今天就以民族復興的角度來看，中華民族復興的希望，寄望於北京，顯然更多於台北。

面對中華民族的復興，台灣若不能思考好自身的角色，和參與的意圖與方式，很可能就被摒除於民族復興的行列之外，屆時我們真的會成為無法再起的失敗者。

中華民族復興與否，不在於大陸有多少遼寧艦。再多的航空母艦，再多遠程的洲際飛彈，再多的核子彈頭，對我，吸引力不大，對台灣也是如此，說不定只是更加深恐懼。**中華民族對人類發揮正向發展的正面影響力，愈強愈大，對我們才愈有吸引力。**

發展中的中國，也可帶動已發展的先進國家

台灣曾經擁有的經濟實力，科技技術及生活文明，相較於大陸近年來發展，除生活文明尚領先外，在很多方面，我們不是被緊追在後，就是逐漸落後了。

當我們仍以為信用卡是很方便的支付工具，卻發現在大陸，連路邊攤的小販，都可使用手機，做為行動支付的工具，自然產生心理的衝擊。只要是最近進出大陸的朋友，都會發

現，來自台灣的我們，面對行動支付交易時，我們難再自大驕傲了！這僅是兩岸實力，逆轉的一個小小事例。

從紐約搭美國所謂的高鐵來往華盛頓，我必須說，實在很爛，不但無法和西歐、日本相比，連台灣都不如。在這方面，中國大陸的高鐵更是遙遙領先美國。

二〇〇八年，大陸才剛蓋好第一條由北京到天津的高速鐵路，十年不到，已達八萬公里以上，目前還在持續成長中。高鐵，原本是如日、德、法等先進國家才有的高科技產品，如今一個尚屬發展中國家的中國，高鐵的鐵道建設、車輛建造，從學習、模仿、合作到完全獨立自主，數年之間，自成一格，今天已超越日、德、法的規模。

高鐵讓中國開創了「發展中的中國，帶動已發展國家的事實」。這才是中國人、中華民族的驕傲。

如同高鐵建設一樣，無論是以互聯網為平台的商業運作模式，或是行動支付的成功，都是發展中的中國，帶領了已發展的國家，往前走的成功事例。

所有外商派駐大陸，從CEO到幹部，哪一個可以不學中文？反之，來台的外商，又有多少人需要學中文。三十多年前，在政大教書，在大學演講時，我總是說：「什麼叫做強大的中國？不在武力、科技和經濟。假若有一天外國老師告訴學生說，你們要學中文，你們不學中文，就沒有前途。這才是強大的中國」。

當時我帶有挑戰的話語，到如今，好像正在實現擴大中。現在中國人出國，不用怕看不懂、聽不懂外文。因為中文文本的介紹，中文翻譯耳機愈來愈普遍，接待觀光客的賣場，有愈來愈多講中文的店員。經濟發達了，人民消費力提升了，試算一下，近十四億的十分之一人口，一億四千萬人次，未來可在世界旅行。加上約十四億有消費力的市場，中文在全球的地位當然會改變。

面對約十四億的市場，世界的商人，必須滿足大陸的購買需求，中文化是必然的結果。過往在台灣買進口產品，台灣市場小，外商不會太在乎，只有外文說明手冊。現在外商為要爭取具有強大購買力的大陸市場，當然要用中文。按一下電腦鍵，簡體字就變成正體字，台灣也受益。

明天會更好——從當年的台灣，到現在的大陸

各位朋友，中國大陸當然還有很多的問題，我常常講如同民國六、七〇年代的台灣，雖

然也因發展帶來諸多經濟、社會、教育、城鄉、環保、勞工……等很多問題，卻看得到明天更大的發展和希望。大家懷著無比的信心和意志，一心向前看，以更大的發展，克服因發展帶來的問題。

要挑戰大陸的問題，只會多不會少。看好大陸明天的發展，認為明天會更好的希望，仍是大多數大陸人及世界的主流觀點。

只想以挑戰凸顯大陸的問題，否定其發展；或自覺、不自覺地以偏見看大陸；或阿Q式地期待大陸崩潰等，既不符實際，也不符台灣的利益。因此，我們為台灣利益計，無論是從台灣人或中國人或華人的角色，都必須從共享中華民族成就的角度，來審度台灣的發展與出路，才能找出真正有利台灣的方向。

政權是過客，人民才是歷史的主人

首先是從中華民族的希望和動力，來思考台灣的選擇。近百年來，國共兩黨以如何振興中華民族為目標，以自己認為必成的方式努力，也付出血淚的代價，經歷數十年之後，試

問，民族復興的希望，在台北？還是北京？贊成在台北的請舉手？沒人舉。因為你知道，若你舉手一定很心虛。反之，認為在北京的請舉手，全都舉手了。**親愛的朋友，政權是歷史的過客，只有人民才是歷史的主人！從民族復興的角度，是該思考台灣前途的時候了！**

第二是，這個興起的中國，就在我們（台灣）二〇〇公里外的地方，不是二千公里。他的興衰勝敗，與台灣息息相關。不像數千公里外的巴西，發生監獄暴動，只是一則我們看到或許會關心一下的新聞而已。大陸就在旁邊，不管我們喜不喜歡，討不討厭中國大陸。不管你認為中國好棒棒，或者認為中國很爛爛，他都存在那裡，而且影響著台灣。

我們必須認知到，唯有今天正確地認識中國大陸，明天台灣才有能力選擇正確的未來！我們常因政治立場，以自己的主觀，選擇或過濾只符合自己意識的資訊，滿足自我的想像。今天令人擔憂的是，在台灣有不少人，以各種理由和藉口，不太願意正視中國大陸，了解中國大陸。甚至以曲解、偏見取代真相，屆時吃虧的，一定是我們。畢竟知己知彼，才有致勝的機會。

只要政治不折騰，中國人就能創造偉大

十幾年來，我常問學生一個簡單的問題，請問：香港有今天的成就，是英國人一百五十多年統治的結果嗎？大部分都同意。接著再問：上海跟香港，各位覺得，在未來的十年內，誰的未來性強？結果認為是上海的壓倒香港。

我得到一個結論，**只要政治上不去折騰中國人，中國人就有能力創造偉大的成就！**國民政府被迫遷台，無路可退，唯有埋首建設，發展經濟，台灣人就一直拚一直拚、一直賺一直賺，賺到台灣錢淹腳目。在台灣，前半段政治不折騰而成就，後面這二十多年，就因政治折騰，重重地傷害了台灣的發展。

大陸也一樣。百年來的上海，難逃戰亂的波及；中共建政後，又難逃政治運動的折騰。真真正正可以好好發展，就是改革開放三十多年。改革開放之初，從台灣回到上海的人，回台後都說：「跟一九四九年離開的時候是一樣的。」現在呢？各位去上海，會說奇怪，去年來的路，怎麼今年找不到了！跟台灣當年一九七〇年代一般，一天一個樣。

難怪台商回台說，人家（對岸）搞文革的時候，台灣搞發展；今天大陸搞發展的時候，咱們搞鬥爭。誰搞政治折騰，誰就失敗。可悲的是，民主化的台灣，竟還有一群人幫著政客

折騰人民。受折騰的台灣，前景何在？

台灣面對中華民族復興的選擇

其次，考量現在的台灣，還有多少可以自豪的項目？大陸或有因政體本質，或因發展而產生的問題，但是看得到明天的前途和希望。**當我們以舉出大陸的非，以證明自己的是，凸顯大陸的問題，以證明自己的優越時，捫心自問，這樣有意義嗎？**

台灣與大陸競爭，與世界競爭，我們到底還有多少優勢？大陸是有其問題，但卻有能力帶領中華民族往前走！中華民族復興的過程，台灣該扮演什麼角色？也該選擇了。

逃避，是一個選擇；加入，是另一個選擇。**我們究竟要怎麼選擇？想加入卻又顧忌、不想加入又心癢癢，既期待又怕受傷害！但我們的機會，可能在徬徨中消失了。**

台灣在中華民族復興的過程中，或中性地說，在大陸持續成長下，扮演什麼角色，將決定台灣的未來發展。

再請教大家一個更現實，更挑戰的問題：**假若中國大陸把民族復興，當作是全民奮鬥目標，請問一個復興的中華民族，是否容許兩岸持續分裂？假若中國共產黨把民族復興當作歷**

史使命，請問一個復興的民族，會是一個分裂的國家嗎？這是台灣今天必須面對殘酷的實情。如果我們台灣，仍是畏首畏尾，不敢或不願，或不能在這股民族復興的潮流中，做正確的選擇，要參與？要缺席？要和？要戰？總要面對選擇。想參與，又徬徨；不要戰，又不敢和；不想和，受害的不會是大陸，絕對是我們台灣！

面對現實才有出路

我一再強調，今天必須正確的認識中國大陸，明天我們才有能力做正確的選擇。

首先，**台灣社會，必須能務實地「面中、談統、論獨」。唯有真實面對中國，談統論獨，權衡統獨利弊得失，我們才有能力做正確的選擇。**

同時台灣人也必須了解，兩岸的終極選擇，沒有完全可滿足主觀意願的完美，只有面對現實，做下最有利的選擇。兩岸的終局安排，對台灣而言，沒有「完美」，卻可用智慧，得到最有利的結果。

其次，大陸也必須了解，一個未曾面統、論統的台灣，沒有立即統一的土壤。

再者，台灣要想辦法運用強者的規則，創造我們最有利的成果！何謂強者的規則，如要加入聯合國，就必須接受中、美、英、法、蘇五個常任理事國，相對其他會員國，擁有絕對不公平的否決權。如當前世界最重要的美、歐、中三大市場，其中大如中國者，也必須在美國，歐盟主導的WTO所訂的規則，去拓展全球的貿易、投資。強者才能訂規則，弱者、小者要利用它們的規則，創造自己最有利的結果。幾十年來，不論大陸或台灣，都是在美國制定的貿易規則下，生存發展，創造經濟的成就。

抗戰前夕，國共聯合聲明抗戰，共產黨充分地利用，強大的國民政府所定的規則，接受「放棄蘇維埃政府，取消紅軍，改編為國民革命軍，支持國民政府，擁護蔣委員長領導」，紅軍帽徽都換成青天白日，這和投降有何兩樣？但是，從此紅軍以國民革命軍八路軍的身分，取得政府的資源，投入戰場，正式擁有地盤而存活、發展。歷史發展的結局是中共贏，國民黨輸。或許這就是小者、弱者願面對現實，接受並運用大者、強者的規則，創造歷史的一例。

中國大陸強大的實力下，難道不值得台灣從歷史經驗中，取得生存選擇的借鏡？重申地說，面對現實，才有機會落實理想，贏得勝利。這種話說起來既糾結又洩氣，但這就是現實。

兩岸之間的實力差距，我們就算自制規則，對手不接受，有何意義？**台灣為求生存，退而求其次，運用大陸的規則，追求自己最有利的成果。我們才能以小博大，求取最大利益。**

為台灣的發展，應毫無懸念地接受「九二共識」，面對「一中框架」，才有機會找出台灣最有利的出路。

一個概念，三個主張保台灣

台灣大多數的人主張維持現狀。**維持現狀有兩種意涵，第一種是分離式的維持現狀**，就像現在。大陸、台灣處於分離下的維持現狀，但這種方式是撐不久的。**第二種是統合式的維持現狀**，建立在兩岸統合前提下，維持現狀。台灣以變化最小，維持今天所擁有的一切。各位朋友，我講的不是理論，是實際。為所當為，有所不為，就可以實現統合式的維持現狀。以下「三個主張」，是絕對值得大家慎思謹選的意見。

第一，台灣要民主，不要台獨：只要台灣有一絲台獨的可能性，兩岸就沒有邦聯或聯邦的機會。要讓北京，可以對邦聯或聯邦有鬆口的機會，唯有確定，台灣不會以民主之名，進行公投自決搞台獨；或以民主選舉政黨輪替的結果，以人民授權為名搞台獨。只要有一絲台獨分裂的可能，就沒有機會。

民主是台灣的主流價值，台獨是某些人的夢想，我們應該實踐人民共同的價值，而不是

滿足少數人的夢想！

第二，認同而不否認：認同自己是中華民族的一份子。認同自己是台灣人，同時，至少不必否認自己是中國人。當台灣人不否認自己是中國人，中國人當然就不能打中國人，中國人要協助中國人。不否認自己是中國人，既不妨礙自己對台灣的認同，更可保全台灣的利益。

所有「去中」或強烈否認自己是中國人者，自以為凸顯台灣的主體，卻是讓中國大陸，可以毫無懸念的採取任何手段，對付台灣。因為中國人的大陸，面對否認自己是中國人的台灣，當然沒有任何的顧慮。為台灣生存發展計，千萬不能將台灣人、中國人對立，否則結果必然傷害台灣。

第三，合作不對立：合作利台，對立害台，這項簡單易懂的道理，更須全面推動。在合作不對立的環境下，我們避免海內外的意外干擾與分化，可全心全力致力兩岸和平發展。才有機會逐步達成保障台灣的最大利益。

民主不台獨，才有聯邦、邦聯的可能；認同不否認，台灣消極地撐起「中國人不打中國人」的盾牌，積極地以中國人的身分加入中華民族的大家庭，以「中國人幫助中國人」的共識，共享民族復興的果實。合作不對立。讓台灣輕易取得一切兩岸紅利，壯大台灣。一**個愈**

進步發達，愈富裕的台灣，愈受大陸尊重和珍惜，在未來兩岸的談判中，才愈有討價還價的籌碼，才能為台灣爭取並保障最大的利益。這才是台灣最好的出路。

（本文改寫自二〇一六年於華盛頓的演講）

第一章
台灣往何處去？

民意如流水，可載舟，可覆舟

二〇一八年韓國瑜以「貨出得去，人進得來，高雄發大財」，高雄必須「打破高牆」，對外開放，才有生機，在綠地贏得選舉。

當時雖未明講，但人人知其涵義為「貨要出到大陸去，人從大陸進得來」、「打破高牆，對大陸開放」。

吾人讚曰**「不必言明，與民意相通」才是最高的戰略**。既不為敏感問題所困，又能以「誰說一定要出貨到大陸；一定要對大陸開放？」回擊對手的攻擊，更重要的**是支持者，心知肚明所談為何**。

如同民進黨的前身黨外，在戒嚴的環境下，推動「民主運動」，訴求「民主、黨外、制衡」。民主，人民當家做主，台灣人才真正出頭天；台灣命運，當然是人民以民主決定（自決）。只言民主，不提台獨，不必言明台獨，支持者心知肚明，與民意相通。

二〇一八年時，蔡英文執政二年多，無能，政無所成，大陸政策破功，人民徬徨之際，韓國瑜的訴求，人民聽懂認同，年輕人買單。民進黨的「台灣價值、顧主權」老調，不敵人民渴望改變的期待。即使在市長競選辯論會上，韓國瑜公開表示接受「九二共識」，民進黨士氣一振，以為找到逆轉勝的突破口，國民黨不少人也捏了一把汗。結果未受影響，韓仍獲勝選。

因為選民認為，接受九二共識與「貨出得去，人進得來」，二者是相互關聯的。假若韓國瑜如一些矯情的國民黨人，怕被染紅，避談或隱隱諱諱，不敢面對九二共識，反而凸顯「貨出得去，人進得來」的虛偽，可能落選。

二〇一八年的選舉，凸顯五重點

（一）「九二共識」、「兩岸交流」、「親（和）中利台」不是票房毒藥。

（二）人民能認知，且能接受，台灣生存、發展、發財與大陸息息相關。相較之下民進黨的「台灣價值，台灣主權」是空，人民的肚皮口袋是真。生活、生存，顯然重於政治口號。

（三）九二共識與兩岸關係能否正向發展，有必然的關係。

（四）**台灣人民內心，對兩岸統一，有潛藏於內心深處的疑慮或恐懼。「統一」二字，可做，不必說，大家心知肚明，心領神會。言明了，說透了，反而不容易達標。反之，則循序漸進可達標。**在九二共識大旗下，貨繼續出得去，人繼續進得來，久而久之，不言統而自統。

（五）**統一的目標是堅定的，達標的方法是講究的。促統有圖窮匕首見，民心恐慌之虞；導統，則水到渠成，成功於無形之勢。**

一九七八年高雄美麗島事件軍法大審，當時國民黨以「台獨」指控。一干人在庭上，或在爾後的政治運動中，除施明德以「中華民國獨立」論述外，人人皆以解嚴爭自由，國會改選爭民權，民主制衡解黨禁，人民當家作主出頭天為訴求。滿足當時社會氛圍，以民主改革取代台灣獨立，從頭到尾，不用台獨二字。支持者，甚至社會大眾都知道「民主」是訴求，

「台獨」才是目標。台獨掛著民主的招牌，藉著民主運動的廣化、深化，時間的積累，就成了可浮出檯面的台獨運動。以史為鑑，推動統一，要先有「導」的積累，才有「促」的成效。其中導的過程中，讓台灣人有充分的機會，面對統一、思考統一、衡量統一的利弊得失，在導的過程，終由時間累積，政治上觀察，了解北京的治理能力，惠台是否真正落實，體會大陸社會政、經、文化文明等生活，能否與台灣融合。兩岸要統一，只有北京的堅持，難理順功成。藉著「導」的時間積累，民心的質量互變，才能順理成章化解懼統、拒統的心理障礙，導向統一的考量。兩岸才會在和平的氛圍下，台灣民心無懼無疑下，走向民心融合的統一道路。

恐懼台獨，疑慮統一

從當年推動民主掩護台獨的民進黨，到二〇一八年失敗的民進黨。善於掌握社會脈動，認知到談台獨，不會贏；高舉台灣價值，顧主權，有點空泛，因不同時空條件，時而有效，時而無效，不是必勝的保證。

台灣人民對統一有疑慮，對台獨有恐懼。民進黨乾脆就挑明統一的議題，除了看準國民黨不敢接球，就是抓住台灣懼統、抗統的心理。選擇捨**台獨、談反統，既符社會潮流，又不違背民進黨理念。因為擋住統一，就是台獨。目標一樣，只是訴求的名稱不同而已。民進黨又找回當年的策略，今天掛起「反對統一」的羊頭，販售「台獨」的狗肉。民進黨以反統為主軸，缺乏中心思想的國民黨，也跟著民進黨走。民進黨改變操作策略，以北京為對手，不與國民黨糾纏，順利擺脫二〇一八年失敗的泥淖，而國民黨無法延續二〇一八年勝選的兩岸利多。二〇一九年開始，民進黨以反對統一，拒絕統一的論述，找到起死回生的契機。也因此，兩岸將進入「統與不統」、「促統與反統」的新議題。**

當失敗的民進黨，在找翻身的切口，勝利的國民黨，不但沒有順勢掌握二〇一八年勝選的契機，不知不覺走入民進黨「反統」的佈局，以為什麼都不必做，民進黨就如呆瓜一般而失落，二〇二〇年必能翻轉。被帶入歧途不自知的國民黨，不作為的國民黨，不運用人民已認同蔡英文執政無能的認知上，乘勝追擊；不運用蔡英文以落選者組閣主政，必可預知未來執政之爛，台灣發展之難，進而全面否定其執政之正當性。這些是政治鬥爭的主要突破口，國民黨卻捨此不為，只陷於何人參選可贏之爭，與民何干？人人沉迷於只要獲得提名，必然當選的大夢中。不作為，不藉二〇一八年勝選之勢，延續兩岸議題，反讓民進黨藉機以「反統」甩開「台獨」與「執政無能」的困局。掉進民進黨反統的口袋，與民進黨共唱反統的雙簧，豈有勝選之理？

二〇一八年~二〇二〇年，短短一年多的時間，國、民兩黨已極大逆轉相互間的盛衰輪贏，論者皆曰，統獨情勢一夕逆轉。兩岸統獨情勢為何逆轉？是本質的逆轉？是一去不復返的逆轉？是特定時空下的逆轉？是蔡英文撿到「習講話」、「反送中」兩把槍？或是北京對台的全面失敗？是耶？非耶？在一片眾說紛紜之際，研究分析，撥開迷霧分清本質與表象，研究出因應新局的論述與策略，才有利於台灣出路。

當前國、民兩黨的兩岸論述

總結失敗後的國民黨，藍軍支持者（反獨的力量），對兩岸的看法：

堅持：反獨保台

反對台灣獨立、法理台獨、兩國論，防止台獨正名制憲。即可保障兩岸和平與台灣安全。

要求：北京必須正視，統一在台灣沒市場

統一在台灣沒有市場。統派沒有力量，沒有民意支持。不論「一國兩制」、「兩制台灣方案」，台灣人都不會接受。維持不統、不獨的現狀是最大的主流民意。任何「和平協議」、「軍事互信機制」等的簽訂，時機不宜。既不切實際也不會獲得支持，完全沒有提倡的空間。

認知：九二共識已過時，或必須附帶條件

即便要接受九二共識，但必須與「一中各表」連結；必須與正視中華民國的存在；三位一體，互為表裡。如此九二共識才會獲民意支持，才能對抗民進黨的污名化。

罷韓成功後，受驚嚇的國民黨，更將九二共識論述為歷史事實，必須另定新共識。間接證實民進黨不承認，不接受九二共識的訴求是正確而不自知。

主張：台灣前途統獨的選擇，應由台灣人民以民主方式，共同決定

呼籲：北京放棄武力，不打壓、不矮化

北京除應放棄武力統一的選項，軍事上更不應以任何的理由，或言論，或訴諸行動如軍演、軍艦、軍機繞台，否則台灣人心生恐懼，受脅迫而生反感。北京應給予台灣國際生存空間，參與各項國際組織、國際活動。

結論：國共兩黨的兩岸政策都要調整

國民黨的大陸政策必須接台灣地氣，島內有共識，獲得支持，才談其他。北京對台政策及主張，有礙國民黨爭取民心選票，不接地氣時，當然反對、不支持。

大陸對台政策，只能是溫暖的太陽，不可以是刺骨的寒風。軟的（交流、讓利、國民化待遇、開放等）應更軟；硬的千萬不能再硬。

大陸必須考慮台灣現實民意，不能一意孤行。國民黨不必背負北京的包袱，才不會被貼標籤。獲得支持再勝選，國民黨執政，兩岸關係會再度正常化。以上就是以國民黨為主的兩岸論述。

總結勝選後的民進黨、綠軍支持者，對兩岸的看法

北京必須正視八一七萬票（五七．一％）支持下的台灣民意，強烈要求：不接受九二共識、反對（不接受）統一、拒絕一國兩制、堅定捍衛台灣主權、守護台灣民主、維持現狀的決心、拒絕被矮化、反對受脅迫。兩岸關係是台灣與中國的關係；台灣是主權獨立的國家，名字叫中華民國（台灣），不是中國的一部分。台灣是台灣，中國是中國，台灣人不是中國人。

中華人民共和國代表的中國，未嘗統治過台灣一天。台灣、中國，互不隸屬，台灣當然不是中國的一部分。

台灣捍衛民主，拒絕一黨專制的中國，是台灣人必須捍衛的價值。

所以兩岸關係是台灣與中國的關係，是中華民國台灣與中華人民共和國的關係，不是台灣（地區）與大陸（地區）的關係。

只要中國想統一台灣，就是敵國、敵人，就是併吞。

中國才是兩岸麻煩的製造者。為保台灣安全，不受傷害，必須制定完備的法律、規範，防止中國以台灣的民主規範，破壞台灣的民主。強化落實聯美、聯日，甚至聯港，才能抗中保台。

台灣沒有獨立與否的問題，只有抗統成敗問題。

兩岸關係，必須以確保台灣不會被中國統一為前提。

台灣也好，中華民國也罷，早已是主權獨立的國家，不會也不必宣布台灣獨立。

中國必須面對台灣（中華民國）（中華民國台灣）已是獨立的事實為基礎，正視中華民國台灣，是存在的事實。

所以中國只要放棄武力侵台的意圖，兩岸就能和平。正視中華民國台灣的存在，就能平等對話。要尊重台灣人民民主的選擇。

台灣內部任何政黨、團體、個人違背以上主張者，或呼應北京統一台灣者，就是中共同路人，是台灣的敵人，輕則口誅筆伐，重則法律制裁。

了解藍、綠兩大陣營選後的兩岸論述之後，綜合兩大陣營的同異點。

兩黨兩岸策略的變與不變

國民黨不變的是「主觀期待的意願」，變的是心態。主觀期待：①掌握兩岸話語權；②主導兩岸發展；③鞏固維持兩岸穩定發展的正向關係；④與北京建立溝通互信的關係。至於如何的作為，才能落實主觀意願，則是一人一把號，各吹各的調。

我想、我要、我願、我會，是個人成功的方程式之一。國民黨只有「我想」，沒有做好「我要」付出什麼代價的準備，更沒有「我願」付出代價的決心，豈能獲得「我會」成功的結果。其實追求台灣獨立的民進黨也是如此，不付代價，只是空想，當然一無所獲。

國民黨形象愈變愈模糊

國民黨因心態變了，以致變得面目全非。

國民黨的「變」源於「害怕選輸」、「恐懼、擔心被攻擊」而產生的態度、認知與政策。

結果出現以下的現象。

一、國共兩黨和解的友誼關係已「變」質了。

二、從隱諱避談統一，「變」為明示，以致不能、不敢、也不會碰統一。

三、從「修飾性一中論述」，如「憲法一中」、「一中各表」，「變」為不碰一中，不提一中，幾乎到了聞一中而色變，已到不知如何因應的地步了。

四、從隱諱避免一國兩制，「變」為明白拒絕，反對一國兩制。

五、從明白的「親中、友陸利台、利黨」的態度，「變」為隱諱的關係。想親、要親、卻不敢親。國共之間黨對黨的公開化朋友關係，已逐步變異，只剩個別化，私下化的關係。

民進黨萬變不離其宗：民進黨不變的是，堅持台灣主體，追求獨立，拒絕（反對）統一。民進黨的手法、策略、戰術會變，本質、核心理念不會變。**輸的時候不能變，贏的時候**

不必變。當然就可不用變。

國、民兩黨的變與不變：兩岸關係論述，民進黨的底線是「特殊」國與國的關係。國與國的關係是核心，「特殊」是彈性應變的空間。主權關係論述，由隱諱的「互不承認」變為明朗地論述「相互承認」的期待。

國民黨的兩岸論述，已因兩岸實力日益懸殊，台灣政府治理績效的日益落差，失去對大陸的號召。**國民黨二十年來，二次失去政權，喪失信心，喪失主宰政、經、社發展的能量及核心理念，結果只會人云亦云，毫無中心思想，主軸信念。**

國民黨選後檢討，以「統一」、「一中」、「一國兩制」，甚至「九二共識」做為失敗的代罪羔羊。證諸郝、江兩位主席競選過程，只會各提「技術性」、「手段性」的主張，只有形容詞的口號，毫無戰略的高度與格局，可知一般。即使江當選後，因為沒有中心思想，言行仍左擺右晃。

吾人大膽預測，**爾後兩岸關係的論述對比，只有北京與台灣，或中共與民進黨，難有國、民兩黨對壘的場景**。以新冠肺炎引發事件為例，可看出藍退紅進的現象。國民黨似乎已逐漸失去論述兩岸、論述台灣前途的話語權。

項目	國民黨	民進黨	簡評
九二共識	九二共識已成為過往的歷史，必須另訂新共識。沒有中華民國就沒有九二共識，以回應民進黨「接受就是消滅中華民國」	完全拒絕，並定義為一國兩制。因為接受九二共識，就是消滅中華民國，台灣被逼統一，實施一國兩制	國民黨將原先九二共識必須與一中各表、正視中華民國聯動，三位一體，互為表裡。簡化為沒有中華民國就沒有九二共識的「怪怪」結論，說穿了就是滑頭、忽悠、混
國族認同	1. 接受兩岸同文同種都是中華民族的論述 2. 只談台灣人，避談中國人，接受華人用語	1. 避談兩岸是否同文同種，避用中華民族，可用華族、華人 2. 台灣人不是中國人 3. 非我族類，其心必異	國民黨動搖，閃躲； 民進黨立場不變
兩岸關係	1. 依「憲法」、「兩岸人民關係條例」，兩岸不是國與國的關係 2. 互不承認主權，互不否認治權，今後有「隱諱前者，凸顯後者」的趨勢 3. 正視中華民國的存在，才有兩岸發展的關係	1. 一中一台，兩國關係 2. 各有主權，互不統屬，各有治權，有效統治 3. 依據「憲法」、「兩岸人民關係條例」……等，只是「放屁安狗心」的金鐘罩，只提不用、不當真，不落實	國民黨尚站穩立場，民進黨大玩文字遊戲

項目	國民黨	民進黨	簡評
國家認同	1. 中華民國 2. 中華民國、台灣互用 3. 中華民國（台灣）勉強接受	1. 中華民國（台灣） 2. 能用台灣，絕不用正式國名中華民國	國民黨往台灣滑動，民進黨往中華民國移動
簽署協議	時機尚未成熟，目前沒有討論的空間	北京先放棄武力侵台，再確定不以統一為前提的兩岸關係，才有簽署的可能	就結果而言，兩黨一致，相差不大
終極安排	1. 台灣人民經由民主程序決定 2. 確保台灣民主體制	1. 台灣人民經由民主程序決定，尊重台灣人民的選擇 2. 確保台灣民主體制	兩黨一致
一國兩制	絕不接受	絕不接受	兩黨一致
經貿及交流	1. 兩岸交流正常化有利台灣 2. 兩岸經貿互補互利 3. 台灣經濟發展有賴兩岸關係正常化、穩定化	1. 中國不是台灣經濟萬靈丹 2. 開拓更大、更多的市場，不能將雞蛋放在中國一個籃子裡	兩黨差異明顯
美中關係	美、中、台間平衡	親美聯美反中（共）抗統	形異實同，都以「美」之力，保不統維現狀

國民黨民進黨化

兩黨對兩岸幾項重大問題的認知與態度：同多異少。兩岸核心論述，國民黨已民進黨化，是極為明顯的趨勢。台灣社會、民心、民意與兩黨之間有無差距？是值得進一步探討的問題。吾人雖未悲觀到絕望，但絕不樂觀。

反中運動、去中教育的深化，不統的民意是存在的現象，沒有樂觀的理由。卻也沒有一去不復返的悲觀環境，因為兩岸能否和平發展，關係著台灣命運。台灣成長與大陸實力的增強，中華民族的復興難脫鉤。短暫政治操作，或可有利於個別政黨，卻無法解決長期反中、拒中甚至脫中，所造成台灣成長的衰退與傷害。

因此吾人深信，當社會感受到因兩岸關係惡化到冰點時，期待台灣要成長的社會力量，必會反思而反撲，這也是台灣社會的特色，也是吾人對台灣的信心未悲觀到絕望的所在。

統獨運動在台不同的本質

追求台獨的民進黨，從黨外挑戰一黨壟斷執政，以外省人為主體的國民黨，推動以台灣人出頭天為訴求的本土政治運動。經歷一次又一次的參選，一次又一次的抗議運動，累積其草根力量。

台灣意識的根基，是黨外到民進黨，數十年政治運動累積的結果，成為推動台獨運動的核心意識。**台獨運動雖受困於現實，無法高舉旗號，卻可隨時變種為「台灣價值」、「顧主權愛台灣」、「反統一，保台灣」的訴求而延續**。

相對於獨立，統一在台灣的訴求，極為詭異，辯證複雜，難有累積的成果。「統一」在台灣約略分分三個階段來研析：

◎一九四九～一九七八年

在台北的中華民國是代表中國唯一合法的政權，北京的中華人民共和國是非法竊取大陸的偽政權。消滅共匪、反攻大陸、解救同胞是神聖使命。有「反共必勝，建國必成」、「反攻大陸去，大陸是我們的國土」等口號。僅止於口號，無法付諸行動。

一切建立在「中華民國」代表中國唯一合法的地位，從被迫退出聯合國開始，到一九七八年「中」美斷交，美「匪」建交之後，完全被改變了。

從反攻無望的有罪論處，到反攻大陸神話的破滅。證實以中華民國為中心的光復大陸，統一中國的論述已難自圓其說，更難說服台灣社會了。

更諷刺的是，同一時間，凡事必提光復大陸，但是一不小心「主張統一」卻有可能踩到與匪「隔海唱和」的政治錯誤。堯、舜、禹、湯、文、武、周公、孔子、國父一脈道統相傳的文化民族主義可以提倡，但以「中華人民共和國」為主體的「中國人民站起來」的民族主義論述，是不可觸碰的禁忌。

當時以民族主義觀點，訴求兩岸應統一者，不少人成為戒嚴時期，白色恐怖下的「左派受害者」。這些人是當時的異端，卻是今天仍高舉統一旗號的夏潮、統盟等人。當年接受國民黨反共統一右派論者，與左派是對立。基於反對國民黨迫害的立場，左派與黨外合作，曾是同一陣線的戰友。現在，左右派被台獨派合稱為統派。其實對統一的堅定不移，大部分右派絕對不如左派。

◎一九七九～一九九九年

大陸結束文革，捨棄意識形態，實事求是，解放思想，大膽改革開放。

經過六〇年代，二、三十年努力有成的台灣，面對文革結束，一窮二白的大陸，台灣充滿著信心。

國民黨認為「因時代的作弄，在中國的土地上，以台灣海峽為界，由共產黨與國民黨，各自實施兩套不同制度的結果，形成兩種不同的生活方式，造成兩岸貧富的差距。足以證明三民主義的成功，共產主義的失敗」。

「政治學台北，經濟學台灣」、「以三民主義統一中國」，正式成為以國民黨為中心的統一論述，進而論述為「自由民主均富統一中國」，也就成為一九九二年國統綱領的藍本。

這是國民黨在台灣最有底氣的統一論述，卻難回答「如何以」三民主義統一中國。統一論述在台灣，只有名詞，沒有動詞。民進黨立委在立法院質詢，就公開挑戰說：「統一只能說，不能做；台獨只能做，不能說」，諷刺的是，現在翻轉為「統一只能做，不能說；台獨只能說，不能做」。

當時所謂統獨的辯論，不如說只是「獨」與「反獨」的辯論，統一只是民族情感的論述，沒有令人信服的行動綱領。

在台灣，經歷一場又一場的選舉，以落實「民主自決，顧（愛）台灣」的信念，相對的，統一的主張，不曾出現在選舉講台上。只有獨與反獨的辯論空間，沒有統一的位置，已是必然趨勢。

民進黨主張台獨，挑戰國民黨，而主張統一的國民黨在台灣，無法經由選舉動員，論述統一；加上李登輝主政後，以先固守外省、客家、原住民選票，再與民進黨爭閩南人選票。如此的鞏固國民黨執政的策略，淪為與民進黨競標誰更愛台的比賽。國民兩黨面貌的區隔，當然愈來愈模糊。

統一最後只淪為應付北京的用語，與其說一九九二年李登輝組國家統一委員會（國統會），是要推動已制定的國家統一綱領（國統綱領），不如說是做給擔心李登輝搞台獨的人看，給北京一個交待，這更接近事實真相。

◎二〇〇〇年～

二〇〇〇年，代表台獨意識的民進黨陳水扁首次當選總統，政黨輪替，北京要正式面對台獨的問題。台獨在台灣，從此不再只是理論或政治運動，台獨派是掌握了政權、可運用國家機器、指揮軍隊，成為主導兩岸議題的執政者。

從此，獨、不獨、反獨；統、不統、反統，不論民進黨對外有何說詞，拒絕統一、主張台獨的立場從未改變。國民黨在統、獨的政論市場，與其說，有何主動的表述，不如說，總是被動因應民進黨及大陸的攻勢，提出的回應，疲於應付是最傳神的寫照。

二〇〇〇年前後的中國大陸，每年以兩位數的經濟成長，逐漸累積著國家實力與國際影響力。從以下的幾段觀點，代表著一部分台灣人，從大陸的發展，看到變化與希望，也有一部分因政治或較負面的心態，感受到威脅。

一、中國大陸不再是高度動員下的革命運動場，是全國上上下下，努力拚經濟，要賺大錢的大市場。成為在台灣創業者想像的天堂。事業成功者，藉大陸擴大規模，做為更發展的舞台；事業失敗者，大陸是東山再起，再奮鬥的希望之地。

二、以市場經濟為發展原則的大陸，曾經令台灣擔心害怕的共產主義，逐漸淡化，幾乎看不到了。代之而起的是人民生活不斷地改善，國家實力不斷增強，國際影響力不斷提昇；國民黨教育下的反共，失去了意義，代之而起的是對中華民族復興的期待與參與。

三、二〇〇五年，連戰首次訪問大陸，代表國共和解的連胡會，標誌著往昔國共之間恩怨情仇，都可相逢一笑泯恩仇。台灣、大陸也應可攜手合作，共同開創未來。

四、二〇〇八年馬英九當選，兩岸開啟和平穩定發展的正面關係，大家以為兩岸從此步上正向發展的道路，台獨沮喪，統一高揚。不過時間很短，二〇一二年大選馬英九雖然連任成功，恐中懼統的情緒卻逐漸累積漫延，太陽花反服貿之後，情勢開始逆轉惡化，二〇一八年迴光返照了一下，又再度下滑。

兩顆子彈、兩個台灣

二〇〇〇年陳水扁以台灣意識、團結台獨、反黑金、改革現狀等口號，激起對國民黨失望，對未來有期待的台灣人熱情，趁連宋分裂取得勝利。二〇〇四年陳水扁爭取連任，民進黨高舉愛台大旗，以賣台全力抹紅連宋配，再加上二顆子彈事件，操縱成國民黨聯手共產黨，暗殺陳水扁，極度抹紅，最後僅以二萬九五一八票的差距險勝。**從此台灣分裂成藍綠；抹紅親中賣台，台獨引戰害台，成為繞不開的話題**。中共、中國因素、統獨、國族認同，成為影響台灣政治爭勝敗的重要因素。

數十年來從黨外到民進黨，以台灣獨立為內涵的台灣意識不斷積累。國民黨僅能著手於壓制、阻擋。反對台獨，由數典忘祖的道德批判，到以法律的制裁，退卻到今天，反獨只是權衡利害後的現實選擇；因為台獨，要付出台灣人不願承受的戰爭代價，以此擋住了台獨。**台獨的論述，在台灣有其引共鳴接地氣的事實，卻也有因現實難以成功的弔詭。這也是吾人**

一向主張，以「擋（住）獨」、「化（解）獨」的策略，處理台獨的問題，應比反獨、滅獨更有意義。

民進黨為當選，為執政，以「拒統」維持現狀，「保民主、顧台灣」為訴求，不提台獨二字，但就是執行無台獨之旗號，卻以台獨為內涵的政策。香腸一片一片切，走一天算一天，也算活在希望中。國民黨當然清楚，但是又奈何？充其量只能譏笑「民進黨執政也不敢台獨」，凸顯台獨的不可行，卻無法阻擋民進黨以台灣意識為內涵，以保台、顧台，不要統一，維持現狀為訴求，推動漸進質變的緩獨策略。推動漸進質變的緩獨策略。就統一而言，國共兩黨已不同路，卻被抹紅為同路人？

不論訴求台獨理念論述的正確與否，仍有其動人的理想性。而反獨僅能從現實上的不可行來訴求，就缺少了理念價值的內涵。**宏觀的統一利台訴求，不僅含有統一對台利弊得失的現實考量，更具有民族復興及台灣發展願景的聯動因素**。如此統、獨才具有辯論是非真偽對錯的意義。國民黨除反獨之外，若不能面對民族復興與台灣的關係、提升兩岸論述的高度與氣魄，訴求統一的理想來引動人心，則只能跟著民進黨走；民進黨化的國民黨，山寨A貨豈會贏正牌。

不統是國、民兩黨的共識

一九四九年，國共兩黨分別以「反攻大陸」、「解放台灣」為訴求的武力統一，隨著兩黨主客觀因素而演變。中共堅持兩岸統一的意志堅定，不曾動搖。策略、方式調整為和平統一。有步驟、有節奏，朝著目標，一步一步邁進，台灣備受壓力。

反觀曾力主統一中國的國民黨，人亡政息，政策已變；原本尚保有以自由民主均富統一的口號，如今也完全丟棄，避談統一。因北京的治理績效，兩岸實力的日益差距，「民主統一中國」，客觀上失去倡議台灣的民主體制優於大陸的正當性。時轉政移，既難自圓其說，乾脆不說，現在幾乎不再上台議論了。

統一，不論統獨立場，台灣人的認定就是實力強、人口多、面積大的大陸，統一台灣。民進黨則順勢論述統一，就是中國併吞台灣，極易為台灣社會接受。然而國民黨的困境就是「心裡也是這樣想」，卻不知如何論述，只能逃避。

李登輝時代，制定以條件為基礎，分階段推動國家統一的「國統綱領」，現在國民黨也不敢再觸及；創造兩岸最佳關係與氛圍的馬英九，只能以「不統、不獨、不武」的維持現狀為訴求；**統一對國民黨已成為不可說、不可碰的禁忌。主張統一，在台灣極易被說成替北京**

併吞台灣的開路先鋒。怕被抹紅，成為多數人的心病。

國民兩黨沒有統獨的爭議，只有民進黨的「不統暗（要）獨」與國民黨的「不統不獨」。必須依靠選票，才能取得權位的台灣，除少數以統為訴求的政黨或個人外，當然只有短線的操作，不會有長期的規劃。尤其**以統一為訴求，能接地氣的社會運動、政治運動，勢難與定期改選的政治勢力相連結。這是統獨運動在台灣不同的本質。**

北京必然已了解，無論就現實的藍、綠政治板塊變動；還是統獨運動不同的本質，都是定期改選的短視近利。統一的推動，在台灣或有可寄望的政黨如新黨，但實力不足。除外沒有可寄望且會成功的政黨或政客。

靠人人老，靠山山倒，只有靠自己最好。今後必會出現以北京為中心，北京親自上場，踩上投手板，發球與台灣打者對決；或者親自踏上打擊區，對台灣的發球，揮棒迎擊。除極少數有器識、有能力者可代投、代打之外，沒有代理人，沒有寄望者。這就是北京面對統獨運動在台灣的現實。

建構討論兩岸的三假設，存在否？

海內外及國際人士，不分政治立場，常以三個假設為前提，建構兩岸問題的討論架構基礎。

假設不存在或是偽命題下的推論，沒有意義。但吾人發現，絕大多數人，未曾用心地檢驗前提是否存在，卻用盡心思研究、推敲引述、闡述推論，得出自以為是的結論。這是兩岸論述待解的盲點，也是思考兩岸能否解決問題的關鍵。

假設一：平衡保台論

多數研究者認為，台灣只要在華盛頓、北京之間採取等距關係如友中（陸）、親美的三角平衡；或是民進黨聯美抗中的對立式平衡。不論三角平衡，或對立平衡，只要平衡就是台灣生存的保障。

這項前提假設是否經得起考驗？不分顏色、立場，幾無討論，僅著墨於如何三角平衡，或對立平衡以保台灣。

國際，尤其美方的智庫，更是平衡論的推波者。以為「形式」是恆不變動的靜態關係，非「辯證」恆變的動態關係。認為只要維持平衡，就能維持現狀。

如卜睿哲幾年前將兩岸定調為「台灣的選擇，中國的焦慮，美國的挑戰」。吾人認為此時，已轉變為台灣的選擇，卻是美國的焦慮，中國的挑戰了。源於國際情勢、地緣政治引發利益互動，以及中美雙方實力的拉近，以實力貫徹政策的意志，諸項客觀因素，不斷易位變化中。

台灣必須面對的現實是什麼？

平衡保台論，不論是美、日智庫的主流分析，民進黨接受，非民進黨陣營，或社會各階層，大部分也同意。並引伸出「北京必須改變當前對台政策」的結論，否則只會更有利民進黨的操作，一再取得執政的機會。

事實是如何？如何看待兩岸的發展？首先要檢討的是美、中、台三方關係。**其實兩岸關係說穿了就是美、中關係，就是美方的實力與意願，決定台灣在兩岸的操作空間。沒有美國支撐的台灣能如何？美國逐漸無力、無心支撐的台灣之後會如何？以下是台灣必須面對，但大多時刻又不願面對的現實：**

一、台灣地緣命運，離不開大陸。

二、基於戰略利益、支援台灣（或與台灣準同盟）的美國，當然也會因戰略利益考量而

放棄台灣（如一九七八），台灣不能只依賴美國。

三、中美競合的過程中，不論結果，台灣都會受影響。尤其台灣在美中之間，能獨立自主決定的因素有限，受操縱擺佈者卻很多。要生存，不是靠誰，而是否願意面對現實，做下務實智慧的選擇，才是重點。

四、若不幸美中不小心擦槍著火，不論規模大小，時間長短，台灣怎麼辦？台灣還有多少空間？

五、台灣的命運，決定於美、中兩國實力的強弱變化。兩者的實力升降過程，台灣能發揮槓桿平衡的作用，極為有限。兩岸關係上，即將出現華府的焦慮，北京的挑戰，台灣的選擇。台灣還能一味依靠焦慮的美國？

美、中、台的戰略三角，**美、中對台的選擇，與其說有其現實的必然，不如說是台灣主觀的想像。台灣意圖建構的平衡戰略思維，與其說是基於中美的客觀需要，不如說是台灣的主觀意圖。台灣顯然不願面對，「隨著美、中實力的拉近，三角關係的崩潰是必然的結果」。**

美、中的實力正在拉近中，美、中、台的平衡正在變化中，台灣主觀期待的三角戰略平

衡，還能撐多久？聯美抗中的對立平衡，又能撐多久？所謂平衡保台，還有多少機會與空間？

民進黨不敢想，不願想，國民黨也沒有真正兵棋推演般地思考過。前者自我阿Q自欺欺人，後者缺乏中心思想，沒有思維主軸，就算曾想過，除了美國智庫，除主觀的意圖外，也未曾深度的思考。**至今全台上上下下，大多認為，不論三角平衡、對立平衡、只要平衡就能永保現狀的美夢中。**

這個假設如不面對、不討論，台灣會永遠活在保平安的夢幻中。

假設二：台灣已凝聚出堅定的反統、抗統、拒統的集體意識

反中是手段，反共是口號，反統、抗統、拒統才是目的，不統才是真目標。

在台灣不分黨派、顏色、立場，大多深信統一沒市場。

多數台灣人對統一，缺乏可期待的願景（夢想），卻懷有不可測的恐懼感。

對台灣人而言，統一不是必然性，也非必要性，不認識也不想認識中國，或共產黨。甚至已習慣於以「扭曲、不實且片面的認知」來合理化一切的反共，甚或反中言行。批評中

共、挑剔中國是常態；肯定、讚揚成反常。

去中教育，反中政治社會化的結果，使得大多數台灣人，尤其年輕人，不願正視中國的正面性。哈哈鏡下的扭曲，顯微鏡下的挑剔，幾乎成為共同的心態。

台灣與大陸之間，逐漸失去共同歷史的記憶，難再心靈契合的兩岸，是兩個互不隸屬的區塊。

台灣不想被中共統治，不接受不民主的中共政治體制，不想與中國成為一體；是大陸想統一，要改變台灣，併吞台灣，台灣毫無統一的意願。誰要改變這個現狀，誰就是台灣二千三百萬人共同的敵人。

大陸唯有面對，如此不喜歡、不想統一的台灣，才能與台灣發展出正常的關係。

以上的論點，幾乎是台灣當前的主流思維，就連面統、論統的空間，都被壓縮到毫無思量討論的餘地。

台灣拒絕統一，究竟已成為牢不可破的集體意識？或只是政客操弄下，有其時空意義的民意？是可逆轉改變的民意？或是已不惜一切代價要貫徹的民意？當大多數人不面對，不討論時，我們更要面對兩岸對統與不統的真相，才能為台灣找出路。

「一中統一」是北京的真政策，台灣卻以為是假議題。

中共自建政以來，堅持台灣與中國不可分割的一中政策，對內取得推動統一中國的合法性，對外全力取得國際社會支持統一的正當性。雖然現實上無法否定（或說必須現實面對）台灣以國家或准國家形式，存在於國際社會的正當性、合理性，但是北京仍以其日漸增強的實力，國際上以一中框住台灣，促台灣接受統一，限縮台灣以國家名義或形式參與活動的國際空間。

台灣以為一中為前提，台灣人就完全失去對未來的選項

民進黨努力地讓台灣人相信，國民黨也跟進以下論述：

（一）北京只取得形式上的面子，無法改變台灣是一個國家的事實

北京卻因此大失台灣的民心，把台灣納入一中框架愈急愈強，反而把台灣推得更遠，促統愈促愈反。**對台灣而言，北京感受不到「一中是假議題」，「統一是令人反感的口號」。不斷的挫折，促統不會成功。**

（二）北京愈要求一中框架，台灣社會就愈反感

台灣是台灣，中國是中國，國民黨會較緩和地說「大陸是大陸」。台灣不必是中國的一部分，兩岸不必統一，中台兩地也可和平、和諧、合作雙贏。反之，一切以一**中為前提的交流，就是必須接受終極統一的結果。台灣人民完全失去了選項，當然無法接受。**

北京處理兩岸，不修正意圖框住台灣的前提，台灣就難與北京發展正常關係。北京以一中為前提，在國際社會打壓台灣，愈壓愈反彈，對北京愈反感。在台灣，一中、統一，沒市場，一國兩制更沒人接受。

台灣要不要與大陸統一，應由台灣人民決定。台灣想統一，才與大陸商議統一的模式。決定權不能由北京主宰決定。

（三）北京無能處理害怕統一的台灣社會

當前只看到北京單方促統，隨著促統力度加大、頻率增多，台灣的抗拒反彈愈強。

促統的政策愈具體，如一國兩制、兩制台灣方案、明示不能一代一代拖下去的急迫感、暗示兩個百年的統一時間表、不排除武力統一的可能等，愈讓台灣覺得恐懼而抗拒。相對於台灣的民意，北京認為有號召力、有效的政策，對台灣而言，都是無效的主張。促統自然成為民進黨的提款機。

以上三點對台灣社會有絕大的說服力，久而久之，大家也逐漸信以為真，認為只要堅持以上的說法，北京就會對台灣無可奈何。但兩岸的現實又如何？台灣是否有足夠的力量，願意付出代價的決心，支撐以上的說法，都值得我們進一步地面對、研究。

台灣必須再面對的真相

只要台灣不想統，不統的目標就能維持？北京對台灣真的束手無策嗎？

台灣要有堅決的意志，不惜代價捍衛不統的決心，不統的目標或有可能維持。台灣真的做好為堅持不統，付代價的心理準備和決心了嗎？沒有不惜一切付代價的決心，所謂堅決的意志，只是主觀的意圖和想像。

絕大多數願意面對現實的台灣人，絕不相信台灣有足夠的智慧，操作的能力，在「陸強台弱」、「陸逼台守」的劣勢下，能擋住北京促統攻勢，且能積極地改變北京放棄統一台灣的政策。環視台灣政、經、社各界，真的沒有這樣的政黨、團體或個人，有此本事。

只有主觀的意願，沒有處變應變的能力，沒有要付代價的決心，一切都是空談。

今天經由政治操弄、政治社會化過程下，所產生的反統、抗統、拒統意識愈強愈牢固，

將來台灣付出的代價愈多，人民承受的苦痛愈大而已。國際上對中國不懷偏見，不把台灣當反中工具的有識之士，如李光耀先生等，大都持如是的看法。

在台灣，不斷強化的不統意識，究竟是絢麗的泡沫，或是經由烈火熔燒鍛鍊下的金剛不壞之身？前者是經不起現實的考驗。後者是要有付出代價的決心和意志，才會落實，假設才有意義。

言論的巨人，絢麗的泡沫

在台灣，說起不統的理由，一套又一套，論起抗統的有效方案，不是天馬行空、不著邊際的吹噓，就是寄望國際支持，大陸崩潰。沒有人明明白白告訴我們，要用什麼有效方式，付出什麼代價，永保台灣不被統一，且能順利成功永保現狀，和平發展。

不統的意識，在台灣看似堅固的堡壘，實則只是言論的巨人，只會吹出絢麗的泡沫，是不願付出代價去行動的侏儒。

更重要，更關鍵的是北京。要台灣接受統一，北京要有能力，以中國的成功發展為本，說出一套一套讓台灣可接受，能信服的論述，與台灣社會進行溝通，才會讓台灣人民相信，

統一是有夢可圓的願景。

即先有現實的認知，心理的接納，才有心靈的融合。數十年改革成功的成就，是很精彩的事實，若不能轉換成吸引港台，尤其是吸引台灣的論述，該檢討改進的是北京。

認同中國改革開放的成功，就是推動統一，吸引台灣最佳的元素。不用寄望誰，紮紮實實地拿出事實，有策略、有方案、有步驟地讓台灣認識真正的大陸。台灣人民自然會相信統一利台，統一才是台灣，尤其是年輕人最好的出路和人生新舞台。

假設三：北京對台軟硬無效的窘境，就是台灣不統保現狀的空間

二〇〇八年起，大家認為兩岸關係，正走向前所未有的正道。二〇一二年馬英九又以兩岸政策贏了大選，不料二〇一四年太陽花學運，一四年、一六年民進黨大勝，重挫兩岸發展。直至二〇二〇年的現況，台灣很多人認為，大陸對台政策如掉入鍋灰的豆腐，碰不得、拿不得、吹不得，軟硬失效。

台灣社會一方面憎厭北京的武嚇，同時又集體性地認為，只是紙老虎的示威。

台灣人心當然害怕軍事衝突、武力統一，但絕大多數的人真的相信，北京不會、不敢、

不願、不能對台動武，武統台灣。

台灣各界心無罣礙，接受方便有利的交流措施。又因立場角色，或不同需求的關係，會以不同的角度，公開贊成或反對不斷出爐的惠台措施。但私下則有志一同，享受惠台紅利。

久而久之，台灣社會形成共識，就是北京搞北京的，台灣選台灣的。北京難再發揮二〇一二年影響台灣選舉的能量。

台灣社會感受到北京對台政策，硬，硬不徹底；軟，軟不到位。

台灣政客們自以為：

（一）只要不踩到正名、制憲，宣布獨立的實質台獨紅線，就不用擔心北京會來硬的。

（二）只要不觸碰法理台獨的底線，北京就硬不徹底。

（三）只要不陷入北京設定的一中框架，或口惠實不惠地應付一中要求，即可大享惠台措施，交流紅利。

藍與綠的虛幻

在台灣，不分藍綠，大都主張，北京對台只能軟，不要硬。對大陸冠上「以德服人」、

「大侍小以德」的大帽，要大陸節制，才能擄獲台灣民心、有利兩岸。這些主張有其道理，但是，振振有詞的表面，內含懼統、不統的心，以致「有詞無策」。雖然明白交流才是正道，但是面對交流就是舔共統戰、親共促統的攻擊，不是畏縮，就是拿香跟拜，以避開綠軍攻擊。台灣應為而不為，應言而不言。只會要求北京是溫暖的太陽，不能是冷冽的北風。久而久之，真的相信，大陸只能軟，不能硬也不會硬。更無法理解大陸堅持底線，維持戰略定力，有何意義。更無法了解沒有以硬的手段策略為本，無法凸顯軟的意義、價值和功用。

非藍社群則傾向挑軟豆腐吃。極盡挑剔之能事，得了便宜還賣乖。一面享受兩岸利多，佔盡便宜，一面以「慎防木馬屠城」、「統戰糖衣錠」的言論霸凌。

一面威脅恐嚇，修法訂策，一面切香腸，推進隱性台獨搞兩國。

一面塑造北京是文攻武嚇的敵人，合理化反共抗統、聯美反中的正當性；一面強力污名化，鬥臭鬥垮，支持兩岸關係正常化者、主張一中統一者。

因霸凌效果顯著，非綠群體或基於恐懼，或基於心虛害怕被攻擊，也不時隨聲附和，完全失去討論的空間。

試想，當藍的畏縮，綠的囂張，言論一面倒之際，堅持一中統一的北京，必然被逼站在

第一線，堅持硬的更硬，以配合軟的惠台政策。藍綠都無能改變，北京既定的政策。

台灣必須認識歷史的中國，認識中共主政的中國。

面對涉及二千三百萬人生死存亡的兩岸問題，淺碟式求選舉輸贏的操作與思考，已取代求深度、廣度的全面性戰略思考。只計眼前，不顧身後；只求今天，不管明天；只看表相，不思實質。以致面對北京的對台策略，深思熟慮後，回應者少，短視近利，吸睛求表現者多，甚至以網路社群的讚，流量、聲量為準來定策。或許贏得一時，必然會失去明天。想一想：

一、台灣真的了解認識，北京主政的中共政權，關鍵時刻的決策思維嗎？

一九五〇年，誰會理會北京對美國的警告。開戰前，誰會斷定中共會派兵過鴨綠江，參與韓戰，與美國打一仗？

一九六二年，印度千算萬算也不相信，中國軍隊有能力，在青藏高原集結，並與印度打一場邊界防衛戰。即使兵臨新德里，誰又預測到，中國會毫無懸念撤軍，穩住中印關係至今，雖有紛爭，卻不破局的情勢。

一九五八年，北京為測試、簽署「中美協防條約」後的美國態度及國府立場，發動砲轟金馬的八二三炮戰。在最激烈的砲火下，共軍沒登陸。經歷戰火過程，測知美方的態度，更確定國府堅持民族主義立場，不會台獨，不搞兩個中國。未經調停，片面主動宣布停火，穩住兩蔣時期的兩岸關係，至今台海未再起戰火。

一九七九年，中美正式建交後，越南自恃戰力強大，又有越蘇同盟牽制中國，不理會北京警告勸說，強行入侵柬、寮兩國，巧取蠶食中越邊界，吃定中共只是口頭恫嚇的紙老虎。結果中共迅雷不及掩耳，集結大軍，懲罰越南。大軍攻下諒山，展現有能力攻下首都河內，已達到懲罰目的之後，迅速撤軍，穩定了中南半島及爾後的中越關係。

二〇二〇年的今天，面對大陸堅持底線的硬策略，對執政的民進黨，進行勸說、警告。看看歷史，我們真的了解中共政權於關鍵時刻的思維模式與決策因素嗎？捫心自問，了解多少？再下結論不遲吧！

二、**台灣真的了解歷史的中國，對一統江山的意志有多強烈？**

中原主政者，不論是否是共產黨政權，歷史基因，必然影響中原政權主政者的決策。衰弱了，只好忍受分裂，強大了，豈會坐視分裂？難道台灣有能力，去改變這份歷史的基因？

三、**兩岸統一與當前中國發展的國家大戰略的關係**，不是可有可無的關係，絕不是可利益交換的標的，而是納為一體必須貫徹的目標。台灣還能漠視，自欺欺人到何時？

四、台灣、美國（或不希望兩岸統一的國際勢力）有何大到北京願意放棄統一台灣的壓力，或可與北京交換放棄統一的利益？或可壓制中國的實力？只是不切實際的期待，無助於台灣的和平安定與發展。

五、面對實力快速增強的中國大陸，擁有更多操作國際及兩岸的工具，手段能更靈活。相對台灣能因應的對策、工具、條件、還有多少？主觀的意願，必然要服從於客觀的事實。台灣真正衡量估算過嗎？

六、不接受一中統一為前提的兩岸關係，台灣有何條件，仍可持續享有源源不絕的交流紅利？和平穩定發展的關係還能撐多久？以拖待變，最後還是要變。何不及早面對，求更大利益。

七、北京面對逐步險峻的兩岸關係，仍不斷釋放利多，是對自己信心下的作為？或僅是統戰思維？或是硬不了的不得已？誤判代價高啊！

八、台灣在漠視、挑戰一中統一框架的底線下，**仍持續要求更多兩岸利多。是台灣的智慧？自以為是的取巧、僥倖？是真以為北京對台無可奈何嗎？**

九、反共過頭成反中的台灣，無形中將二千三百萬人，與十四億人對立為敵，使大陸更容易在強大民意支持下，取得強硬對台的正當性。台灣還有多少回旋空間？還有多少可與十四億人化敵為友的機會？

以上九個問題，吾人認為在台灣，絕大多數的人，沒有認真想過，更沒有兵棋推演般地思量過，更別說只思短期選票取利的政客。再多的形容詞，只能凸顯自己的不足；再多的名詞，只能凸顯自己的空虛。思而後行的有效行動，才是台灣所需要。

贏者，不一定是強者、大者，而是洞察氛圍，如臨深履薄般以智取勝的謀國者。台灣的危機，不在台灣小，而在誤判；台灣的困局，也不在台灣弱，而在無備必有患，落入自以為是的悲慘。

誤判是最可怕的敵人——台灣沒有「戰略重視，戰術藐視」的準備和能力。

偶然是最難預測的意外——台灣沒有「承受黑天鵝」來襲的實力與準備。

現在，如果您還認為北京對台政策，仍陷入軟硬無效的窘境，所以我們可以安享「不統保現狀」的美夢的話，台灣必然危矣！

國、民兩黨接棒反共恐共訴求，深耕七十年

光復後一九四七年，二二八事件前後，及爾後的清鄉濫捕誤殺，形塑台灣民間的共同記憶：「中國仔」不好，不可信。「中國仔」是當時台灣人與來自大陸的人區分彼此，尤其對當官外省人的稱呼，以別於台灣人。

一九四九年大撤退，外省人佔據台灣黨、政、軍、警、教及國營事業大部分中高位置，加上宣布戒嚴後的白色恐怖，形成來自大陸的少數外省人（中國人）高高在上地統治本省人（台灣人）。這是當時本省人對中國人的印象與感受，也是爾後民進黨前身，黨外運動在台累積實力的基礎。

以當時黨外五虎將之一的郭國基的發言為代表。在政見會上，他們如何描述來自大陸的國民黨與台灣人的關係？

「豆（醬）油借伊醘（沾），連碟子都拿去吃」、「借荊州佔荊州」結果「乞丐趕廟公」這幾句打在當時台灣人心坎的話，使他們當選了，黨外成長了，本省、外省對立了，統治者

（中國人）與被統治者（台灣人）對立了。

所有對國民黨的負面印象，延伸為對中國人的印記。為何國共和解之後，只要友陸親共，不論省籍，連正統台灣人的連戰也被印記，就是鮮明的例子。被歸類為是「中國仔」，不同於台灣人。

在台灣對於國民黨負面的「中國仔」印記，轉移到中共、轉移到大陸的身上。也就是說，即使民、共兩黨之間並無恩怨，卻演化成代表台灣的民進黨，對抗承接國民黨「中國仔」「遺產」的共產黨，繼續上演「台灣」與「中國」的對抗。因為七十年前「中國仔」來台灣，欺侮台灣人。好不容易台灣人出頭天了，絕不再讓新的「中國仔」共產黨再來台灣，欺侮我們。

國民黨反共教育深入人心，民進黨延續光大之

一九五〇年之後，力行聯美反共保衛台灣，團結全民反攻大陸的國民黨，全心全力全面進行反共教育，成功地政治社會化，以下文句的觀念，至今仍深入人心。

「中共陰謀詭計多，威脅農民，欺騙學生得逞，佔據大陸」。

「絕不可掉入中共和談的陷阱，中共戰場拿不到，就會利用和談，在談判桌上取勝」。

「國共和談丟了大陸，西藏和平協議簽訂之後，達賴被騙最後抗暴出逃，都是血淋淋的教訓」。

「慎防中共笑臉攻勢，那是含糖衣錠毒藥的統戰攻勢」。

「統戰就是敵人在堡壘的內部，瓦解堡壘，不能讓中共用台灣的民主，破壞台灣的民主。中共、台獨、黨外是三合一的敵人」。

「相信中共宣傳，掉入統戰，就是台灣買繩子，請中共勒我們的脖子」。

當時為徹底反共，「仇匪、恨匪、滅匪」是軍中凝聚精神戰力的主軸。為洗清「共產毒素」，反共過頭成反中。如同樣的北大、清華成了偽校匪校；中藥成了匪貨、偽藥。反共反中糾纏不清。

以上的描述，總結出台灣的「反共內涵」：

（一）台灣人不可信「中國仔」的中共。

（二）中共統戰陰謀詭計多，很可怕。

（三）中共不亡，台灣不安。

（四）過去是「台獨、黨外、中共」現在是「統一、統派、中共」，都是台灣三合一的敵人。

（五）美國是台灣反共防共，抗共保台，最親密最值得信賴的朋友。

國共和解，反共元素未除

當前執政的民進黨完全接受，並奉行兩蔣時代「聯美、反共、保台」的理念，力行政治霸凌、立法壓制的老路子。國民黨當年在台灣埋下數十年反共反中的種子，今天民進黨持續灌溉澆肥，只是更誇大恐共的訴求而已。

可惜、可嘆的是當年埋下聯美反共、反中的國民黨，二〇〇五年雖與中共和解了，不但未檢討反共元素，有時為凸顯自己比民進黨更反共、更愛台灣，刻意與中共劃清界線，還不時地跟著民進黨拿香跟拜，失去國共和解的意義。

回顧香港，一九四九年前後一九九七年之前，數以百萬計的大陸人，就因反共避共而逃港。逃港居民反共的本質，加上西方價值意識的社會化成功，懼共、反共，不信任中共，成為港台最大公約數。

若說台灣對大陸的改革、發展、進步全然無知，言過其實。但是根深蒂固地不相信，不敢相信共產黨的心理，仍在發揮作用，極易點燃。所以反中抗共，港、台一拍即合，可為佐證。

◎相不相信北京的承諾是關鍵

不相信共產黨所做的承諾，不信或不全信北京公布的訊息或說明，就算有個別少數人，以自己的經驗、認知、判斷認為共產黨是信守承諾的，他也很可能陷於孤立，被挑戰、被霸凌。

信任、信賴與否，是心理認知，是經驗或認知不斷累積的結果。不論是個人或群體間，有很大的個別差異。論統之前，必先強化台灣人對北京的信心，否則再多的承諾，徒增爭辯，再辯也辯不出個結果，甚至愈辯愈對立，信者恆信，不信者恆不信。

◎兩岸不同政治體制，一時難跨的鴻溝

中國特色社會主義的中共體制，與接受西方價值體系的台灣，二者之間形成的認知差距引發的爭議，形成信任的鴻溝。

台灣絕大多數人想到統一，即刻想到一黨專制的中央集權。自由受限，民主不再，Line

不能用，Google不方便，FB玩不了的世界，大家當然抗拒。

北京說，不用擔心，對台灣是「和平統一，一國兩制」，台灣可以擁有當前的一切生活方式，保留原本政治體制，司法體系；Line跟FB照用，CALL IN節目照罵，街頭遊行照上等……。**台灣人半信半疑之際，從香港佔中到反送中的畫面，給台灣的印象：「香港實施一國兩制，二十多年的結果是失敗」**，港人不接受，台灣為何要接受？

長期反共教育下，對中共的不信任的潛意識，加上香港事件的激盪，「和平統一，一國兩制」失去被考慮、被討論的空間。

兩岸沒互信、交流效果打折扣

台灣社會已習慣以哈哈鏡扭曲，或以顯微鏡挑毛病北京發布的信息，涉及爭議的議題，面對北京官方的說明、解釋，台灣會先自我防衛而過濾、抗拒是常態。即使北京說得有理有據，人們仍然半信半疑，或只選擇偏見下的信息。反之站在與北京對立面的人、團體、國家（如美國）挑戰的論述，都能輕易讓台灣人接受。即或昧於事實被拆穿，或太偏激被否定，也只是一笑置之，不會太在意。**與西方同價值的台灣，不自覺的以雙重標準來看待大陸與歐**

美、香港。

此結不解，再正向的信息，再真心誠意的表態，不是事倍功半，就是徒勞無功。

陷於認知與偏見拔河的台灣，須他助，更須自助。

台灣大多數人清楚，大陸實力遠遠超過台灣。台灣承受大陸要求統一的壓力，愈來愈迫切。擔心統一，又必須面對統一的壓力，心理認知必須找出諸多「不會統一」、「不可能統一」、「北京沒有能力」、「中共只是紙老虎」、「大陸問題重重，自顧不暇」……的理由，武裝自己，化解恐懼。

台灣社會已陷於集體認知失調的困境。依心理學的理論，或以更深的偏見，合理化自己的失調，或是勇敢改變自己的認知，化解失調。

當前在台灣，選擇以偏見自我合理化者，似乎大於改變認知者。因此，助正向一臂之力，減低偏見，強化認知，才利於兩岸的走向。畢竟正確地認識中國大陸，不論台灣或個人，才能做正確的選擇。

台灣從現實出發，才能困中突圍找對路。

不論台灣政治人物，說得如何慷慨激昂，頭頭是道，陸強台弱，壓力難解的現實不會改變。國際掮客，號稱親台的政客，無論如何聲援，「台美不會建交」、「進不了聯合國」、「以中華台北之名參與國際」、「邦交國逐漸減少」、「南向難通」、「經濟離不開大陸」、「國軍軍力難防共軍」、「美軍不會來」、「無法正名制憲」、「不能宣布台獨」、「公民投票必須排除領土、國號變更」……這些都是一道道跨不了的底線。

台灣唯有勇於面對現實，或能困中突圍，不為無奈所困。否則只是阿Q不自知地活在自怨自欺，且自滿自大的困局中。

朝野政客想一套，說一套，做一套，只為騙選票

理論上，台灣的命運應由台灣人決定；現實上，卻只能決定，政權更替、政黨輪替。公投法設限，不涉統獨公投。主張台獨的民進黨，不敢發動台獨，尤其獨立公投。一向不樂見兩岸統一的美國，也以行動制止陳水扁鋼索式的公投。台灣往何處去？很無奈，也很現實，不是台灣說了算。遺憾的是**朝野政客心知肚明，既不敢，也不願開誠布公對人民說清楚，想一套、說一套、做一套，只為騙選票**。

台灣命運不由己的無奈，就是內心恐慌的根源。沒有真真正正面對現實，徹徹底底服從

於現實之前，恐慌的反面就是憤怒。**隔著台灣海峽，發洩再大的憤怒，不會有立即而明顯的危險**，所以政客就盡情操弄恨、憤、怒的情緒，騙選票。以北京為目標，反共、反中、抗統為題，誇大敵意，訴求恐懼，激化憤怒，凝聚支持，政客付出最少，收益最大，台灣卻逐漸累積潛藏無盡的危機。

透過政治動員，媒體操作，尤其是網路社群同溫層的共振共鳴，反共、反中、抗統，成為年輕人流行的主流意識，毫無懸念用選票，表達了他們的感覺。政客成功了，年輕人的明天，天曉得。

如何引導台灣理性冷靜面對現實，討論出路；接受現實，尋求出路？人間正道是滄桑，面對不完美或許才能接近完美。

矛盾情結的集體意識

面對當前的國際情勢，兩岸實力的對比，台灣人的心情如同香港人，十分糾結，曾經香港人口中的「表叔」、「北姑」，今天是消費花錢的大爺、大媽，少爺和小姐。

曾經是台灣人口中的「草紙」、「阿六」、「大陸妹」，如今草紙是世界強勢貨幣之一，阿六是多方領域領先台灣的大陸人，大陸妹不再以嫁到台灣為傲的大陸女孩。

收容大陸偷渡客的靖廬，悄悄地改收東南亞的偷渡客；曾是偷渡到台灣為基地的平潭島，正在華麗轉身中。看看當年偷渡香港，必經落腳的小漁村深圳，今天早已超越了香港，成為帶動大陸及世界產業的明日大都會。平潭，或許是正將升起的明日之星也不一定。

抓住大陸成長發展的契機

心服者，面對它、運用它、抓住契機，開創自己的新天地。不服者，逃避者，縱然找千萬個理由，合理化自己對大陸成長發展的偏見，卻改變不了大陸持續發展壯大的勢頭。

港、台若仍沉迷於過往的榮耀，鄙視大陸的成就，或自我感覺良好地自戀不已，就算今天尚有部分領先的優越，能否經得起時間無情的考驗，仍是未知數。

隨著時代的發展，台灣已充滿著被大陸超越、被改變、被北京安排、統一，甚至被美國出賣、拋棄的恐懼。

台灣沉醉於過往的榮耀，自我安慰於現狀的部分領先或差異，衍生既自大又自卑的心

結，既無濟於事，更難改變主客異位的事實。

心結不解，對立衝突就取代了心靈的契合，失去共享同文同種，命運共同體的成長契機。算一算，我們損失的比大陸大多了。

務實的台灣人

其實台灣人很務實，也能寬容接納別人的務實。極端地說，可以在大陸，高舉我是中國人賺鈔票；在台灣，高唱我是台灣人騙選票。不會自覺矛盾，社會知情也不會太多責備。反而單向高調地認同大陸，認為自己是中國人的台灣人，不願腳踏兩條船，卻要被霸凌。因為他們是務實者的照妖鏡。

務實的台灣人，識時務者為俊傑，沒有不能暫時向其臣服的統治者，只有擔心失去的利益。

務實的雙重性格，自有一套阿Q心態自我武裝；如我不做，別人也會做。合理化自己的務實。

站在同輩同學面前，要勇敢的反共、反中、抗統；一轉身絕對不放棄在大陸發展發財的

機會。自己或家人到大陸賺了錢，回台灣支助親人，或自行參選掌權位，又可轉身，順利地唱起我愛台灣調。

於是乎自我阿Q的心理，暗示自己去大陸，是利用大陸壯大自己，以實踐保台的承諾。信以為真的產生阿Q的心態，合理化自我矛盾的言行。

高調主張台獨，卻少有願為台獨理想，拋頭顱灑熱血的人。高唱反共抗統保台者，卻沒有多少人真心誠意，願付出財產生命的代價，擋住北京統一的壓力。革命說說可以，反正不傷筋骨；要付生命財產的代價，別鬧了！沒有那麼嚴重吧！這就是務實又阿Q的台灣人。

嘴巴說威脅，行動找機會

大陸崛起對台灣的發展，當然是機會，但長期反共、反中的氛圍，又認為是危機。西進者的成功，鼓勵後進者，卻讓危機論者擔心害怕，自己築起的高牆被推倒。於是面對西進成功者，要嘛漠視，要嘛輕描淡寫；或言只是僥倖運氣，或酸言酸語表示成功者只是表面的風光，卻是潛藏危機無限等等，以合理化自己的觀點。

若有失敗者，無限放大西進陷阱；若有因產業結構必須轉出大陸者，則無限誇大西進危機。愈成熟的台灣人，愈清楚，機會在那裡，不與那些人扯東扯西，西進找機會。成熟與否，不因世代而有差異。

矛盾的情結，就是認知失調的現象。**慢慢的，立場、顏色定義是機會或是威脅。視為機會者，做下決定，付諸行動，默默西進求生機。寧錦衣夜行，低調成就自己，開拓人生。視為威脅者，敲鑼打鼓，放大聲量自我催眠。黃鐘毀棄，瓦釜雷鳴，威脅的聲量再高，也改變不了認識者、成熟者，甚至務實者的選擇。**

房市開盤，房仲業務說，「台商回台買多少戶」做為推銷豪宅的口頭語。兩岸直航班機，年輕乘客逐年增加。誰家，哪家的孩子在大陸工作，已成常聽的交際語。考慮到大陸升學、就業、創業，也是台灣年輕人的重要選項。在台灣，一桌四十歲左右，或以上的白領聚餐，常常可以聽到他們討論「北、上、廣、深」的就業、創業話題。擁有私人飛機的台灣人，哪一個不是台商？**嘴巴說威脅，行動找機會，機會在人心，是威脅？是機會？台灣人用腳做了選擇，再清楚也不過了。**

台灣人面對兩岸的關係與發展，心理上，不自覺編織有一個很美的夢：

「大陸對台灣，要讓利、要開放、要國民化待遇、要優惠、要特殊……要這個、要那個，

就是不要統一，永保現狀。要到可要的所有的好處和利益，就是不要付代價。」

夢，畢竟是夢，夢醒的現實，仍需面對。

中華民族的基因

這是最壞的時代，也是最好的時代；
這是最絕望的時代，也是最期盼的時代；
這是最黑暗的時代，也是最光明的時代；
這是最破壞的時代，也是最建設的時代；
這是最退縮的時代，也是最進取的時代；
這是最危機的時代，也是最轉機的時代。

這是以雙城記開場的語式，描述當前兩岸關係最佳的寫照，最好的對比。

一個數千年歷史、血緣、文明、種族沒有中斷過的民族。

一個雖有分久必合，合久必分的朝代更替，但大一統的主流思維，從未中斷的民族。

一個從現實體會，歷史經驗總結出，分裂是戰亂苦難，一統是休養生息求發展找生機的民族。

今日這個民族，中華民族歷經西潮滅族式的衝擊，再歷經數十年教條主義掛帥折騰。文革逆流結束後，放手改革開放的成功，民族偉大復興正在進行中。足以佐證，華人、中國人、中華民族血液內的民族基因，不會因大陸數十年的政治運動，也不會因台灣地區數十年的台獨運動，更不會是近十年瘋狂的反中運動而磨滅。

與年輕人的對話

「畢業後第一個十年，奠定工作基礎。」

「第二個十年是發展期，第三個十年是成熟期，邁向人生事業的巔峰……」

「從今起……未來的二、三十年，你將以一生最珍貴的光陰歲月，成就你的人生。」

「當今的中國大陸，全世界的主流看法是：十年後，其國力將與美國相差無幾，二十年後，可能（或必然）領先美國，換言之未來的十年、二十年、三十年，中國大陸必然會創造出傲世的雄厚實力與國力。」

「中國大陸突飛猛進的二、三十年，與各位同學精華歲月的二、三十年勢必重疊。」

「今天，你做好準備了沒？你做好如何以人生的精華歲月，與中國大陸同步成長的準備？」

「人生的機會只有一次，如同我們這一輩，人生精華歲月與台灣突飛猛進時光共成長，才有今天你我熟悉各行各業成就的人士。」

「當父兄感慨台灣給年輕人開創的機會有限時；當你和同學或感慨、或迷惘於就業不易，好機會難尋，創業更難的時刻，何妨再西望一下中國大陸。」

「有二、三十年的成長時間供你同步發揮；除一線外有更多更多的二線、三線城市供你施展；有更多元更多樣的產業別和機會供你選擇……」

「你不一定要去大陸，但你一定要抓住這二、三十年的機遇。即使在台灣，你也要懂得抓住機會，運用大陸，豐富你的人生歲月。」

「機會不只給做好準備的人，機會更是給看到機會，抓準機會的人。」

自己抓住機會找出路，生命才有意義

「同學們，想一想，誰有資格阻擋你的選擇？誰有權力遮蔽你對大陸認識的機會？政客的話，是為他的選票，不是為你的前途。網路上的酸語霸凌，只是凸顯自己的無知與焦慮，與你的選擇何關？你甘心被酸言酸語，左右自己的人生嗎？」

「我對出路，創造自己有意義的生命；自己的人生，自己選擇。再想一想面對中國大陸二、三十年的發展再發展，你人生年輕的歲月，精華時光，要如何同步前行？」

「我們這一代很自豪，也很滿足，台灣錢淹腳目。」

「你們這一代只要做對了選擇，一樣是人民幣淹腳目。」

「中國大陸的機會正等著你。當世界舞台聚光於大陸時，全世界多少人都在計畫著如何參一腳，分一碗羹。同文同種同語言，同血緣、同文化的你，為何要在別人的政治語言禁制下，放棄機會，放棄對祖宗財產的繼承權？」

放棄是可惜，參與才是希望

幾年來與青年學生接觸的經驗告訴我；從他們聽講的眼神，我看到他們動容了，心動了。

從年輕人的觀點，視角去關心他的人生，關心他人生精華歲月如何才能活得精彩，活得有滋有味。**他們似乎看到了一個希望的舞台。原來中國大陸的成長發展強大，可以與他息息相關，是機會不是威脅。放棄，是可惜，參與，才是希望。**

最後提醒，當全球很多人要去趕上這班列車的時候，同文同種最方便的台灣青年，為何要放棄？或為何要被迫放棄？是別人的影響，或是自我不自覺的禁制？

換個角度，海闊天空

從關心年輕人發展的角度出發，讓年輕人自然感受到，至少思考到，原來自己的人生，可以和大陸的發展息息相關。

選擇是否要與大陸發展掛勾之前，至少做到先了解，之後再決定也不遲。何況誰也沒有資格（權力）架高牆設障礙，剝奪你我擁有了解的過程、決定的過程。這些權利與選擇，個人或政府都不能妨礙、壓制。

不論選擇在台灣，或到大陸發展，都能依仗同文同種的優異條件，運用大陸的成長，成就自己的人生。

大陸的壯大，不是台灣的威脅，是創造成功機會的舞台，換個角度海闊天空，鑽進牛角

尖，困住了自己也困住了台灣。

抗疫在中國

第一次世界大戰起，各國有難，美國是第一個被想到的求救對象。第二次世界大戰後，尤其蘇聯解體，全球唯美國馬首是瞻。他的指揮棒，幾乎是世界的指南針，美國的一切，幾乎是全球學習的目標。

二〇二〇年，新冠病毒肆虐全球時，除了台灣提出令人匪夷所思，哭笑不得的「台美共同防疫」捧老美之外，沒有一個國家地區，會想到與美國同步，或向美國求援，因為世人看透，美國自顧不暇，自救都難，何況救人。

快速控制疫情，正在復工，復原中的中國，自救、救人，已成各國求援的對象，如同第二次世界大戰及戰後的美國，提供物資、經驗，能力、人力，支援需要支援的國家。**假設美國是二次大戰，反法西斯同盟國陣營的兵工廠，面對二十一世紀，新冠病毒肆虐下，全球的抗疫大作戰，中國則是全球抗疫物質的「兵工廠」。**

中國面對一場突如其來、萬分陌生的病毒，從初期的慌亂，倉促上陣，到面對問題，運用抗SARS經驗，採取斷然措施，穩住陣腳。除夕夜下令封城，全國一盤棋，全國總動員，打一場有效控制疫情的抗疫戰爭。

不論你的政治立場，對中國大陸或好或壞的刻板印象，我們都必須接受以下幾個事實：

政府有效治理能力，才能發揮國力，拯救人民於危難。

以停止經濟活動，限制人民生活自由，把全球疫情的九〇%封鎖在大陸，把大陸八〇%封鎖在湖北，把湖北八〇%封鎖在武漢。犧牲小我，完成大我。替湖北之外的省市，替中國之外的國家，爭取更多的時間、空間，以利防疫、抗疫，盡到大國擔負的責任承擔。

西歐日韓，尤其是美國即刻包機撤僑，佐證全球已知疫情的嚴重性。其中韓國、台灣、港澳把疫情當做一回事，控制了初期的發展。證明往後失控的歐美，掉以輕心，尤其夸夸而談的川普，更讓美國疫情在撤僑二個半月後，變成世紀大災難，正不知如何收拾中。

相對於美國的失控，損己不利人，中國大陸負起大國的責任，防止疫情的擴散。與美國的角色與責任相比之下，美國失去了檔次了。

封城、封省，全國一盤棋的管控之後，積極作為，有效防堵疫情，命令落實到每一個人，防止漏網之魚。

全國總動員，四萬多醫護人員，以充足醫療設備、備妥相關物資，搶救重災區的湖北、武漢。控制疫情，扼止全面惡化擴散。

以最快的速度加蓋雷神山、火神山大醫院，數十座方艙醫院，**有醫護，有設備，有病房，全球唯一做到，不論重輕症，應收盡收，應治盡治，不計代價，全面投入，控制疫情。**

中央到地方，地方與地方，部門與部門，上下縱橫即刻協調，即刻解決問題，承擔問責，做不好，不適合即下台。相對於美國總統川普，與公衛專家福奇，紐約、加州等州長對著幹；聯邦與州、州與州之間搶資源，互攻擊，完全不可同日而語。

難怪世衛組織聯合專家組召集人，艾爾沃德，原先懷著質疑的態度，到中國大陸，一路從北京、廣東、成都、再到湖北、武漢，一路觀察下來，**總結：中國抗疫的成功是「速度、資金、想像力加上政治勇氣」。政治勇氣正是當代政治人物所欠缺的特質。**

生活化、實用化的高新科技

最特殊的是生活化、實用化的高新科技，發揮意想不到的功用。

一支手機解決生活上從購物、支付、娛樂到資訊落實。命令貫徹、疫情管控、追蹤健康管理，一機在手方便無比。

完備的互聯網體系，順利進行無遠弗屆的遠端工作。從線上教育，公務商務運作、醫療支援等超大規模地運用，維持國家社會、個人生存、生活起碼的順利運作，遠勝於大多數的西方發達國家。

雲端、大數據、AI、5G、人臉辨識，無人機等運用，充分發揮功用，進行遠端偵測，信息交換，疫情資訊彙整，以最便捷的網路，最大的數據、最短的時間，總結最寶貴的經驗。以最快的速度，分門別類，滿足各方的工作需要。加速問題有效的解決。尤其防疫、控疫、除疫的工作。

中國大陸以兩個月多一點的時間，控制了疫情，絕大多數人的生命安全，獲得了保障。最嚴峻的武漢，也在四月八日解禁了。(註：本文二校時，正逢大陸十一，長達八天的長假，全國數億人次如春運般，跨省、跨市旅遊，成為全球疫情掌握最具成效、最安全的國家)

國家實力、政府治理能力，缺一不可

人民繳稅金給政府，付出部分被管制的自由，就是期待政府保障人民生命、財產的安全。這項人民最卑微的要求，面對病毒攻擊，做到的國家幾希？

面對病毒的戰爭，再多的航空母艦、飛機、核彈、洲際飛彈，保障不了人民。人民有難，需要政府的時候，國家的綜合實力，加上政府的治理績效，才是人民的保障。尤其政府的有效治理能力，才能發揮國家的綜合實力。如西歐的德國、亞洲的韓國、中國、港、澳及台灣都是成功的典範。

此次抗疫戰爭中，中國大陸應變的治理績效，透過領導力、組織力、動員力、協調力、決策力，發揮綜合國力。反觀美國徒有超強的財富、人才、科技、設備組成的國力，卻被川普政府的治理績效弱化了，受苦受難的是美國人，和受波及的世界。這絕非一句民主體制較難發揮效能所能遮掩，因為同是民主體制的德國也能有效控制。

在台灣，對大陸採取極嚴格的隔離措施，再加台灣的強力防疫，使初期確診人數只有二十多人，直到歐美地區大量國人境外移入，才使確診出現了破口。可惜啊！

化獨導統兩岸融合

台灣愈發展，愈需要更濃的中國元素強化、壯大。西進大陸以大陸為舞台，運用大陸發展於世界，開展更亮麗的明天。兩岸同文同種的方便性，因血緣同文化的契合性，台灣更可以掌握趨勢，共創新局，共享成果。

台灣奇蹟，讓蕞爾小島的台灣有了成就的驕傲與自信；四十年來中國奇蹟，以改革開放，走上了強盛之路，正在改變著中國，改變著世界。**台灣必須面對，因應這個改變，才能在改變中，獲益成長，而不會被改變掉。**

正視中國奇蹟

不管台灣喜不喜歡、願不願意，都必須正視中國奇蹟。結束文革，改革開放初期，對中共政權體制、治理方式、改革態度等，內外質疑遠大於期待；否定疑慮遠多於肯定。崩潰論、分裂論、鬥爭論……不一而足，很少有持正向的期待與肯定。

但中國實事求是，解放思想，摸著石頭過河，走一步算一步，摸索出今天的治理模式和建設成效。

把一個在一九七九年尚有八五%貧窮人口的國家，即使在新冠肺炎肆虐，百廢待舉，仍堅持對人民嚴肅的承諾，以二〇二〇年要達精準扶貧的目標，建設全面小康社會的國家。怎會是失敗，沒有希望、會崩潰的國家呢？

當大陸不斷以改革為號召，改造體制、適應發展為目標時，以台灣政經體制為傲的我們，無論就改革的腳步，改造的決心，對比於大陸，我們還在龜步中。能不慎乎？

我們必須正視中國共產黨治理的績效。不論是過程，或現狀仍有諸多的缺失，或在台灣看來不以為然，不能接受的政、經規範，仍有很多尚待彌補，改進的地方。**但是開創不可能為可能，可稱之為奇蹟，如當年的台灣奇蹟一般。恰如其分證明，只要不以政治折騰人民，無論在何處，中國人就是有本事成就奇蹟。**

以台灣奇蹟、中國奇蹟為基礎，共迎、共創、共享二十一世紀的新局勢。

說好一篇篇與台灣相關的中國好故事

讓台灣重新認識「新」中國，增強認同；讓台灣了解中國大陸的成功、發展，對台灣的

意義與價值。實事求是，以事實為據，說好一篇篇與台灣相關的中國好故事，有利於台灣對大陸的認識，有利於台灣的選擇，兩岸的融合。

八〇年代的大陸人，與其說出國，不如說趁機「逃離中國」。初見西方花花世界，內心對祖國的落後，無限感慨。出去的多，回去的少，批評否定的多，讚許肯定的少。那時誰有底氣肯定自己的國家？

九〇年代出國，更多的人是為尋找新機運、新生活，開拓新人生。一個人出去之後，再拉一家人。對改革發展、政局演變，疑慮多於期待。疑慮與期待的爭辯，是那個時代的特色。

二〇〇〇年起十年間左右，出國原因更見多元化，不論是海外置產展富；升學就業取居留、得護照，或以海歸冠冕，形形色色不一而足。已不再是一去不回頭的出國，而是腳踏兩條船，哪裡好賺好生存，哪裡生活舒適、方便適合自己，就往哪裡去。或留海外，或回大陸，生活、生存，發展自我實現，成就的考量等現實面是特色。

二〇一〇年後，尤其近十年來，每年一億數千萬人次的出國者，他們生活在中國發展奇蹟中，享有高新科技的生活模式。生活於完備基礎建設，方便、安全又健康的國家。對明天充滿盼望，尤其八〇、九〇及之後出生的新生代，愈年輕愈自豪於當前的生活模式。大陸已提供人民可以成功，實現理想，追夢、築夢的舞台。出國歐美只是個人生活，人生規劃的選擇之一。

大陸新世代的自豪感

老中代的中國人，以擺脫西方列強的壓迫，以中國人能站起來，尋找民族自信心；年輕一代，以自己生活的模式，優於西方的方便、自在的自豪感，找到了尊嚴感的自尊心。

三年前我在美國酒店的電梯內，碰到兩位來自大陸的青年人，他們主動問我：「美國這裡的生活你們怎麼受得了？」得知我是來自台灣的訪客，他們抱歉一聲離去了。我看到大陸青年一代對自己國家的自豪感。

一隻手機可以搞定八〇%以上的生活需要，四通八達的高速公路、全球最密集的高鐵網，方便的互聯網生活模式，更別說治安、健康及日漸強化的保障等等。年輕人不再羨慕美國，而以自己已習慣，別國仍欠缺的生活方式為榮。

他們是未來中國大陸的中堅，同輩的台灣年輕人，認識他們嗎？大陸的民心、民意在轉變，我們知多少？了解多少？與其一部又一部的宮廷劇、古裝劇、諜片劇，不如一部反應大陸社會現況的時代劇、綜藝節目、實境秀，更能讓台灣了解現代的大陸。或許這正是民進黨政府要封殺愛奇藝在台灣業務的理由。

憂心與評言

「在台灣的工廠，三千多人，在台灣算大廠，但在台灣廠只能接十億美金以下的案子。」

「在大陸的數個廠，均萬人以上，超過十億、數十億甚至達百億美金的大案子，只能由大陸接單、管制、生產。」

「在大陸看著當時的學生工或大學一畢業就到公司來工作的大陸青年，十幾二十年下來，他們少說經歷少到十多個，多則數十個大單大案的磨練，如今他們不論留下繼續工作，或轉業，或自行創業，都有可承接大單大案的能力。」

「在台灣的青年朋友，只能在小單小案上訓練，即使在台灣升遷到經理級的主管，他到大陸，已無法帶領他下面的中下階幹部。到大陸就要降階任用，否則難服眾，難帶案；要嘛永遠留在台灣，人性舒適圈的因素，大家選擇在台灣不去大陸。」

「看到這樣的現象，我憂心，但多少人體會到。」

「印度全年訓練的工程師，不足以供應我廠全年的需要，而大陸能源源不絕的供應，這是我們發展的機會，也是給大陸青年的就業、展業的機會。」

「我們仍有許多的空缺，期待台灣學生畢業後，到大陸歷練，大單大案的經歷才能壯大自己，與大陸同年齡、同年代的年輕人共逐鹿於中原。」

同樣十幾年的光陰，兩岸同一家公司，因不同的產業規模，造就了兩岸年輕人不一樣的經營能力。朋友憂心，台灣的競爭力就這樣不知不覺，甚至自我感覺良好中流失了！

這是近幾年來，聽到最令我悸動，也最憂心的一段話。

世界工廠，也是世界市場，就是台灣青年人的無窮機遇

從螺絲釘到太空船的完備產業類，分工精密完整的產業鏈，適當的經濟規模，是世界的工廠；也是擁有十四億，消費力日漸增大的世界市場。數以百計，尚待開發的二線、三線城市；即使較偏遠的城鄉區、農業區，以發達的互聯網商業模式，不限空間、時段，就地創業，就地展業，開花結果的生機；就是今天、明天中國大陸無窮潛力、台灣青年無限機遇的所在。

十四億，再加上同文同種，二千三百萬的台灣人，市場夠大、機會夠多，容得下每一個台灣人在大陸或運用大陸，一展長才。有什麼理由，要因政治算計，把台灣青年隔絕於外？甚至恐嚇台灣青年人，接觸大陸，了解真相？

擔心因外語能力，無法因應全球化浪潮的朋友，你有同文同種的優勢，可在世界小縮影的中國大陸，以中文就能創造自己想追求的人生美夢。

假若有一篇又一篇以事實為依據的精彩故事，打動台灣人，尤其年輕人，認知中國，認同大陸，絕對有助於兩岸的融合、統一。

兩岸融合統一，就政客、政黨而言，或許是擔心對其政治權勢地位的挑戰與轉變，因而阻擋、排斥、反對；但對人民，尤其對年輕人，則是機運與權利。台灣加上大陸，除台灣之外，還有大陸的超大平台可供選擇；不會妨礙只想滿足於台灣的朋友，卻讓大家有更多的選擇，更大的舞台，更好的機會。

認識歷史的中國，才能認識現在的中國

中國是超大型的國家，是別人眼中的「大隻佬」，以西方帝國主義本質的政治邏輯者，強必侵，大必霸，霸必搶的歷史，想當然爾是「令人恐懼」的大國。

曾經主宰世界，殖民他國的帝國列強，常以自身經驗，推論強大的中國，必如過往列強必稱霸。深受西方教育的台灣，與大陸長期對峙的台灣，更認為大陸也是霸權中國，縱使是給台灣發展的機會，也認為可能是台灣生存發展的威脅。

歷史的中國是蓋長城的民族，人不犯我，我不犯人。歷史的中國是昭君和番，文成公主下嫁，求和於先，可伸可屈，但也是不可辱，不可侮的中國。

歷史的中國是臣服不征服，以德服人，非以霸壓人，所以鄭和七次下西洋，沒有殖民地。如明朝出兵擋住豐臣秀吉的征韓，保住朝鮮後即退兵；如清康熙親征葛爾丹，都是應弱小受欺凌的鄰國之請，出征強權。濟弱扶傾，壓制強鄰，只要臣服，不必征服，得勝即還朝，不設總督殖民。對照看西方列強，戰勝了就殖民，來了就不走，占了就掠奪。如以色列佔領巴勒斯坦。如十七、八、九世紀，西方列強在亞洲、拉丁美洲、非洲等地，佔地為王，設總督，當起殖民霸主，欺凌掠奪。

西方列強以小人之心度中國君子之腹，或誤解，誤推或栽贓抹黑而已。

現代中國，是心血勤奮累積的國力

現代中國的富強，百分之百是中國人的努力，是數十年來農民工，付出妻離子散的代價，付出環保的代價，一毛一分地靠外銷累積的國力為基礎，才有今天的成就；絕不同於靠殖民掠奪而強大的歐美日俄諸國。

現代的中國富起來之後，以濟弱扶傾、共創雙贏的概念，推展一帶一路，既讓自己過剩的產能有出路，又讓帶路的國家成長富裕，各方互通有無，相互扶持，互利雙贏，一起成長，正在逐步開創新的全球化發展模式，建立新型國際關係。

台灣可以輕易搭上便車，壯大自己

中國大陸以亞投行、一帶一路的規劃，以和平雙贏互利的模式，開拓不同於過往西方資本主義為主體，優勝劣敗為核心的全球化，使更多的國家共享發展紅利。與大陸同文同種的台灣，何不用你我熟悉的文化、語言、生活習慣，順勢跟上，一起經營新世界，拓展新視

野，成就新人生。

一帶一路，在以美國為首的西方社會的刻意阻撓污名化下，仍不斷成長。而且除美國之外，歐洲國家也逐漸入列一帶一路。因為以四十年創造的中國奇蹟，正是他們要成長壯大，樂於比較學習、互補的參照。

十四億超大人口的大國，可以在短短四十年脫胎換骨，以達到精準扶貧，全面小康社會為基礎目標。十四億人口的中國做得到，人口少得多的國家，也可做得到。

如何有效治理人口超多、領土超大，相對的，問題、疑難雜症也超多、超雜的國家，成為富強之國，其治理績效的模式值得參考借鏡。至少不應輕易被否定。

更可貴的，中國不像西方，以其價值、體制，隨著援助，要強加他國接受。中國尊重各國，不干預內政，只有扶持和幫助，利於雙方的合作、互利雙贏。

政府治理績效顯著的中國模式，不會加諸於他國，也不會干預內政，令各國安心接受援助，運用援助。一帶一路，路越走越寬，國際友誼愈來愈穩固，自然的，國際影響力也愈來愈強大。

當一帶一路國家，愈來愈相信中國，學習中國，壯大自己。同文同種的台灣人，感受到的是什麼？是否更應該是搭上列車，壯大自己。

結果論比品牌論更有意義

一篇一篇精彩的事實，一件件有成效的成果，固然不是件件好棒棒，但也不是凡事很爛爛。豈有成功的奇蹟，被抹得一團黑的道理？在國際贏得得信賴，化解了疑慮，也應可轉化到港、台對北京疑慮的化解吧！北京要與台灣融合為一的目標，在於北京要給台灣看到更多可信賴的成功故事。

重新理解中共政經體制，評估治理績效，尊重差異、化解疑慮。

茶與咖啡，沒有誰比誰高尚有品味。各有各的特色，相互欣賞。若相互否定，或強加要人改變，如同爭執（論）那一種酒才夠格，才上檔次，不如說只要喝得心曠神怡，有益健康（至少不礙健康）的都是好酒。就國家的治理，人民的生存發展，**結果論，比品牌更有意義、更實際**。

西方百年來建立的民主體制，在西方、在港台，都是理所當然的價值與制度。總結經驗是：民主有再多的缺點，它可以用民主的程序與制度解決，至少到現在為止，尚未產生可替代的更好制度。

確實，西方民主體制最值得肯定的是：人民依程序掌有改變或接納它的權力。不好，換就是。再不好，再換一個。好與不好，我選擇，我承受。

民主政治二、三百年，實施至今，弊病不少，也讓很多人思考，只擁有選擇的程序，是人民最終的期盼？

當選是唯一目的，手段無底限，社會分裂

尤其近十年來，隨著網路傳播工具，傳播技巧的精緻化，只要精準掌握五〇%，再加一票，贏得當選的票數，縱然得罪、傷害、藐視、歧視那些不支持我的五〇%減一票的人，造成分裂、對立、極端化也無所謂。當選就是真理，只要能當選，當政者運用全國資源，操作國家機器，以再保有當選的足夠的票數，即可繼續享有權力。今天川普的作為，正是寫照。

這也是近代西方學界，對民主體制憂心忡忡的問題：「選舉操作策略極端化下的民主政治怎麼辦？」

原本以數人頭，代替打破人頭的民主驕傲，淪為只有以「術」求「數」，即追求當選的

選舉技術，有法律的底線，幾乎無道德的底線。當選是為一的目的，只要法律不能否定的，看不到的，懲罰不了的，任何暗黑的手段，均可操作。

近十年來，網路社群媒體的興起，可精準操作議題，凝聚同溫層，不在意、不理會，甚至是犧牲另一些人也無所謂。民主的結果，分裂的社會，正在歐美上演中，台灣也是如此。民主體制很好，但已不再是絕對的好，而且正在沉淪中。

西方的民主體制發展至今，不是不思改革，而是在定期改選壓力下，當選比改革重要，想改也改不了。與其急著推銷自己體制與價值，強加別人接受，不如謙虛地面對，分裂中的民主社會。若無法處理因民主選舉而日益分裂的國家社會，民主體制勢必日趨黯淡，失去吸引力。

以上的論述，不在否定民主的價值，而在於出現嚴重弊病的民主體制，要謙虛地承認弊端，趕緊改進，否則只徒擁有投票的民主，僅會產生一代不如一代的政客，絕難產生真正以民為念的政治家。當然更會出現日益滑落的治理績效，**再怎麼挑，人民只是被精緻選舉技術操弄下的選擇而已。**

非當代主流的中共體制，為何能成就中國

以中國共產黨主政的中國政體，不同於西方民主體制的政治制度，進化至今，號稱「中國特色社會主義政經體制」，中性稱之為中共體制。沒有民主選舉，沒有定期改選，沒有政黨競爭，沒有野黨的監督制衡，更缺乏以民間為主體的媒體監督。

以台灣習慣於西方體制、價值的評論，這樣的體制怎能創造成就？怎能被人民接受？在二十一世紀的今天，怎能運作下去？別告訴我「威權嚴厲控制」這個經不起考驗的結論。否則怎會有蘇聯、東歐華沙集團的解體？而中國卻改革發展得很成功。

近百年來，共黨專政體制的政體，不是被推翻如東歐，就是瓦解，如蘇聯。目前僅存中國、越南、北韓及古巴，證明共產黨專政體制，非人類文明的進化主流。因此易以西方民主理論負評共產黨體制。

四個僅存的共黨體制中，中國共產黨率先打破條條框框，解放思想；捨棄教條，實事求是。自一九七九年起，放開腳步，放手改革，四十年來，將世人認為貧窮、落後的國家，建造成今天世界第二大經濟體，第四波工業革命的領頭羊。

中國正以他的實力發展，改變世界中。中國在國際社會上，不論是政治、經濟、金融、產業、財政、區域和平穩定……等都扮演著舉足輕重的角色。就算美國右派極端主義者，藉掌權之便，舉全國之力，也難否定，難遏止的事實。

體制治理績效的成敗，評價人民做主的意義

說二十一世紀會是中國人的世紀，一點也不誇大。而中國共產黨專政體制，呈現出的治理績效，對中國人、對世界，交出一張漂亮的成績單。

從西方民主體制，評價中共體制，有西方觀點評析下的缺陷、不足與遺憾，甚至是「罪惡」。

以中國人民生活、生存的實際感受，世界上又有哪一個執政黨，能交出如此亮麗的成績？

人民選擇執政者，當然是期待愈選愈有美好的盼望和明天。

假若我只有選擇權，卻無法落實選擇的期待，每況愈下，選擇權的意義何在？

反之，被視為沒有選擇權的體制，人民卻得到比有選擇權的國家，擁有更好的結果，又

該如何評價？

好與壞之間，不是單項的對比，而是綜合結果的評比。簡單地說，就是絕大數國民感受到的進步感、期待值、幸福感，愈正面愈有意義。固然不能只見林不見樹，但純以個體的樹，否定了林，就失去比較的意義。

治理績效的成果，是人民共享的果實。反之，只有選擇權，卻無法保障選擇結果的治理績效，只是政客享有權力的果實，再度辜負人民的期望。

新冠肺炎的戰疫過程與結果，很弔詭地呈現，北京把專制體制的優點，發揮極致控制了疫情，反襯出歐美尤其美國，把民主體制的缺點，也顯露無遺。再多的理論爭辯，掩蓋不了成功或失敗的事實。

原來與其以理論，爭辯中西體制孰優、孰劣，不如在務實運作中，何種體制較能彰顯執行成效的優越性，避免缺失的最大化，對人民而言，更有其意義。

大陸、港、台面對西潮衝擊的回應

香港、台灣因全盤接受西方民主價值，而且量體小，文化根基不夠紮實，經不起西潮的洗禮，只能（會）全盤接受。

中國大陸有超大人口，超廣闊疆域國土，超悠久歷史傳統，超豐富文化積累。是一個延續數千年，不曾中斷的歷史文明，具文化內涵的超大型國家；再加上治理的成就，當然更有底氣，不輕易臣服於西方價值的衝擊。

因此，**中國的崛起，不只是經濟建設突飛猛進，國力堅實壯大的一面，而是有文化歷史內涵的文明型國家崛起。全盤接受西方價值的港台、歐美西方國家，無法再獨尊於自己的價值，以自認的合理體制，價值標準，強求於中國。若能以自詡的多元、開放、包容的價值，同理面對中國，以理性的科學精神，客觀地分析認識中國。是爾後中西新型關係，順利建立良性互動、多贏的關鍵。**

中國獨有，西方欠缺的文化內涵，文明元素

中國幾千年來，除了清末以來，百餘年的積弱，及政治狂飆的年代之外，一直是一個領先西方的文明國家。中國半世紀以來，改革開放發展的成功，積累領先於世界的實力；古今之間，必都有一個共同的歷史文化元素，創造領先群倫的事實，才能使中國面對西潮百年來

的衝擊，再度站起。這個元素，就是創造中國生生不息的生命力，是數千年來中國獨有，卻是西方所欠缺的文化文明價值。

以下分四點介紹：

（一）民為重，社稷次之，君為輕的民本思想，對全民負責

只要能當選，就算得罪或失去某些選民，甚至因此造成社會對立、分裂又如何？只要討好能贏得當選票數的選民，就是民主選舉勝選之道。就算民選總統的台灣，當選者也都宣稱，要當全民總統，但面對選票的現實，只是口說，就是做不到。

反倒是大陸，如扶貧一個不能少；如抗疫，應收盡收，應治盡治等，一個都不能少。為達目標，中央指揮，跨省、跨市相互支援，對口扶助。

西方體制則是，各負責各地選區，各顧各的地盤。各護各的資源，個體利害高於整體，但也理所當然，合情合理。所以民主選舉，成為僅是精算如何擁有足夠的當選票數，以此處理政見、主張；或以優勝劣敗，適者生存的資本主義本質，處理國計民生、生活的環境及選區的相互關係。能當選的票數，是唯一的王道，其他的都微不足道。

（二）經由國家考試產生建立的官僚體制，非經二、三十年層層的歷練，選拔，難有機

會，承擔國家的重責大任

中國自古以來，政治領袖來自民間，經由科考（國家考試）進入文官體制。非經二、三十年層層的歷練、考核，難有承擔國家重責大任的機會。兩蔣時代的台灣，現今的大陸也如此。這樣出現的領袖，不敢說是最優秀，但絕對是經得起考驗，而能承擔者，成熟穩健是其特性。絕不會出現，唐突冒出的「風頭」人物，如川普。

民選體制，或許可藉一時之勢，成就政客的美夢，卻可能讓國家付出民粹、分裂、對立、衰退的惡夢，不幸正在發展擴大中。民主選舉體制，再不思改革，不但失去民主的光彩，也將失去批評其他體制的正當性和號召力。

（三）大一統的國家觀和統一於儒家價值的政治體系

政治人才靠選拔，治理要績效的政治文化，自古到今，形成今天的中國政治體制。這套不同於西方的政治體制，有其中國時空性下的意義與價值。

黑貓、白貓，會抓老鼠的都是好貓，政治所為何事？人民幸福、安全、安康，國家富強而已。**以治理績效的角度，中國的政治體制，或有不足，尚待革新改進努力者不少，但不該也不必輕易被否定。中西雙方、兩岸之間，相互欣賞、相互學習、同理認知，是二十一世紀**

中西、兩岸新課題。

（四）期待強而有力、運作有效的中央，統一國家，安定社會

中國人民的歷史經驗，只要中央懦弱無能，必然是分裂、戰亂，民不聊生的悲慘世界。反之則是統一、安定、安全的國計民生。絕對不同於西方那種恐懼強而有力的中央統治。近代西方的革命，源自於王權專制的壓迫，而中國改朝換代，則源於中央失能，地方分裂割據攻伐，加上天災人禍、民不聊生。

中國現存的政治體制與西方、港台是不同，卻不是洪水猛獸。是一套有歷史、有根據、有文化、有傳承的政治體制。了解它，比急著全盤否定它，更具價值。

中國數千年來，就是一個文化自給自足的文明國家，無論在典章、制度、文化、文明、經濟、國力都是世界的領先者。因西潮衝擊，清末民初喪權辱國，幾乎亡國滅種。經由一九七九年改革開放四十年的努力，重新站立於世界，不是孤嶺突兀的升起，而是綿延群峰般的光榮歷史，再度復興。

西方若能以中國政治、文化、文明再復興的角度評析中國，今天的中國就是歷史輝煌中國的再現。就能更心平氣和，接受中國的再崛起。

身為中華民族一份子的我們，若以西方政經體系的價值，看中國大陸，則大陸幾乎一無可取，兩岸就有難以融合的鴻溝。**若以中國歷史，民族再復興的角度看大陸，兩岸則有更多的共同點可融合。中華文化真的可以成為兩岸契合的黏著劑。**

化解疑慮才有互信

兩岸間的偏見，刻板化印象，是推動和解、和平融合統一的最大障礙，是最難啃的硬骨頭；因為它涉及心理情感層面，而非認知的理性層面。

經由認知，可改變情感（緒），但情感更會影響認知的判斷和選擇。**應先著手化解情緒，才能順利改變認知，否則事倍功半，甚至徒勞無功。**

總括台灣對北京的疑慮有三：（一）北京不信守承諾；（二）台灣不能接受一中框架；（三）兩岸不同的體制價值，無法融合。負面情緒下的疑慮，腦中掛滿問號的同時，論理說事難溝通。

香港回歸二十三年，港人不相信一國兩制；被中共打敗的國民黨，曾告誡台灣人「西藏簽署和平協議，結果解放軍入藏，達賴流亡無法回藏」、「中共承諾不可信」、「大陸新聞媒體只是官方傳聲筒，北京的信息永遠有藏匿，不真實」、「中共單方公布的資訊，我們永遠有存疑」。民進黨承接，更加深「中共承諾不可信」的感受。

一中符合歷史、符合法律，是保障，不是框架

北京說只要接受一個中國，什麼都可以討論。〇八年～一六年，兩岸在九二共識基礎上，三通直航、簽訂協議，陸客來台密切交流，經濟互補合作雙贏，外交休兵，參與國際組織，馬習會等。**實踐兩岸經濟「合」則兩利，政治「和」則太平的實情。一個中國是保障，不是框架。但是台灣各界就是擔心，今天接受「一中框架」，明天就逐步走上終極統一的結局。**

二〇二〇年後民進黨帶頭，國民黨尾隨，逃避一中，兩岸陷於僵局，兩岸好景難返。

中華民國是一九一二年，由中國人孫中山領導，在中國的土地上，由中國人創建的國家。因國共內戰，如今僅有效統治台澎金馬。

一九四七年在中國的南京，由全國含台灣省選出的中華民國國大代表，參與制定的中華

民國憲法，今天仍在台澎金馬有效的實施。依據這部憲法，組成政府，選舉各級官員、議員及總統。

為有效處理兩岸分治的現況，依據憲法，制定兩岸人民關係條例，做為兩岸交流交往的依據。都是建立在一個中國的基礎上，符合一中架構。

正視哪一個總統的主張，才算數？

不論李登輝的中華民國在台灣，兩岸是特殊的國與國的關係；還是陳水扁的中華民國是台灣，兩岸是一邊一國；或是馬英九的中華民國就是中華民國，兩岸關係是兩區非兩國，是一中各表；蔡英文的中華民國台灣，兩岸關係，是兩國關係。他們四人除陳水扁得票未超過五〇％之外，其他三人都以過半數選票當選總統，**試問要北京正視中華民國存在的同時，要正視那一個總統主張的中華民國才算數？**

馬英九、蔡英文都以維持現狀獲得支持而當選。馬英九要維持的是不談統一，不可台獨的「不統、不獨、不武」的現狀；蔡英文要維持的是不要統一的「不統、不武」缺少「不獨」的現狀。**究竟要北京面對哪一個現狀？**

美國與中國之間再有大的爭端，美國也必然要把信守一個中國政策掛在嘴上，再怎麼對台灣釋出友好的言行，美國也絕不會與「台灣」或「中華民國」或「中華民國台灣」建交或恢復邦交。更不會大肆張揚建立軍事同盟。

正視中華民國的弔詭，台灣沒有想通

假若美國是朋友，大陸是「敵人」或「對手」。看清楚我們自認是朋友的美國，也一再向台灣表示是朋友的美國，不會正視「中華民國」，或只能正視「台灣」。號稱朋友的美國是如此，我們既視大陸是「對手」甚至是「敵人」，卻期待大陸要正視？這當中的轉折，我們看不透？想不通？或根本只是自說自話？

要一九四九年成立的中華人民共和國，正視一九一二年成立，至今仍有效統治台澎金馬的中華民國，就得接受兩岸分治，就是內戰遺緒未解。內戰就是一國之內的戰爭。正視中華民國，首先要接受「一個中國框架」，其次既是內戰遺緒未解，不是打出結果，就是談出結果。不敢打，不能打，不要打，那就和談解決。要求北京正視中華民國的人，準備接受以和談解決嗎？**不打，不談？如何正視呢？**

正視中華民國就是正視兩岸分治的現實，就是兩岸同屬一個中國，內戰未解。否則兩岸的分治從何而來？兩岸不是同屬一中（國），何來分治？假若主張**正視中華民國，而不能同時接受兩岸同屬一中，這個「正視」就失去了意義，起不了作用。**

而台灣內部，都無法定義「中華民國」的真義，不知要正視哪一個總統命題下的中華民國，誰會正視呢？更別提兩岸的困局與解決了。

在兩岸博弈「正視中華民國的存在」，若無法與「兩岸同屬一中」、「簽署和平協議」成為三位一體的主張，而只是單一的訴求，既難達成目標，僅徒增雙方爭議而已。

民主解決不了中華民國的主體性，也解決不了兩岸的僵局，更解決不了台灣往何處去的焦慮。和談可能是唯一的出路。

兩岸經由七十多年的分隔，不同政治社會化的過程，形成不同的生活、思想，價值的差異，是可理解。假若兩岸間沒有內戰的瓜葛，沒有歷史的糾結，沒有僅二〇〇公里左右的地緣關係，而且相互影響的關係。你就走你的陽關道，我過我的獨木橋。可是，兩岸的現實不是如此。

「求同存異」、「去異化同」的理想，必須在兩岸之間，以同理心建立相互理解、體諒、接

受的政治文化，才有運作的可能。但是政客卻操作對立仇視，奪權取利，誰願為正道而努力？

各有各的體制，相互尊重

美國為維持聯邦制，設計以州為主體的選舉人制，使川普可以輸給對手希拉蕊近三百萬票（注意是近三百萬，比很多國家的人口還多）卻合法的當選總統。全球任何一個總統直選的國家，誰都不會接受，但美國接受，視為理所當然。

當年佛羅里達州有涉嫌弊端的投票所，其票數會影響小布希與高爾大選結果，是否再開箱驗票定勝負，爭論不休。一路訴訟，最後由聯邦大法官以五：四一票之差，一槌定案，不再驗票，小布希當選。弊端所在的佛州，州長是小布希親兄弟，法官定槌不驗票。在台灣，或其他總統直選的國家，必然引發暴動也難善了；美國人卻接受了。

美國參議院代表州，大論大小州，每州二名參議員，看似公平，事實不然。以貿易談判為例，七個大富州掌握美國五〇%以上的出口，僅佔參院一四席即一四%。二六個小州出口合計不到一%。卻有五二席佔五二%，參院涉及經貿表決時，決定美國經濟命脈的七個大州，他們的命運，由二六個小州決定了。您認為合理嗎？美國人接受了。

美國為維持先有州才有國的聯邦體制，為維持統一不分裂，有了以上不同於他國視為不合理的制度設計。各國內政、生活、文明，各有各的特色。外人看似不合理，難接受，不以為然的事，只要他們能接受，順利運作，各有各的國情，各有各的歷史，各搞各的，相互尊重；同理心下，就能心平氣和認知彼此的差異，不會因差異就輕率負評與嘲笑。

各玩各的，各得其所

在台灣大多數年輕人認為，大陸人沒有Line，沒有FB，沒有IG；使用Google不方便，還要翻牆，才能看世界；關鍵字說封就封的社會，怎能活得下去！

台灣的年輕人，顯然不清楚，十多億大多數的大陸人，不是很在意這些。一上網看不完的資訊，暢通無阻的社群社交網路，當網紅找樂子，搞經濟、過日子。幾乎可以滿足大多數人的需求。想翻牆看外界的人，就翻吧，那幾乎是公開的秘密。只要有微信，講華語用中文通全球，國內外暢通無阻，讓他安心又方便。

境外人士在大陸用漫遊，不用翻牆，網路全世界走透透。一國兩制下的港澳，一樣不受限。

微信對臉書，百度對Google，阿里巴巴對亞馬遜，各玩各的，各得其所。

十四億人口的大國，人口高度流動於極廣大的國土，維持穩定是必要條件。穩定高於一切有其時空考量。即使宣稱民主的國家，隱私維護與公共安全的拔河爭論，也從未休止。

大陸近十年來在雲端產業、大數據、互聯網、AI人工智慧、人臉辨識的科技，都是領先全球，加上高密度的監視器、乘坐交通工具、實名登記，有些人的直接反應，認為這是專制老大哥，對人民無所不在的控制。但是你也必須承認，**相對於世界上諸多大城市的治安，或生存偏遠地區的安全感，大陸是被認為治安好、犯罪低，人身安全，最受保障的國家之一**，因為罪犯難逃法網。人身安全的保障或個人隱私的侵犯，容有見仁見智的爭論，但絕大多數普羅大眾更願接受，免於人身安全遭受威脅的恐懼，是鐵一般的事實。

大陸法制的改造、法治的改革，是台灣人能否化解疑慮的指標之一。

在台灣，或許可以理解大陸維穩的需求，但仍無法接受，大陸執法部門、司法體系，對人民權利、權益保障的不足。**維穩的力度，必須與維權的力度平衡**，因為擁有公權力的政府，很容易以維穩之名，侵犯人民的權利。這是保障人民權利的基本常識。套上大陸法界的名言，政府的權力，必須被監督限制在權力的牢籠裡，不是靠個別的修養和自制，而是人民要有制度性的保障。

過往台灣，歷經數十年的碰碰撞撞，從黨國的戒嚴體制，才逐步走向保障人民權利的法治體制。**大陸法制的改造，法治的改革，必然會牽動台灣人對北京的正負評價。也是能否化解疑慮的重要指標。**

生活文明的差異，最易融合。

至於生活文明的差異，很快會融合。衣食足而後知榮辱，體現在生活的文明程度。台灣不習慣，部分大陸人士的生活態度，指責、批評其不文明的行為。這些現象，在早期的台灣都曾歷經過。時間、生活條件，會積累提高人民文明的水準。

一九八〇年第一次出國到日本，看到日本交通秩序，感慨萬千，何年何月，在台灣過馬路，可以昂首闊步，以人為尊，車輛讓人，安然走過？車輛不再搶道，堵成一團，喇叭不亂按，吵成一團。二〇二〇年的台灣早做到了，相信大陸也正逐步改善中。

一九八七年在日本日光小鎮，感受到清新的空氣、乾淨的街道、清澈的河水、守秩序的交通、有禮貌的人民。心生羡慕，期待我居住的台灣，也能如日光一般。今天，在台灣，至少我的生活環境，擁有了。據我觀察，大陸也逐漸擁有中。因為大陸也體會了「綠水青山，就是金山銀山」。

一九六〇年代，有一位美國人，在台灣中央日報投書：「台灣人有人情味，沒公德心。」沒公德心，就是沒文明。今天台灣，既有人情味，又有公德心，文明是需要經濟條件的改善，經由時間積累而來。

自一九九七年起，有機會不斷感受到，大陸人民生活文明逐年的改善提升。兩岸之間，隨著時間的推衍，生活文明的差距，不會是問題。

精準扶貧，全面小康社會，民本思想的能否落實，必會牽動台灣的底層。

貧富極端不均的世界

資本主義政經體系，經一波波全球化結果，形成貧者愈貧，富者愈富，中產階級衰落的M型社會。

全球二六位超級富豪的財產總值，相當全球一半人口（約三十八億人）財富。全美〇．一％大富豪擁有全美二〇％的財富。

全美〇．九％富豪擁有全美二〇％的財富，換言之，一％的富豪擁有四〇％財富。

全美另九％的富人擁有全美四〇％的財富，即一〇％美國人擁有全美八〇％財富，而全美九〇％的人，僅能擁有及分配剩餘二〇％的財富。

不論全球或全美、貧窮是日益嚴重的問題。資源多寡是選舉勝負的關鍵，金主捐款決定選舉投入的資源。經濟財富，主導民主選舉，即使過度取得利潤，也被合理化，造成貧富差距擴大的正常化。除北歐、瑞士及資源豐富的小國寡民之外，社會福利的保障，也日益乏力。

已開發國家之政治人物，撒錢換選票，從未有制度性的改革方案，以解決貧富日益差距的問題。開發中或未開發國家，則只能在先求經濟發展下，讓部分人、部分地區先富起來，放任貧窮惡化的困境。貧富差距日益擴大，卻愈來愈無力，解決貧窮的問題。

當貧富差距，日益成為世界必須處理，卻又不知如何處理之際；當一九七九年全國尚有八五％貧窮人口的中國，卻在二〇二〇年要達到精準扶貧，消除貧窮，全面小康社會的目標。尤其在新冠肺炎肆虐下，無論是中國、全球經濟成長，皆大幅衰落之際，中共以這是對人民嚴肅的承諾為要求，寧捨其他，也要全力達標完成任務。**我們正拭目以待。艱苦的二〇二〇年環境下，中國大陸若能達標，精準扶貧則將再創奇蹟。**

相對於西方資本主義社會，相對於其他上億人口的大國，一個十四億超大型國家的中國，以建立全面小康社會為目標，正宣示著「中國特色社會主義」係以中國傳統儒家政治文化，以民為本的民本思想，為民謀福，為民思利的目標，有別於西方資本主義政經體制。精準扶貧，全面小康，扶持中產的成效，更會令人真正刮目相看。**吾人大膽預言，中國大陸扶貧政策，若能順利成功，將對台灣，尤其底層社會，掙扎生存的台灣人，必將產生重大的影響，大大改變台灣社會、對中共的認識，有利兩岸的融合。**

知彼知己

兩岸發展，台灣往何處去的關鍵問題，台灣經得起「知己知彼」的挑戰嗎？

站在台灣的立場，試問：

一、**真誠面對自己的實力、處境，是否已發展出能因應內外，尤其是大陸衝擊的應變能力？**

二、**包含自己在內，有多少人已下定決心，願意付出代價，捍衛主觀的意志？（如要台獨，想維持現狀，不要統一……）**

三、對影響台灣命運的美國與中國大陸了解有多少？

（一）有無過度輕忽北京當局的意志力？貶抑大陸的實力？誇大大陸的缺失？主觀期待大陸的崩潰？已建立的認知，多少來自同溫層片面、單方的資訊而得？多少來自用心了解、認識、分析的結果？

（二）有無過度期待美國的意願、決心與實力？

（三）有無真確了解中美兩大國的博弈衝突？面對中美合作、合縱連橫，台灣在兩大之間，操縱中美與被中美操弄的機會哪一個大？

四、台灣與大陸之間有著相互依存的經貿結構、產業關係；大陸、台灣，誰能承受，失去對方的風險？

五、位於第一島鏈的台灣，因中國大陸海、空軍實力，已越過第一島鏈，逐步擴及第二島鏈，改變了與美國對峙較勁時的空間與戰略佈署，我們還有多少「聯美」依賴美國的本錢？

六、當美國為維持其在日本、南韓的防衛，以保其在亞洲的地位，無法獨力承擔，必須與北京聯手才能扼止北韓的威脅時，台灣被華盛頓出賣給北京的機會有多大？

七、當大陸軍力已超越第一島嶼鏈，涵蓋整個台灣海峽，美國發覺，除與大陸合作妥協外，無法保有南海的戰略利益時，美國以台海做籌碼，和北京交換的機率有多大？

當前美、中實力逐漸在拉近中。美國必須千里迢迢，穿越太平洋展實力，大陸卻以逸待勞；雙方攻守之間，優劣態勢，愈來愈明顯。台灣把生存安全，全寄託於美國的策略，是否妥適？國際有識之士，對台灣的處境與角色的建言，是危言聳聽？僅聽好，不聽壞，我們真心、用心想過的有多少？這不是統、獨的選擇，是台灣生存的選擇！

兩岸問題，有說不盡的困難，更是剪不斷理還亂的複雜。只要大家繼續扯皮，放言高論、自我阿Q，兩岸除了吵還是吵；對立、分裂、惡鬥，都成為政客的提款機。人民呢？青年人的二、三十年青春精華歲月呢？產業？經濟？反正拖一天算一天，誰活得久誰倒楣！這不是我們要的台灣吧！

兩岸之間，「敵乎？友乎？」、「戰乎？和乎？」、「分乎？合乎？」都在一念之間，捫心自問，知己嗎？知彼嗎？

第二章

兩岸類科普，明白話兩岸

台灣極需將看似錯綜複雜，治絲益棼的兩岸問題，以大家最易體會、易了解的白話，直指問題核心，看透問題真相，不要繞彎，不鬼扯、實事求是，拿出方法來，讓大家檢驗可不可行？利弊得失合不合算？

對五〇%減一票的選民，必須接受五〇%加一票的贏家，絕對是遺憾。卻是我們一再宣稱，必須捍衛的民主體系。原本民主的真諦，不在求得「人人都滿意」，而在「大家能接受」。雖不滿意，但要接受，不能求全，是遺憾，更是現實。

我們自小被教育接受「人生不如意，十有八九」該怎麼辦？社會主流的看法是：先「面對現實」然後「用智解困化難，全力以赴達標」。為何這套大家普遍都接受的人生勵志方程式，用到兩岸就失靈？既不肯面對現實，也不以智解困化難，而是無限上綱到自以為神功護

體，刀槍不入，完全脫離現實的義和團？

為何大家已習慣接受投票結果，無法周全的遺憾；卻一再將兩岸問題，無限上綱，非到你死我活的零和窘境？

只要我們「真心誠意」面對兩岸現實，就會以人的「正常思維」說人話，想方設法解決問題，不會講鬼話，逼死自己。畢竟人話與鬼話沒交集，縱使相互間，因立場而有南轅北轍的歧異見解，只要是理性思維下的人話，就有溝通化解歧異的可能。

本章以科普式的表達方式，綜合導讀，先有了輪廓性，概念式的了解，以利於讀者能體會，較深入的分析論述。

生死存亡

兩岸關係是台灣生死存亡的問題，絕非危言聳聽。真的那麼嚴重嗎？我卻要反問，沒那麼嚴重嗎？

兩岸關係涉及台灣的何去何從，選擇過程和結果，不是生死存亡，是什麼？

兩岸雙方解決方案與推動，或和或戰，當然是台灣生死存亡的問題。

選擇台獨，舉世皆知會有戰爭；選擇統一，當前反對大於贊成的民意，民心未服，勢必衝突紛亂。或統、或獨當然是台灣生死存亡的問題。

有人說「親中會賣台」，也有人說「親美台被賣」，台灣都面臨被出賣的可能，親中或親美的選擇，當然是台灣生死存亡的問題。

台灣生存發展靠經濟，經濟發展依賴（靠）每年約八百億美金（約二兆四千萬台幣）以上的陸台貿易順差。兩岸衝突、仇恨、對立、對抗或和平、友善、合作、互利，當然是台灣生死存亡的問題。

台灣每年募兵不足，還高價購買美方二手二、三流武器，面對大陸發展到往第二島鏈的海空軍實力，相對弱化的台灣軍力，被涵蓋在第一島鏈的台灣，我們的國家戰略目標，國家安全、國防政策，是否正確有效，當然是台灣生死存亡的問題。

面對諸多台灣生死存亡的兩岸問題，台灣上上下下，輕忽多於重視，逃避多於面對。但是，人民用選票將李登輝、陳水扁、馬英九、蔡英文推上大位，擁有最大的權力，不是要他們只享有權力的榮寵，雞犬升天，拉幫結派，利益分贓，享受榮華富貴，而是要替人民處理

「生死存亡」的問題。二十多年來，從李登輝、陳水扁、馬英九到蔡英文，捫心自問，對得起台灣嗎？

「生死存亡」對台灣人民是多嚴肅的問題，卻在他們一派輕鬆或掉以輕心，或選票考量，或無能因應之下，「夸夸而談」應付了事，人民怎麼辦？風俗之厚薄，繫於上位者一、二人心之所向；面對兩岸，台灣主政者，夸夸而言，流為「撫慰人心」的心靈雞湯？現實上面對生死存亡的問題，由上到下，幾乎集體失能，豈不令人憂心如焚？

台澎、金馬與大陸

民國三十八年，有個廈門年輕人，幫媽媽出門買醬油，結果被拉伕當兵到金門，因內戰，四十年來，他每天只能從金門看廈門，想念媽媽，就是回不了幾公里外的家。大時代的悲劇，隨開放返鄉探親而中止。

如今又因政治的原因，如「小明」，何時才能回台與親人團聚？以反中、仇中為核心，正在撰寫新一波，兩岸悲劇的新劇本，什麼時候才會停筆？目前數以百萬計，已在大陸創業、展業、就業、就學、生活的台商、台幹、台胞、台生、台屬，都是我們的同胞骨肉親友。他們為成就自己的人生，實現自我的努力，卻成為政客為圖己利而被出賣、被犧牲的悲劇新主角。

人在公門好修行，有權決策判人民生死的大官們，行行好事吧！

情理上金馬人（以後為行文方便，僅用金門代表金馬）最具有反中抗共及痛恨國民黨的正當性。因為他們是一九四九年後，唯一承受共軍戰火摧殘，戰爭破壞，甚至家破人亡，人生命運被改寫的一群人。政府以軍事戒嚴，戰地政務管理，剝奪多少金門人的權利，限制自由，傷害人權數十年。

金門與大陸砲火相向，金門人曾被國民黨，以比白色恐怖更嚴厲的軍事戒嚴統治，理論上，他們與國共兩黨之間，深仇大恨代代難忘。**但是經歷過戰爭無情的金門人，更感受和平無價的期待。與大陸之間，合作多於對立，期待超越恐懼，融合取代對抗，更深刻體會，金門人的生存發展與大陸息息相關。發展出迥異於一般台灣人的大陸觀。**

一九四九年以來，避開戰火的台灣，或因恐懼、或因政治教育，或因政客的政治需要，逐漸累積一股反共、抗中甚至仇中的情緒，壓制親中友陸的聲音。連倡議「兩岸一家親」的柯文哲，也從墨綠換披大紅袍。

金門人與台灣人面對大陸的態度，誰務實聰明？誰智慧正確？

面對數十年的戰地政務、軍事戒嚴，金門人沒有清算鬥爭國民黨，也沒有要求轉型正義。不是金門人不懂爭權當順民，而是他們知道炮火下要生存，即使百般無奈，也必須面對接受的代價。為保障大後方台灣的安全，願意犧牲付出。

至今金門人與國民黨的關係，遠勝於對民進黨的信任。因為他們真的擔心，民進黨的台獨路線，破壞金門人好不容易擁有的和平。從歷史與現實，金門人明白，兩岸不幸再起戰火，金門又是最前線。金門人何辜？金門人當然不相信搞台獨引戰火的民進黨。

假若台灣進行統獨公投，金門反對台獨，但票數太少，無法改變結局。不幸台獨公投成真，引發戰火，金門又成為最前線。反對台獨的金門人，當然不甘當台獨的炮灰。**當台灣舉行統獨公投時，為金門人十多萬生靈計，金門人認為，他們當然有權，宣告金門中立，要國軍撤出金門，請解放軍繞過金門……。大家想一想，我們是在同一個中華民國嗎？假若主張台獨、正名、制憲、建國那麼神聖，上述金門人的選擇，更是理所當然的正確。這不是荒謬與否的辯證，而是必須嚴肅思考的正題。**

大哥與二哥的兩門之路；沒有陰謀，只有折騰

小三通未通之前，二位住在小金門的兄弟，要去對岸的廈門，參加外甥的婚禮。守規矩的大哥，必須從家乘車到碼頭，坐船到大金門，下船再坐車到金門機場，搭飛機到台北松山機場，下機搭車到桃園機場，搭機到香港，再從香港轉機到廈門，共費二天的時間，才到外甥家。一看弟弟已先到。他問弟弟怎麼來的，弟弟說：「哥哥，我游泳已經來回兩趟了。」

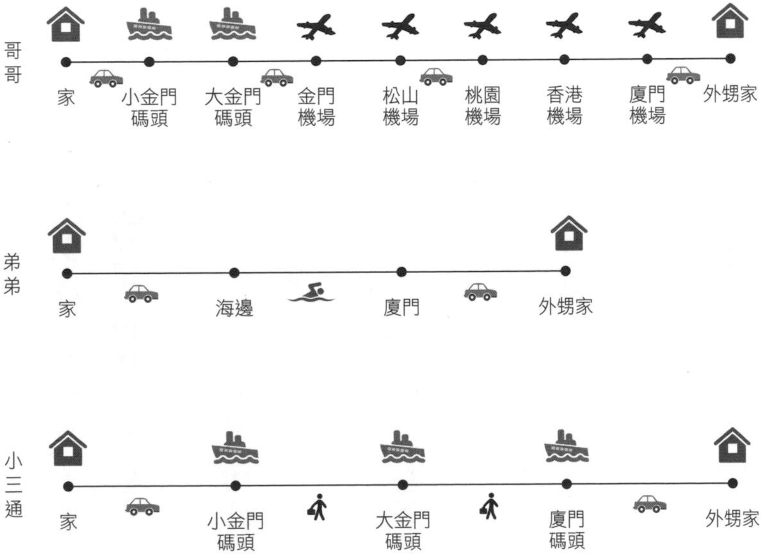

有什麼理由人民要這麼被折騰？說來說去「中共統戰陰謀」、「木馬屠城記」二大理由。如今小三通已快二十年，兩岸直航也十多年，人民享受的是免受折騰的方便，**當年信誓旦旦，指天畫地的陰謀在何處？繪聲繪影屠城的木馬在哪裡？說穿了，因應時勢，編寫不同的驚悚恐怖劇，販賣恐懼，謀取政治利益而已。**

人權是普世價值？販賣陰謀的人，認為金門人不配擁有的生存權、生命權，卻是一切權利的基礎。急病重症，急需重大手術搶救的金門人，送廈門絕對比送台灣、高雄、台中、台北便捷。金門人沒有被送往廈門急救的選擇權嗎？他們不該擁有嗎？

一大堆「陰謀」、「木馬」的政治口水，把金門人的生命掩蓋了。金門人是中華民國的幾等國民？政治比人命偉大嗎？

就地理條件，金門經廈門到大陸發展，既合情又合理。金門以大陸為發展腹地，希望無窮，大陸是改善金門水、電、食物、交通等民生生活，甚或改變金門人命運的選擇與希望。相對以台灣海峽隔開的金、台兩地，金門大陸兩地更緊密的生活圈，對台灣而言，有何國安問題？金門廈門為何不能建橋通行？千說萬說又是「陰謀與木馬」。

對金門人而言，沒有陰謀、沒有木馬，現實的生活、生存發展、安全安定才是一切。廈門與金門，福洲與馬祖，先試先行共同生活圈。政府應以更務實的政策，以補償金馬人，當年為保衛台灣付出的代價。如當年小三通一般，共同生活圈，是化解兩岸僵局的一線機會。

恐懼、威嚇與挑釁

現實要面對，困難要解決，有智慧地運用有限的實力，取得最大的利益保障自己，是人類奮鬥求生存的基本思維。處理兩岸問題，台灣幾乎完全背離這項思考。假若用罵的，可以罵垮大陸，或許台灣還有贏的機會。現實上，罵不垮、唱不衰，罵多了，罵久了，自以為是，自我壯膽的理盲、眼盲、心盲，反而害了自己。

古今中外歷史證明，強未必勝弱，大未必贏小。但是弱小之所以贏強大，不是因他們弱小，而是他們擁有以小擋大，以弱贏強的智慧；更重要的是對手雖大雖強，卻是外強中乾的虛，是人謀不臧的亂；相對的弱小者，卻具備挑戰的道德正當性，與務實定策、得勝的智慧。有如豆腐雖大，一碰即破，鑽石雖小，卻無堅不摧。你認為國力日盛的大陸是豆腐？相對而言，台灣是鑽石？而或，大陸將是一顆閃耀的大鑽石？而台灣呢？

一九七九年葉劍英第一次發表「告台灣同胞書」，首提「通郵、通商、通航」，兩岸以三通解僵局。政府定調為大陸對台統戰，回應「不談判、不接觸、不妥協」三不政策拒絕之；以「政治學台北，經濟學台灣」、「自由、民主、均富統一中國」充滿道德性的高度，很自信地回應之。

台灣之能以「三不」回應「三通」，係因台灣有足夠的實力說不；當時台灣不必與大陸通郵、通商、通航，就能發展得很好，當然可以對大陸說「不」。但今天不通航、不通商、不通郵（電話）行嗎？不通反傷了台灣。

面對大陸四十年的發展成就，治理績效，經濟建設成果；相對於台灣民主選舉，選出一代不如一代的領導人，成長逐漸緩慢的事實，台灣失去以成就號召大陸的正當性，和對大陸人民的吸引力。實力漸弱的台灣，更必須面對現實找對策，做對的事。

北京當局統一台灣的意志目標不會變，促統政策，隨國力爭強而加碼，這是不變的趨勢。台灣存在不統、懼統的民意也是事實，兩岸已具有碰撞的元素。

明知承受不起對撞的衝擊，一切施政、思考應以避免對撞為重點，才是真正對人民生命財產的負責。不由正途，卻利用人民擔心對撞的心理，以民粹語言，訴求仇恨、恐懼；以民粹動員，取得政治利益，保住權位，這絕不是對人民負責的真民主。

人民要解決兩岸問題的執政者，不是製造問題的當權者。推責很容易，解決問題很困難。四年有限任期制下，捨難就易的人性，短視近利的選舉操作，變成主流。他們腦中，只在意輸贏勝敗。願為解決問題，不計輸贏者，幾希？

一心只想連任，過去台灣有一切只為連任的陳水扁，和現今的美國川普，都是民主墮落的寫照。**陳水扁、川普不是特例，只是較突出而已**，也是民主選舉制必然的惡。**民主體制再不思改革，難再有道德性、正當性去指責治理績效有成就的中國大陸**。民主體制不改革，台灣的「民主台灣」、「台灣價值」只是兩岸交鋒的「相罵本」，不是「解決步」。

只會罵，拿不出辦法，沒意義

對大陸罵得再兇，再狠、再毒，若缺乏有效方案，台灣仍處理不了生死存亡的問題。**當政者，給我台灣往何處去的方案，給我化解中共促統壓力的有效辦法，否則一切免談**。問得理直氣壯，但是很洩氣，誰也沒給過真正的答案。

別再只會說「都是阿共的陰謀」。中共會不會，要不要陰謀，不是台灣能控制的，重要的是台灣的解決方案在哪裡？就算有陰謀，拆穿了，下一步怎麼走？

醫生再會診斷，只會和病人一起痛罵疾病，不會開藥方，沒有治病的能力，要他何用？我們不會把生命健康，交給這樣的醫生。

面對台灣的生死存亡，我們正把命運，交給無能開藥治病的政治郎中。看看現況，我說得過分嗎？

台灣要有希望，我們的財產生命要有保障，藥方之外，還是藥方。

國、民兩黨不論誰當政，開不出有效可行的藥方，讓台灣走上正確的軌道，邁向正確的方向，解決台灣往何處去的問題，歷史都會證明，他們都是台灣的罪人。

或許有人批評，我對台灣挑剔太多，對大陸批判太少。我生在台灣，長在台灣，我的子子孫孫也要在台灣綿延生存。**我是中華民國國民，我是付出義務，享有權利的公民。我很清楚，我無能為力改變中國大陸，但我有權力要求政府，因應兩岸局勢，讓台灣「生存」，而不是「死亡」**。兩岸的客觀情勢，操之在大陸身上者多；操之在台灣手中有多少？有權力的政客們！你們要把台灣帶到哪裡去？我當然有權要求你。

不敢面對的一九四九

武力威脅、外交孤立，兩岸統一，這是在台灣最容易形成的反共反中三項議題，也是台灣面對大陸，避不開的問題。不管喜不喜歡、接不接受、認不認同，既是避不開，就應想方設法解決它，至少解除它吧；首先，就是要面對它、了解它。

數十年來我們不太敢，甚至不敢面對實際的真相，當然就找不到解決的關鍵。最後僅剩情緒性的發洩，不但解決不了任何問題，反使問題更難解決。

說穿了，就是我們至今不敢，也不願面對兩岸分裂、分治、對立的現狀，源自於一九四九年，內戰遺緒未解。

不是一國之內，何來內戰？兩岸當然同屬一個國家，一中能不面對嗎？

不是內戰，豈有成王敗寇，互不承認，指稱對方，不是匪就是偽？至今法理上，北京、台北互不公開承認對方的合法性，就是內戰遺緒。

面對兩岸關係，北京寧願接受「大陸與台灣」的描述，而台灣卻正逐漸形成「中國與台灣」的敘述。企圖形塑一中一台的觀念。

試想；兩岸同屬一個中國，台灣與大陸都是中國的一部分，台灣與大陸擺在同一位階上；對比台灣是中國的一部分之描述，前者應更有利於台灣對平等地位的期待。前者是以內戰遺緒未解的觀念，後者則是意圖擺開內戰而分立的事實。

現實就是內戰未解，國際社會也接受這個事實，尤其國際影響力日益增強的大陸，更能鞏固這項現實。反觀台灣主觀上追求一中一台的思維，究意能有多大的空間，令人懷疑。半夜吹哨「內銷取暖」，自我壯膽，無益於兩岸間問題的解決，更無益於突破被孤立的外交。

當年中華民國在聯合國擁有席位，並任常任理事國，稱北京為匪偽政權；彼時稱中美建交為「美匪建交」，台美斷交為「中美斷交」。當中華人民共和國，取代中華民國在聯合國的一切地位，法理上屬聯合國內各項組織，尤其以主權國，會員國名義的組織，只有北京的中華人民共和國，沒有台北的中華民國。如同一九七一年以前，在聯合國及其附屬組織的認知中，只有中華民國，沒有中華人民共和國一般。

一九七一年以前，中共並沒有對外到處控訴國府鴨霸，或對內訴求「蔣幫」打壓，而是一年一年地積累自己的實力和影響力，化解中華民國的圍堵，突圍取勝。

今日論者常有人提及，當年因「老蔣」不接受兩個中國的安排，才會被逼離開聯合國。每每看到這種自欺欺人的論說，不禁搖頭三嘆，這些人對中共、對國際情勢認識竟如此貧乏。

不論訴說者引用的資料、報導，或動機，縱使當年美國可能有此想法，中國大陸也不會接受。快慢入會是時間問題；接受是歷史定位的問題，絕不妥協。

一九七一年正是美國基於其國家利益，必須拉攏中共，解決越戰的泥沼，並聯手對抗蘇聯，是美國與中國，進行關係正常化的關鍵。當我們正在聯合國奮戰保席位的同時，尼克森總統，正派遣白宮國家安全顧問季辛吉，祕密訪問北京，安排尼克森訪華。美國正以自己之利益，出賣台灣中；別說中共不會同意兩個中國的安排，美國也不會為台灣，得罪北京，以下時間序足為佐證：

台灣被賣，還幫美國數鈔票，美國是玩弄國際政治的高手

一九七一年七月十五日，尼克森宣布國家安全顧問季辛吉，祕密訪問中國，雙方同意一九七二年二月份尼克森訪問大陸。同一天阿爾巴尼亞等十七國以「恢復中華人民共和國在聯合國組織中的合法權利」案，正式向大會提出。

同一天的安排是偶然？我不相信。玩弄國際政治高手的美國，已向世界放出「放棄中華民國在聯合國的席位」及「將與北京建交，台北斷交」的信息。

美國比誰都清楚，他必須謹慎處理，因內戰產生的兩岸關係。法理上，他只能二擇一。其他任何有「二席」的安排，都是嘴上說說，以便向美國內部支持台灣的政治力量，或安撫台灣的口頭交代罷了。我們至今還信以為真，當年接受美國的建議，就能留在聯合國，只是自欺欺人罷了。像至今還花巨資，買美國軍火，以為這是美國支持台灣的象徵，真是被騙被賣還幫人家數鈔票。

自一九七二年尼克森簽署的中美上海公報，一九八七年卡特簽署建交公報，明示兩岸同屬一個中國。美國承認（Recognize）中華人民共和國是代表中國唯一合法的政府，台灣是中國的一部分。**其中有關兩岸同屬一個中國，或台灣是中國的一部分，英文用語是**Acknowledge**，應翻作認知，不同於承認。但建交公報英文版是用**Acknowledge**，中文版用「承認」，兩國均在中英文版上簽字確認。此刻再爭議是「承認」或「認知」，意義已不大。**

一九九八年六月三十日柯林頓訪華期間，在上海公開宣稱對台三不政策：「不支持台灣獨立；不支持一中一台，不支持台灣加入主權國家組成的國際組織。」隨後國務院官員，對媒體補充說明「不是新政策，場合不是官方色彩」；卻又強調「這樣的說明，事實上對台灣，中國大陸和亞太地區都有好處」。

再次證明，美國是玩弄國際政治的高手，一面把立場表達得清清楚楚，另一方面又以「場合不是官方色彩」的描述，給各方各自對內交待，一個模糊闡述的空間。

二〇二〇年三月四日，美國眾議院通過「台北法案」，要求美國行政部門，以實際行動，協助台灣鞏固邦交，及參與國際組織。台灣高興之餘，再看本案附帶決議：「美國應支持台灣，成為不以主權國家為參與資格的國際組織會員」，即美國只支持台灣參與，「不以主權國家」為參與資格的國際組織。

繞了大半天，名稱很大的「台北法案」仍繞不開柯林頓的三不政策，無法支持台灣參加以主權國為資格的國際組織，如WHO。這是美國開給民進黨的一張操弄台灣民粹的空頭支票，讓台灣高興，讓民進黨得利，又不抵觸美、中、一中的底線。各說各話，各取所需。

以上在在說明，台灣認為最重要支持者的美國，仍堅守一個中國政策，不支持台獨，不支持一中一台，不支持加入以主權國為資格的國際組織，符合中國的底線。至今台灣仍有不少人不願接受，民進黨裝糊塗、忽悠人民，也不願讓社會認知美國兩岸政策與態度的真相。一路下來，台灣已習慣以自我感覺良好的思維，代替美國解釋對華的政策。

只有美國玩台以制中，台灣玩不了美國

美國不希望兩岸走得太近，不利於他以台制中。也不願失去台灣這顆制中的棋子·千萬別妄想美國會為台灣，不計一切代價與大陸對著幹。

對美而言，台灣不踩一中一台的紅線，又與大陸維持不太友善，卻非全面決裂的關係，最有利於美國。別忘了，只有美國能玩台灣，台灣玩不了美國。在美國的心中，只有優先確保美國利益之後，才有台灣的利益空間。

不管如何說文解字，兩岸同屬一個中國，是因內戰而分立。美國承認中華人民共和國是代表中國唯一合法的政府，這是不變的現實。在台灣的中華民國，雖無法以中華民國之名行遍世界，是遺憾也是事實。

中華民國是有土地、有政府、有人民、有主權的國家，仍有十五個國家承認。大多數不正式承認者，都能接受台灣是一個有實力、有影響力的政治實體，且願與台灣互設相關機構，與之進行準外交關係的往來。發行的護照通行於全球絕大多數國家，並獲一六四個國家地區免簽入境的待遇。就是無法參加以主權國為資格的國際組織。

當全世界認知兩岸，係中國內戰遺緒未解，基於現實，只能承認中華人民共和國，且願與台灣交往。台灣不肯或不敢面對內戰遺緒未解，於事無補。現實就是現實。想方設法解決它，比逃避它更有意義。

以拖待變，拖到何時？

內戰遺緒未解，要嘛戰到底定勝負，要嘛談出個結果定結局。不敢戰、不要談，怕戰又怕談的台灣，只能以拖待變，維持現狀（是內戰遺緒未解的現狀），能拖到何時？

從中美建交棄台的過程；從退出聯合國之前，美國玩弄雙面手法的過程；台北法案附帶決議的內容；在在證實美國是國際政治上，翻手覆雲雨的高手，台灣鐵定玩不過美國。

兩岸既是內戰遺緒未解，大陸又取得絕大數國家的承認，並且在國際社會、國際組織影響力日益增強。台灣最重要的支持者是美國。但美國也是訂下並執行三不政策，以避免自己捲入台海的火線糾紛。

不論中共打不打壓，他本就有權要求聯合國、建交國履行建交簽約，何況以大陸今日的實力，日益增強的國際影響力，台灣不與北京妥善處理，我們的外交勢必更被孤立。

與其感慨現實的無奈，不如尋求突破口。國際社會普遍認為，只要台北和北京內戰雙方說好了，談妥了，一切好辦事。

原來，只要我們願意面對兩岸現況，是內戰遺緒未解，我們就清楚：「台灣的國際空間，繫於台北與北京的協議」。

原來從台北經過北京是打開國際空間最短、最快的一條路。至少馬英九時代嘗試過，走通過。

美日縱然意圖以台制中，但他們仍不願無端捲入兩岸的戰火。管控兩岸不生事端，避開衝突，又能以台制中，符合他們的最大利益。目前蔡政府一面倒向美日，寧屈身為美國抗中的棋子，以為可獲得安全的保證，是置台灣於不利且危險的錯誤策略。

我們可以說：和平解決兩岸問題是全世界共同的期望，不要戰，不想承受戰爭的威脅，就走上全球支持的和平談判之路。我們外交最大的空間，是努力獲得全世界，支持台灣以和平的方式，解決兩岸的問題。和平是靠謀略、靠智慧、依策略、付代價而取得的，不是放言高談闊論。這才是台灣生存，獲取最大利益的戰略思維。

百年未有巨變下，中、西的融合

中國與歐美西方（含脫亞入歐的日本）國家的關係，影響台灣的命運及兩岸關係，二者愈融合，中國的國際影響力、發言權愈高，愈正面，台灣國際空間、愈受侷限，愈難舒展。經濟上離開中國大陸，絕對不易生存發展。**尤其大陸經時間的淬鍊，落實其「建立穩定新型大國關係」的大戰略之前，台灣若不即早妥善因應處理，最後可能會在世界的默許，或幾乎無人聲援下，被逼走上談判桌。**

試看國台辦主任從王毅、張志軍，現任的劉結一；海協會會長自汪道涵、陳雲林之外，其後是對外經貿系統、商務部長出身的陳德銘，及現任的張志軍，都是出自對外系統。中共對台最高決策機構，對台工作小組，由外交系統出身的錢其琛、戴秉國、唐家璇、楊潔篪等，歷任外交大老，參與時間長，擔任要職，即可知**大陸將「發展大國新型關係」的國家戰略，與台灣問題緊密相扣。**

鴉片戰爭西潮衝擊，幾乎亡國滅種，是中國數千年歷史未有的變局。

大陸改革開放四十年，翻天覆地由貧轉富，由弱變強，已成為國際社會不可或缺的力量。同時中國大陸做為崛起中的大國，也面臨如何與世界各大強國美、俄、歐盟、印、英、日……等建立新型大國關係。透過一帶一路與其他開發中、未開發國家建立新型國際關係。從內到外，中國大陸也正面對百年未曾有的新變局。

西方社會對中國的崛起，可說是愛羨妒忌恨，錯綜複雜又不得不面對。從西方的民主價值、政治體制、民主革命經驗來看，中國居然沒革命、沒崩潰，而且關關難過關關過。目前人民對政府的信任度，或疫情之後的經濟復甦，都高居全球第一，可預見的未來，似乎還可高唱，明天會更好。美國正卯全力，全面遏止中，但其他西方國家正在適應中。

蘇聯解體，華沙公約解散，代表著共產主義的失敗，是事實，不是理論。全球僅存北韓、古巴、越南和中國四個社會主義國家。看招牌似相同，其實發展各異，差別甚大。誰也代表不了誰。

中國大陸以四十年的時間，建立起一套「具有中國特色的社會主義」體制。不管你喜不喜歡他，認不認同他，他就是以成功的事實，擺在眼前，而且被看好未來的發展。別只會像政論節目的「田鼠哥」、「榨菜哥」，一堆哥，耍嘴皮、談八卦、混淆是非真假。

世界各大智庫、企業家看好大陸的，絕對比台灣看衰的多很多。美國氣急敗壞地拳打腳踢中國，遏止中國發展，反證今天再不用力遏止，放任中國成長，明天就難壓服了。反之若中國勢微，趨向衰弱，美國看衰，讓中國垮掉就好了，何必盡心費力打壓呢？

中美建交後，中國大陸改革開放，西潮再次襲華。歐美影響蘇東波潮，引發蘇聯、東歐華沙公約的瓦解，讓歐美社會殷切期待，和平演變中國大陸，走向西方資本主義政經體制。最終這樣的意圖和期盼，並沒有成功。包含台灣、香港在內的西方社會，真的沒有真正了解當代中國，自我發展而出的政經體制。

當代中國是一個十四億人口的超大型國家；是一個具有數千年超悠久歷史文化積累的國家，有一套中國人熟悉認同，且不同於近代西方的政治文化。更重要的，是一個經歷改革開放，治理績效成功的國家。數十年來，建立一套不同於蘇聯、東歐共產主義政經體制，也不同於其他的國家。明顯的，西方的價值體系、政經體制也愈來愈難衝擊它。

當十四億中國人妥適地生活在不同於西方的中國模式，雖尚未達到可被完全肯定的標準，但西方的社會也應同理尊重其存在的合理性、正當性。西方壓不倒東風，世界夠大，雙方和平共處，是確保世界和平必要的體認。

反共，反什麼樣的共

清末，中國面對西潮衝擊。鴉片戰爭後，歷經喪權辱國，民族自信心的流失，民族精神的潰散。西方各家學說，趁機趁虛而入，百家爭鳴，中華文化幾乎完全棄守。其中**影響中國命運最大的兩群人，一群堅信馬列主義、共產主義的共產黨，一群堅信三民主義的國民黨，分別號召中國人投入救國救民，復興中華民族的歷史大業。歷經數十年的合作、鬥爭、內戰、改革發展、競爭。至今，復興中華民族的希望在北京？在台北？答案當然是北京。**

中華民族發展的希望，正建立在中國共產黨主政領政的中華人民共和國，他帶給十四億人民，只要努力打拚就有希望，就可以改變自家的命運，開創自己人生，是充滿活力與希望的國家。**他絕對需要改革再改革，以求生存發展，以利民生，但絕不需要革命再革命的折騰。**

對現代的中國人民而言，論起共產黨各有一堆批評和意見。但因此就推論中共不得人心，人民必革命，中共政權必崩解，甚至中國大陸必崩潰，這太武斷了。**大陸現在只有不斷要求改革的市場，沒有孕育革命的土壤。不信問問大陸人，改革要不要，答案「要」；革命推翻共產黨好不好，絕大多數答案「不好」。**

有改革的市場，沒有革命的土壤

以推翻為目標的反共，在大陸，沒市場，連這一點也要辯，只是扯皮打嘴砲，沒意義。若說是建立在批評、鞭策、改革中共政經體制的基礎上，絕對有市場，也會有共鳴，因為共產黨由上到下，也都認為「黨內監督治理」、「不斷改革求發展」是硬道理。

假若你仍然用前蘇聯的體制統治模式；以一九七九年改革開放前，中共體制統治模式；以國民黨數十年反共教育的內容，以民進黨不但延續而且發揚光大的反共意識；或以海外特定的反共團體、媒體、個人來看今天的中共、中國大陸，必然失真又失焦。我還是重申「今天不能正確認識中國大陸，明天不論個人或台灣都無法做下正確的選擇」。

一九七〇年代，中國大陸進入聯合國後，以保衛釣魚台為由，對包含台灣人在內的海內外華人，發起回歸認同運動。中共說：「偉大的社會主義祖國強大了，有洲際飛彈、人造衛星、原子彈，並已加入聯合國。」正在文革的中國大陸，引不起大多數海外華人的共鳴、認同。因為那不是真正的強大，更不是真正的偉大。

當時吾人在課堂曾戲謔稱：「衛星、飛彈、原子彈是假偉大。」有一天，當我聽到外國老師向學生說：「各位同學，你們一定要學中文，不學中文沒前途。」那才是中國真正的偉大。

今天，我們走遍全世界，不論旅遊、購物、住宿，中文幾乎是必備的服務，外商到大陸投資、生產、貿易也必須用中文。接受中文教育也是新的趨勢。當年我帶有嘲諷戲謔般的調侃，如今已成趨勢。外國人開始努力學習中文，這有利於研究中國、賺中國人的錢，這是存在的現實。同文同種的台灣，為何有些要反其道而行？

反一國或反兩制

當可預見的未來是「資本主義民主體制」、「中國特色社會主義體制」並存於世界，二者同理共存，確保世界和平發展時，台灣與大陸為何不能兩制並存？

反一國兩制，反的是一國，或是兩制。若反一國，一個中國的框架，棄不掉、反不了，避不開時，兩制豈不是與世界同步同理共存的模式？想一想，我們到底反什麼。**一國反得掉，當然沒有兩制不兩制的問題。一國反不掉呢？不要兩制，難道要一制嗎？其實這也是可以思考的問題。**

一國反不掉，也可不要兩制，台灣也可以追求自由、民主、均富統一的中國，作為一制的目標。李登輝時代制定的國統綱領，也是依條件，分階段，逐步達到自由、民主、均富統一的中國。

現在國民黨反對一國兩制，卻不敢也沒有信心，提出民主均富統一中國，追求一國一制目標。捨此不為，反對一國兩制，就掉入民進黨的邏輯，反一國為實，反兩制為名的陷阱。

一九七九年，中共提出，和平統一、一國兩制，台灣即刻回應，不要一國兩制，要一國「良」制，良制就是自由、民主、均富的體制統一中國。

這代表台灣有心經營中原的大氣魄，有信心與中共進行，不同體制、治理績效的競爭，有信心以民主、均富取代中國特色社會主義。**這份信心、氣魄、胸襟、自信才是反對一國兩制的基礎。這是在一國的基礎上，進行體制的競賽，如此，兩岸之間，不是無法解決的敵我矛盾，而是可溝通、可化解、可競爭、可選擇的人民內部矛盾。跟著民進黨反一國，那就陷入敵我矛盾難解的困局！**

國民黨諸公們想一想，李登輝都能以國家統一綱領，開啟辜汪會談，打開兩岸的交流大門，讓兩岸之間有無限可能的發展。繼起的國民黨領導人，開拓自己的胸襟氣魄，發揮創造力，別再跟民進黨的兩岸路線走，再創一次兩岸之間無限可能的發展。

想一想，解凍被陳水扁凍結的國統綱領及國統會，台灣既可不陷於一國兩制的爭議，也沒有九二共識的爭議。別怕國統綱領、國統會及李登輝，它們不但是最好的盾牌，同時也是唯一最接近朝野共識的決議。

解凍國統綱領、國統會，難道沒有一點值得思考的空間？若台灣不回到兩岸非兩國的法制，而往兩國方向發展之虞，兩岸沒有了共識，之後僅剩對立、衝撞；這絕不是台灣所需的，台灣也經不起這樣的折騰。這是實話。也是兩岸的現實。

務實求生存，務虛路不通

革命者就要有「引刀成一快，莫負少年頭」的決志，為理想獻出生命。宗教的殉道者，口唱哈利路亞讚美主，慷慨捨生為真神，眉頭皺都不皺一下，為信仰犧牲。

他們不務實，不會務實，務實就幹不了革命。

他們不務虛，不會務虛，務虛當然不敢面對生命財產的犧牲。

一九八〇年美麗島大審，審判台前的施明德，一心求死，只談理念，有著絕不求饒的革命氣概。入獄後以拒絕進水、進食，抱必死決心的絕食，這才是堅持革命理想的勇者。

筆者與他不同的政治立場，但認定他是肯為理想付出，堅持理想，不左擺右晃的人格者。新黨創黨之初，在高雄活動，遭民進黨員砸場，他以主席身分，即刻出面譴責，並嚴厲警告犯行者黨紀處分。陳水扁貪汙，他承受民進黨內部狂熱份子的羞辱，堅信帶群眾上街抗議。這才是令人尊敬的理想者。

放眼台灣，某些政界、學界；學運、社運；媒體人、評論人，隔著台灣海峽安全帶，個個神勇、放言高論，東扯西拉不負責任。面對國民黨執政，挑釁、衝撞，軟土深挖，無所不用其極，吃定國民黨。面對民進黨執政，顏色決定價值，不是護航，就是噤聲、吃定人民。

在台灣，面對公權力的大刀，個個又變成不敢承擔責任的侏儒。平時扮成放言反統促獨的言論巨人，但真要付出生命財產代價，實現台獨，個個又變了樣。

看了太多違法帶群眾上街頭，一碰公權力，高喊警察打人；一到法庭，找法條鑽漏洞，為違法脫罪，沒有一點敢為衝撞體制犧牲的氣概。

革命就是敢做敢當，不是你死，就是我亡，成王敗寇。贏者定敗者的生死。

這一大段只是告訴大家，那些夸夸而談，放言高論的所謂「勇者」，都是詛咒別人死的言論巨人，人人身懷狡兔好幾窟，遇事推責的行動侏儒。太陽花敢衝行政院，被驅離，只會喊警察打人。到了法院，個個想卸責，只求無罪脫身，就沒有看到一位敢在法官前，敢做敢當地說：「是的，我攻進不義的政府機關，對抗國家暴力的警察，唯有如此，才能如何又如何。不後悔、為所當為。」那些號稱革命者，言行觸法，判刑後，寧繳罰金，也不願為革命入牢房。我真的不相信這些人，會為台獨革命流血犧牲。

如很多身懷第二本護照，或有外國籍，有國外居留權者，高談台獨理想也就罷了，還告訴我們不要怕戰爭，只要台灣頂住一、兩個星期，他們就可在國外奔走，尋求國際支援，美軍會來保台。別說這麼多，先放棄國外身分，至少鼓勵子女回台從軍，擔任職業軍人，保家衛國吧！

香港民主派，找錯老師

更可笑的是香港民主派來台灣，向民進黨取經；民進黨也很豪氣，驕傲地教他們如何街頭抗爭、議事抗爭。

民主派顯然照單全收，從立法會的議事抗爭，反送中的街頭暴力衝撞，都看到民進黨的影子。

民主派忘了，台灣民進黨，面對的是國民黨，香港面對的是共產黨。國民黨會妥協，會退讓，共產黨可以妥協，但堅持核心利益，具有底線思維，關鍵點上，絕不退讓。這是國共兩黨的不同處。

服貿被杯葛了，就永遠躺下動不了。而基本法二十三條十七年訂不了，就以基本法附件形式，由中央人大訂下了。

民進黨從未與共產黨真刀實槍會過招，打過交道。香港民主派，向民進黨學習如何與共產黨鬥爭，當然拜錯師、唸錯經！民主派與其費心向民進黨學習抗爭，不如用心於嘗試錯誤中，學習與中共的互動關係，更有利於民主派與香港的發展。

香港絕對不同於台灣。香港再抗議，終究是中華人民共和國主權管轄的特區。而台灣至今尚與大陸隔海分治，當然不同於香港。台灣民進黨隔著一道海峽，可以放言高論，很勇敢地與大陸對著幹，香港行嗎？就算支持台獨的民進黨，為選票絕不高舉台獨旗號；當選後，面對兩岸現實，也收起台獨的旗號，換上其他的外裝、面貌。

香港民主派卻上街高舉美、英旗喊獨立？誰教的？若不是民進黨不負責的亂教，就是民主派亂學，不然就是民主派的非理性盲動。

只要一務虛，就腦殘，思路不通，不是自我阿Q，自我催眠，就是自我感覺良好。務實是殘酷，有點苦痛，甚至要付出委屈的代價，但唯有務實面對問題，才有解決方案。既不敢革命又不務實；既要風頭當英雄，又要避開懲罰，當庶民求保全，如此抗爭不會成功，更不說是革命了。

面對兩岸問題，務實是唯一的底線。面對現實，才能往理想走。放言高論，無限上綱的價值，構成自說自話的務虛論，你我之間沒有交集。惟有務實，我們才能面對真相，解決問題。

中美台理得當，勢不亂

在紐約，有一場座談會，聽眾，大都來自台灣。另一位來自大陸的講者，我上網了解，他是中國即將崩潰論的推銷者。當天在他堅持下，我恭敬不如從命先開場。在結尾論述高潮之際，向台下一百多位來自台灣的朋友，公開調查「今天大陸崩潰了，對台灣利或不利」，全場舉滿了手，絕大多數認為不利。現在的兩岸依存關係，大陸垮了，對台灣怎麼會有利？在全場的表態下，接下來的講者，換個方向，不談中國崩潰論了。

假若大陸真的失去了台灣，是民族的不幸，也是民族發展難以彌補的遺憾。但是台灣切斷與大陸的關係，是無法彌補的損失。就現實而言，兩者機率都不高，但不論結果，就過程而言，台灣損失就很大。豈能不慎乎？

有人說兩岸何必要統一，一邊一國，兄弟之邦也可以和平相處。台灣不能只有主觀意願的想望，以為拉拉美日，口頭說說，講狠話，不必為所應為，也不用付代價，問題就消失或解決。

兩岸問題固然不是大陸說了算，更不是台灣想了算，說了算。要嘛像美國獨立戰爭打贏了英國，獨立了再建兄弟之邦。但是主張台獨的人，沒有為理想信仰犧牲的準備。絕大多數同胞，也不願為台獨而戰，以戰求獨根本行不通。不能、不要戰就和吧！先不論心裡有無準備，連坐下來談的基礎都沒備妥。對台最有利的和談，路遙遙啊。

戰、和之外，有部分台灣人，堅定認為只要聯美抗中，就能保台，因為最挺台灣的美國會逼北京，萬一有戰火，會出兵。先別說老美是否有本事，有意願，逼北京接受中美台三方上桌談判，就以上海公報，建交公報，老美白紙黑字簽了字，「要談兩岸自己談，絕不介入」。更別說美國的立場「不支持台獨，不支持一中一台」，他也沒有立場支持「一中一台」

為目標的談判。若事態發展成北京、華盛頓聯手逼台北上桌，那才是台灣的災難。

我一再說：「務實求生存」、「務虛路不通」，兩岸問題，台灣沒有本錢「自己想自己對」。話很殘酷，不好聽，卻很真實。古有名訓「良藥苦口，忠言逆耳」，試看不必討好台灣，也不需要討好大陸，長期以來與兩岸領導人有交情的李光耀先生，就說出很真實，卻很殘酷的話，**他說：「台灣的前途，不是根據台灣人民的意願確定的，而是由台灣與中國力量對比的現實，以及美國是否打算進行干預來確定。」**

台灣的網軍義和團看了必然氣炸了，集體出征新加坡吧！但是洗了再多的版，也無法改變李光耀先生的真話、忠言，更無法改變他所描述的事實。美國的態度如何？當然事關台灣命運。但必須擺脫主觀意願的想像，面對客觀的現實研究分析，台灣才會做對事，走對路。

被美國利益交換出賣過的台灣

台灣是美國在西太平洋重要的棋子，固守台灣，符合美國的利益。既是利益，就可衡量輕重得失，成為可交換的籌碼。一九七二年美國為解決越戰及圍堵蘇聯，把中華民國在聯合國的席位賣了，接著就「廢約、撤軍、斷交」，把台灣賣得更徹底了。

美國更利用斷交後的台灣當作籌碼，由國會制定台灣關係法。以美國國內法的方式，要求美國政府「與台灣建立非正式外交關係」，「提供軍援，保護台灣安全」。

玩弄國際政治高手的美國「抹壁雙面光」，既與大陸建交，又維持與台灣的「非正式」關係，極限運用台灣籌碼。中共再不爽也只能抗議，那是美國的國內法，只要不衝擊到雙方建交前後訂立的公報，憑良心說，北京也只能看著老美大叔耍把戲。

美國隨著中美博弈的需要，以台灣為籌碼，以台灣關係法為工具，依主、客觀情勢，彈性調整作為。但再如何調整，涉及中美的三大公報是底線。**美國視情況打擦邊球，讓大陸難受困擾，甚至窮於應付，但不會逾越，也不會改變兩岸的格局。因為美國沒有準備、也沒有意願要為台灣與大陸全面開幹。大陸也不容美國越底線。**

中美愈博弈，台灣千萬不要有洪福將至的誤判，一不小心，變成大難臨頭，才是台灣悲劇。兩大之間，本就難為小。但只要有智慧，即使做這個「小」，不但不難為，還能左右逢源。端看能否不自欺欺人地面對現實，找出路。

觀察大陸對兩岸及中美博弈，對美國的因應策略，應以①戰略定力；②底線思維；③核心利益三者全面性、全方位的評量，較能掌握大陸政策。

戰略定力，就是大陸執行全球政經戰略，面對既定目標，朝著標竿前進的穩定度。或有因應主客觀情勢下，戰術性局部的調整，不會有大目標的轉變。當前的大戰略之一就是建立穩定的新型大國關係，尤其中美關係。因此中美博弈間的過程，對大陸而言，既是挑戰也是調整、適應，以建立中美新型大國關係的過程。

底線思維，就是穩定既有的戰略下，面對變局跟挑戰，劃下可承受的底線，先有最壞的打算，再做最周全的準備以因應。不拒挑戰，迎接挑戰。如中美之間的貿易戰、科技戰，未來的金融戰，黑天鵝般的新冠疫情，甚至擦槍走火的局部衝突等等。唯有底線思維，才能在防不勝防中有備無患，知所進退，為所當為，穩健發展。

核心利益，就是拚全國、全民、全黨之力，即使因此發展受挫，也不惜代價，也必須捍衛的利益。唯有保住核心利益，才有其他。

台灣問題的能否解決，是大陸的核心利益。貧弱的時候，都堅守不放，何況實力國力大增的今天，以實現中華民族偉大復興為目標之時，他豈會放棄？豈能放棄？

波頓回憶錄中所描述的川普，為利益，台灣隨時可拋棄。現在共和黨如此，過去民主黨歐巴馬時代，哈佛大學甘迺迪學院肯思教授提出「棄台換美利益」的說法，透過維基解密，我們得知，時任國務卿的希拉蕊，不是駁斥或只讀不回，而是表態「值得研究」。更證實美國眼中的台灣是「值得研究」，可交換利益的籌碼。

大多數美國人不支持，大部分台灣人不相信

台獨支持者，大多數信誓旦旦，美國一定會出兵援助台灣。反對台獨者，也信誓旦旦絕對不會。其實會與不會，不是美國政客說了算，美國人民支不支持才是重點。美台相關民調顯示，**大部分美國人不支持出兵，大部分台灣人也不相信美國會馳援**。

吾人擬設以下有三個情境，看完之後，想一下。請讀者用常識判斷，哪一種發生的可能性最大。

第一，美國一定會出兵（這一下，支持台獨的朋友安心了吧），而且第一仗就打贏（這

一下興奮了吧）因此北京就撤軍、投降、簽約放棄台灣，從此兩岸一邊一國。（這一段好像有點美好得太不真實，有些不可思議）。或是大陸再組織戰力，與美軍再戰，拚勝負，保台海取台灣（注意：台灣已成為戰場）。試問美軍會不會為台灣，一戰再戰？

即使再肯定美軍會保台的人，恐怕也心虛了。我相信更多人，心都虛了。**假若美國不願、不會為台灣一戰再戰，請問與不來參戰有何不同？只是台灣已付出極淒慘悲傷的代價了。答案很清楚，美國不會為台灣流血，更不會為台灣一戰再戰。我們還能期待美軍嗎？**

第二，美軍很強，美國航母戰鬥超強，天下第一，毫無疑異。過去美軍以航母戰鬥群橫行天下。最近十年的對象是伊拉克、阿富汗，打的是反恐戰爭。但是面對伊朗，美軍就難啃了。先不說十九世紀末，帝俄波羅的海艦隊，千里迢迢到日韓間的對馬海峽，敗於以逸待勞的日本海軍。

今天美軍也要千里迢迢，組織戰鬥部隊到中國，中國沿海數十個機場，已備有數百架四代戰機的空軍；有各式攻防功能導彈的火箭軍；海底有核潛艦、海上有類神盾級軍艦及航母的海軍；有資訊戰的戰略部隊；有完整北斗衛星系統。以逸待勞，備好一切，等待遠征而來的美軍。當前大陸的國力、軍力，已不同於一九九六年；二十四年前，美國以兩艘航母戰鬥群，介入台海危機，其發揮的作用，和現在完全難以比擬了。

連我這種軍事門外漢，都看得出來的戰局，一群軍事專家的美軍，當然也算得出來。**至少美軍方一定要衡量，也會衡量，勝負比率有多大？更重要的是下令的政客，更會衡量，利益在那裡？合算嗎？就算打贏一仗，還要一戰再戰怎麼辦？輸了怎麼辦？講到這裡，你還相信美軍馳援台灣的神話嗎？**

第三，美國不出兵，啟動各種對大陸的制裁，一面發動全球盟友聲援，一面更大方地提供各項武器、戰爭物資支援台灣打「共匪」。換句話說「武器我可以供應，聲援沒有問題，制裁我也會做，但是抱歉，仗要台灣人自己打」。這是最可能發生的場景。

一九五八年，我們與美訂有協防條約，八二三炮戰時，美軍僅提供護航、武器、彈藥。一切要付出生命代價的搶灘、戰鬥、拚搏，全由國軍、金馬前線同胞，自己付出。美軍不會主動為金馬犧牲。過去如此，今後也勢必如此。

問題是八二三當年，大家準備好，與共軍一搏。今天台灣準備好，青年從軍，拿起我們花錢買的美國武器上戰場嗎？我懷疑、你懷疑，大家都懷疑，這種事，在台灣會發生嗎？

大陸的兩岸戰略定力是「和平解決」，「備戰求和，以戰逼和」，底線思維是保住台灣不會獨立。「戰」是最壞的打算，但是為保住台灣不會獨立的核心利益，代價再大，在所不惜，這一點，絕不能誤判。

寫到這裡我還是一句話：「良藥苦口，忠言逆耳；務實能生存，虛幻沒出路。」

二〇二〇年的今天，美國的戰略非常清楚，台灣是中美博弈的棋子，運用到最大化，獲取美國的最大利益。若美感受到被捲入戰爭之虞，美國即刻吹哨制止。美國用台取利，不會為台而戰。這點看不清楚，台灣的命運就太悲劇了。

攏是為了美國

一九九八年，李登輝發表兩國論，美國即刻出面吹哨，制止事態發展。

二〇〇六年，陳水扁要廢國統會、國統綱領，美國出面制止，於是改「廢」為「凍」，不能把兩岸事做絕。

二〇〇八年，陳水扁為了掩護逐漸被暴露的貪污，挺而走險搞公投，美國亦然出面吹哨制止。

二〇一二年，美國支持馬英九，平衡美、中、台，兩岸和平穩定發展的路線，暗助馬英九，擊敗蔡英文。

二〇一六年～二〇二〇年學乖的蔡英文，至今絕不踩踏美方劃下的多條紅線，如法理台獨。二〇一六年的就職演說，北京的結論是未填完的問卷。二〇二〇年蔡英文以習講話，香港反送中為題，**操作「聯美反中，抗統反共」的兩岸策略，絕不高舉台獨旗號，以中華民國（台灣）為名向中華民國靠攏。**

美國很安心地運用民進黨蔡英文執政，下台灣棋，打台灣牌，盡其所能榨取邊際效益。待用盡之後，或許美國會為了更迫切的利益，必須與中國做利益交換（如為解決北韓，或為爭取南海戰略利益，或其他。台灣豈能不慎乎？）；如台灣在一九七二年被美國出賣，在一九七八年徹底被賣光的故事，可能會再重演。

就算是小弟，也要有智慧取最大的利益

曾經有位獲得紅、藍、綠各方尊重、信賴的重量級人物，以非常白話易懂的語言，描寫台灣在美國、大陸之間，應如何選擇？他說：

「大家都說台灣在美、中兩大之間難為小，其實台灣在美、中的心中，就是小弟，大家

嘴巴不說，心知肚明」、「既然要當小弟，就要當大陸的小弟，絕不要當美國的小弟」、「當美國的小弟，要付錢買軍火，自備狗糧，當他的看門狗」、「對台灣高高在上的洋老大，我們到華盛頓，別說總統、國務卿，上得檯面的政壇官員，能見的有幾個？有時還得透過公關公司安排，才有機會」、「天天以平衡貿易逆差之名，今天要台灣買東，明天要買西，他說買什麼，你就得買什麼」、「而且愈當美國的小弟，愈遭中共的猜忌打壓，損失愈大。算一算不太合算」。

「當大陸的小弟，至少可以撒嬌，今天要他讓這個利，明天要他讓那個利」、「每年從大陸賺近三兆多台幣的貿易順差，從未聽大陸要對台平衡貿易逆差。要台灣買這買那」、「台灣人到北京見得到最高領導人，一把手二把手，相關部會首長。**因為北京把你當兄弟，當親兄弟的小弟，尊重接待。不像美國是把你當細漢（大哥使喚的小弟）」、「而且愈當大陸的小弟，美國愈擔心台灣靠攏大陸，反而愈拉攏台灣」、「這才是台灣在兩大之間，如何以小取利的智慧」**。

「國際政治的現實，台灣在兩大之間，既然只能當小弟的宿命，就應有智慧選擇台灣最大的利益吧！」

不用與我爭辯這些對話，我引這些對話，是要大家想一想，一樣是小弟，**一邊是親兄弟般的小弟；一邊是供老大使喚的小弟（細漢仔）。同樣的小弟，不一樣的身價。如何選擇，還不清楚嗎？**

評價中美博弈的四個面向

現今中國的實力，遠遠不及美國，這是事實。中國實力增長的速度比美國快，也是事實。並駕齊驅或超越，只是時間的問題，更是事實。這是中美博弈的第一個面向。

今天，中國不論軍力、經濟力、整體國力不具備有挑戰美國的實力，是事實。以美國今天的國力，一時半刻，也難逼使中國乖乖就範。如當年逼使日本、德國等就範的方式，今天恐不適用於中國，也是事實。這是中美博弈的第二個面向。

今天的中國，不同於當年被解體前的蘇聯。美國已無法以當年的模式，裂解中國或逼中國就範的事實。是中美博弈的第三個面向。

美國是世界第一大強國，中國只是實力最強的開發中國家，就國力而言，如前所述，仍有相當差距。然一國的國力，除可評估的數字化實力，及可推算的發展之外，還有就是「謀算」與「根基」。

「根基在庶民」，美國的偉大在於潛沉的民間實力。中國的實力，則在於政府人民一條心，全國一盤棋，「根基在庶民」、「謀算在廟堂」。當前中國廟堂的謀算，就以處理新冠疫情，中美政府能力對比，明顯勝於美國。謀算在廟堂、根基在庶民，是衡量中美博弈的第四個面向。

今天的中國，正以其崛起的國力，與美、歐、俄、印、日等相互調適，努力建立新型大國關係的努力，又以歐亞洲大陸板塊為平台，以一帶一路為策略，發展新型國際關係，全心全力，避免和美國霸權正面衝突的用心，是擺在世人眼前的事實。

中國採取賽跑拚輸贏的藍海競爭策略，美國採取拳擊拚生死的紅海策略，就是中美博弈的基本格局。大陸力求第一，美國要當唯一，一字之差，完全不一樣的博弈思維。台灣應如何自處？選擇對台灣最有利的方案，或許那位政壇大老的「小弟論」，如咬嚼橄欖一般，嚼一嚼愈嚼愈有味，味道就出來了！

壓不扁的玫瑰——華為

美國興起的百年間，尤其蘇聯解體後，一國獨大，為世界第一強國。獨大的美國，針對一家民營公司「華為」，傾全國之力，發動全球包抄，非致華為於死地不可。華為犯了什麼滔天大罪？觸犯了美國什麼殺父奪妻滅門之罪，不共戴天之仇？而在台灣某些反共反昏頭的人，也跟著起鬨。

「華為犯了什麼罪」？講來講去，美國緊咬的唯二點：（一）華為是有解放軍背景的公司；（二）猜測華為的5G通訊設備，含有被中國情報部門竊取資料的設施。是欲加之罪，何患無詞，惡意栽贓的莫須有罪名。

大家熟知的美國軍工集團，不但存在，而且橫行於全球。美國為了獨霸全球，以國家之力，全力支助的軍火工業集團，可以存在，其他國家則免談。但是華為不是軍工集團。

江澤民時代訂購一架波音專機，交機後檢驗，發現全機佈滿了竊聽器；美軍偵察機，曾在南海越界飛行，被迫降大陸，歸還前，大陸相關人員，上機審慎檢驗，之後聽說大陸就規定，一定級別以上官員，不得使用摩托羅拉手機，因為會被美國竊聽。愛德華史諾登，公開維基解密，美國政府會透過網路，監控全世界，對盟國的領袖，也不放手，如德國總理梅克爾的手機就被美國全時竊聽。

美國以己度人，美國會幹的事，認為別人也會幹。只是以前只有美國通訊科技領先，獨家幹。現在居然有一家叫華為的中國公司，5G通訊領先美國二、三年，孰可忍，孰不可忍？今日不殺待何時？

華為是一家百分之百的民營公司，所謂解放軍背景純屬美國抹黑，華為是一家怎樣的公司？以二〇一九年的資料為例（取自華為官網）：

一、員工約十九萬四千人。

二、持股員工十萬四千五百一十二人（我猜測，這十萬多人，應是大陸籍員工為主）。股東完全由員工組成，公司未上市，且堅持不上市。

三、任正非持股約一．〇一%左右的股份（古今中外多少人做得到？）

四、公司組成：由十萬四千五百一十二員工持股人，產生一一五名代表，再從代表產生十六位董事組成董事會，並設四位副董事長，其中三位輪值擔任董事長。

五、研發人員九萬六千多人，佔員工四九%，這是華為最寶貴的資產。

六、營業額八五八八億（人民幣以下同），盈餘六二七億。

七、研發經費一三一七億，佔營業額一五．三三％，比二〇一八年高出一．二三％，十年總計投入研發費用約六千億左右。

八、專利項目八萬五千多件，其中九〇％為發明專利。

九、綜合以上信息可知：

（一）華為是一家百分之百員工持股，不上市的純民營公司，美國指控子虛烏有。

（二）華為的成就，在於高比例研發人員，高額研發經費（研發經費一三一七億比盈餘六二七億多出一倍）。全球最多通訊科技相關專利，華為領先全球，靠的是心血凝聚，紮紮實實贏得的勝利。

美國舉全國之力打擊一家員工百分之百持股的純民營公司，有何正當性？不是因華為犯錯，而是華為領先。華為的領先是付出代價而得的，華為是一家在大陸土生土長的企業，在我眼中他是壓不扁的玫瑰，是中國人的驕傲，中華民族的光榮。

美國壓制華為是為一己之利、一國之私，只為維護其霸權，而非為人類發展。如同其高額軍費支出，不是為美國國家安全，而是為維持世界霸權。

美國獨霸天空的GPS，今天有了中國北斗新競爭者，讓人類有更好服務的選擇。以後的ＡＩ人工智慧、無人機、5G等二十一世紀創新科技，中國人也有一席之地，一樣為服務人類做出貢獻。**這些創新科技，不是美國壓制得了。與其壓制，不如攜手為人類做出更多更正面的貢獻，正視中國的成就與付出，是人類的福份。**

中國大陸創新科技推陳出新之際，台灣不能、不應缺席，應投入其間。以台灣的人才、基礎、資金、同文同種的方便、擺脫政治的干擾，共同投入創新科技行列。千萬不要如某些政客，跟美國起鬨，美國不會分台灣一杯羹；如台灣的台積電，被美逼迫到美設廠，且不得供應芯片給華為，冒著損失一二%～一五%的業績，一切只為美國要整華為。台灣與大陸同行，我們可以共同開創中華民族更輝煌，更驕傲的二十一世紀。台灣共蒙其利。**入席希望無窮，缺席遺憾無限啊！政客們，嘖嘖口水之餘，為台灣的明天想想吧！拜託了！**

VOLVO的主人是中國吉利

除了華為之外，其實大陸還有很多企業，活躍世界舞台。以汽車業為例，首先介紹一家，除了極為關注汽車資訊的人之外，在台灣很少人知道，擁有瑞典VOLVO（富豪）、英國蓮花跑車、倫敦計程車、賓士副牌的smart，及賓士最大個人股東，是中國吉利汽車公司及被稱之為農民造車的董事長李書福。

全世界七五％汽車玻璃，出自一位中學沒畢業的曹德旺先生，經營的福耀玻璃。在全球設廠，更將美國廢棄廠起死回生，贏得世人的尊重。

世界大廠的豐田汽車，與中國比亞迪各佔五〇％合資設廠，生產電動車。因為比亞迪擁有電動車的絕對先進技術，豐田擁有造車的優越條件，強強合作求雙贏。我相信很多台灣人不知道比亞迪。它是早年巴菲特看準投資的公司。它的電池水準就是世界第一，他是賓士的合作夥伴，與豐田簽約後，Audi 正在準備下一波與他簽約合作。

成功的中國故事，正在改寫大陸的形象，台灣人啊，知道的愈多愈深入，我們就愈清楚「去他的，政客鬼扯；打破政治的藩籬，越過政治的高牆，可看見希望，更可以參與其間，發展自己，壯大台灣」。

第三章

大陸全球戰略下的兩岸方案

本文引用新加坡大學鄭永年教授，「二條腿，一個圓」中國全球大戰略的論述，酌以個人理解闡述。感謝鄭教授，啟發吾人撰述本文的動機。若得贊同，功歸鄭教授，若有不周全，責歸吾人。兩岸論述部分，純屬吾人觀點，與鄭教授無涉，特此說明。

新型大國關係

一是崛起中的中國，如何與美、歐、俄、日、印等建立起新型大國關係。這是中國全球大戰略的大工程，中國與各方之間，都在嘗試錯誤中不斷修正，調適；有衝突，有妥協；有競爭，有合作；有博弈，有互利；有鬥爭，有和緩。過程需要時間的積累，心血的付出。結果既關乎中國能否順利順勢成長，屹立於世界，又關係能否建立穩固的國際新秩序。這是中國的大事，是大國間的大事，更是全球的大事。兩岸關係，台灣問題必須在這個大勢下找出路。

新型國際關係

二是以中國為中心，主動規劃一帶一路，建立全球新型國際關係。一帶一路經由運作，達成以下重大的意義。

（一）解決產能過剩；產業升級，騰籠換鳥，異地發展等都是必要的過程，已不只是「產業外移」，更是「產業鏈外溢」的新概念。

一帶一路，一方面以周邊鄰國為起點，逐步擴散。一方面由未開發，開發中國家，逐步往已開發國家擴散，其中最值得說明的是「不只是產業外移」，更是「產業鏈外溢」。

如家具工廠外移越南，僅在越南從事最終的裝配成品。皮革來自江蘇崑山，夾板來自山東，泡棉來自廣東，設計行銷在廣州；因為中國大陸精密分工，大量生產，物美價廉的原物料產業鏈難移異地，實不易被取代。

因此越南經貿智囊說：越南不需制定產業政策，只要與廣州一起走，中越就雙蒙其利。

（二）協助鄰國富裕，進化為腹地，落實中西部、東南部大開發，雙方再次互蒙其利。美國東西兩岸各州經濟發展，遠勝於內陸州。而內陸州沒有腹地，限縮發展。中國大陸沿海發展之後，中西部開發成敗的關鍵，在於有無腹地發展空間，因此協助中亞、西亞、東南亞國協各國，發展成富裕的國家，才能落實中西部開發的目標。

（三）以一帶一路，經由協助基礎建設，發展產業，提昇產能，提高經濟生活水平等，建立起互利雙贏的國際關係。

不結盟、不稱霸、不干預內政為核心精神，或可簡稱為民生建設型的經貿關係，絕不同於以美國為盟主，美援為手段，以美式民主為內容，干預盟國內政，以條約、法律為要件，威脅利誘結盟的排他模式。

一帶一路是人類近百年，未曾有的新型國際關係。勢必要以時間、心血，從嘗試錯誤過程中修正前進，台灣的發展和出路，繞不開其間的過程和結果。

（四）中國確立以歐亞非板塊，往西發展的路徑，不同於美國越過大西洋、太平洋，朝向歐亞，以全球為目標的擴張。中國的戰略規劃上，理論上不會發生中美對撞，主觀上也是避開衝突，被動因應的戰略。歐亞非大板塊才是一帶一路的大舞台。

確保國境安全、安定、和平、穩定

首要確保與十四個鄰國，及二萬二千公里國境線，保持安全安定、和平穩定的關係。

中國必須如臨深淵、如履薄冰、步步為營，用心經營鄰國關係。鑑往知來，就明白欲達此目標，著實不易啊！

（一）中共建政以來，在邊界與蘇聯、越南、印度及在朝鮮都發生過戰爭

過往的蘇聯，今天的俄羅斯是軍事大國。而世界最喜歡拿來與中國評比，尤其是對中國懷有愛惡嫉妒恨，錯綜心情的是印度。中印邊界至今仍在爭議中，是一不小心就有點燃之虞的小火藥庫。還有全世界最不認識，也最難掌控的北韓政權，誰也抓不準，下一步會有何變化的大變數。以及是一個喜歡搗蛋，貪小便宜，自尊心極強的越南。中國要步步為營，謹慎經營，才能有穩定的國界。

（二）中亞西亞，關係著歐亞板塊發展，成功與否的關鍵

（三）東盟邊界國家，關係亞洲經濟發展，與南海局勢的安定

中國的全球戰略是什麼？首先，是穩定國境鄰邦。諸證中國數千年歷史，除清末民國，來自海洋的艦砲威脅之外，外患全來自於周邊國家。

國境能否安全安定至關重要。一個位於歐亞板塊的陸權大國，如何維持四周的和平穩定，就是最核心的國安戰略。**穩定國境鄰邦，是中國核心利益，由此觀之，中印邊界衝突，中方絕不會是主動方。被動防禦，但也絕對寸土不讓。**

其次，是捍衛海疆自主權。**大原則是不再讓海疆成為列強自由巡弋的內海，讓南海往穩定可控制的方向發展**。由於造島成功，已由原先被動因應，化為主動掌控關鍵海域，擁有捍衛海疆的不沉基地。但也引來南海諸多的不安。

為化解南海諸國的恐懼、疑慮，邀約諸國共同參與，共議共謀，互利多贏的南海準則。既相互約束，也是相互保障，共同開發。減少美、歐、日、澳強權，見縫插針，見機生事的機會。二〇二一年應可完成簽署。**目前美國正到處煽風點火，力圖破壞，而中方全心全力以達簽署目標。倘能簽署成功，強權不得不閉嘴。**

東海以釣魚台問題為核心，中方態度是日方不挑事，讓下一代人以智慧解決。一旦日方挑釁，如國有化結果，即引來大陸公務船的巡弋。過往日方單方巡弋表權，今天已轉成中日雙方，你來我避的巡弋方式。**大陸正以行動護主權，以戰略平糾紛的策略處理。**

台海，狀態很不穩定，大陸海空軍實力已越過第一島鏈，不斷增強的海空軍實力，面對美日強權，尤其美國軍方，已具有「以逸待勞」，強勢防衛的拒止能力。但因兩岸已陷入冷對抗，民進黨政府，除貫徹一面倒向美方的策略，更樂於成為美方抗中的棋子，**當前台海已成為「不小心會擦槍走火」的熱區，但台海是大陸不可放棄的核心利益，台灣卻只是美方抗中的棋子，僅具重要而非必要的地位。台灣身處熱區，豈能不慎乎？**

最後則是國內維穩至上，對藏、疆、港則維穩、防獨、拒獨，對台灣則是以防獨促統為目標。

大陸對台策略

一、**底線思維，自主操作。有底線，不期待，不等待**

統一台灣的政策目標，堅持到底；採以和平手段，萬不得已，不輕易放棄。非和平手段備而不用或用，則取決於台灣的情勢，被動因應。

北京掌握對台能掌握的變數，與台灣直球對壘，做能做的事，不與台灣在論述上糾纏、爭辯。**北京主動創造機緣，掌握機會，不再期待政黨輪替，或某人上下台。主動因應台灣的變局，不再受制於台灣的政情、輿情。**

二、直接訴求，漸進融合；有目標，不在乎、不被動

北京在台缺乏有力的統一代言人；國民黨又失去緩衝角色，欠缺灰色模糊空間。逼北京親自上場，論述統一、推動統一。統或不統的議題，必然取代獨或不獨的討論。

但是，沒有兩岸人民心靈、社會生活融合的過程，統一方案難落實。今後北京必會主動規劃，以大陸的資源、發展的機遇，逐步開放，納入台灣各界各階層的參與，以滿足台灣人，人生自我實現的目標。與台灣各界各政黨充分交流，釋出機會，爭取台灣民心的認同。逐步融合兩岸生活、生存發展於一體。

兩岸之間，大陸觀察二〇一六年民進黨執政以來，二〇二〇年大選過程與結果，下定決心，與其在乎台灣義和團式的挑釁，綠色政客的挑撥、攻擊，或在意非綠政治人物，不著邊際，不體會北京核心利益的空議論，甚而拿香跟著民進黨拜。北京不如自主規劃，自行發布實施對台惠台政策。無形中，台灣失去了與北京共商利台方案的機會，可惜啊！

三、對台灣，國際上孤立緊縮；經濟上開放，不打壓

隨著大陸國力增長，不論是新型大國關係，或新型國際關係，對國際社會的影響力日漸增強。台灣參與重要國際活動的機會，若非與北京共謀共議，難以成功。**台灣未能體認「台北經過北京」是參與國際最有效的捷徑。勢必愈來愈孤立。**

經濟發展，不但關係民生福利，而且台灣經濟發展的成敗，也是民族成敗的一部分，**因此經濟上採開放不打壓。以收台灣民心，以利台灣成長。**

四、中美博弈，做最壞的打算；有準備，不幻想、不逃避

台灣問題解決的關鍵在美國，解決的難易，在中美博弈過程的實力升降。變數操之在中，也操之在美，結果難料，只能依戰略定力，穩健追求目標；底線思維，最壞的打算下，逐步推動，**不幻想美國的善意，不逃避美國的挑戰，中美博弈終有結局，台灣問題必有可解方案。**

五、北京的變與不變

大陸對台政策數十年來，或有戰術操作面的彈性，絕沒有戰略目標的改變：一、兩岸同屬一個中國（一中）國家必須統一。二、和平統一，一國兩制。三、手段上，**軟硬的兩手策**

略，軟的可以更軟，硬的底線不會放。

其次大陸因應當前的兩岸情勢，面對台灣的政情、輿情、社會心理等因素，在戰術面、方法面、操作面，有以下新的運作和方案：

（一）互動商議到單方主動

因民共無互信基礎，無橋可搭，無共識可談；國共之間，因國民黨尚在失魂無主，既無力因應來自綠軍的挑釁攻訐，又無法堅持，過往國共共識的基礎，開展商議。

兩岸已難再有互動商議，在今後北京勢必不期待，也不等待可以在「有共識」、「有互信」的基礎，再與台灣商議。北京必將主動掌握情勢發展，採取單方推動，北京想要推動、所能推動的兩岸政策。

（二）消極防獨到積極促統

北京已充分感受到，台灣不願承受台獨的必然戰禍，「不提倡」台獨的主流民意。蔡政府如今以不統取代台獨，對外「不談」、「不宣布」台獨，避踩紅線，但高舉不統、反統、反中，以切香腸式的緩獨手段，以「不統」達成台獨的目標。

不統與台獨是一體兩面。台灣既然以「不統」為訴求，北京就全力以促統為目標，陸台的直球對壘，已是跨不過的坎。

（三）直接訴求，開放接納

以自身掌握的「主變數」，以利台、惠台為目標的政策，直接訴求於台灣社會。小至個體，大至團體，只要呼應或願接納，開大門歡迎台灣人融入大陸成長。從生活、生存、發展、融合台灣人於大陸大環境之中，質量互變，不統而統。

（四）由中美合作共管台灣，到中美博弈，美棄台求利之虞

台灣是大陸的核心利益，是美國可交易的利益籌碼。當中美強弱趨勢愈逆轉，北京愈有籌碼，要求美國放棄台灣。或美方為自身利益，棄台以求於大陸。都是未來極有可能發生的變數。

（五）戰略模糊到明確

兩個百年，尤其二〇四九年建國百年是重要時間點。二〇三五年中國大陸計劃步上已開發國家。二〇二〇年～二〇三五年，**以十五年時間，建立成熟的新型大國關係及新型國際關係，穩固國際之後，二〇三五年～二〇四九年，十四年時間，騰出手來，全心處理台灣問題。**

兩制台灣方案是未來逐步推動的目標。

一國兩制，將兩制定義為「台灣方案」，即有別於港澳。其次是邀集台灣各黨、各派、各界別共同參與。這項邀集台灣人的共同參與「政治協商」，不論藍、綠主要政黨，已然公開否定參加。兩大黨不要一國兩制，當然就沒有兩制台灣方案。民進黨甚至揚言，誰參與，懲罰誰。但當**北京邀請的信號發出之後，台灣各界隨著時間、客觀情勢的演變，有何發展？尚待觀察。就此被擋住了？或屆時堂堂溪水出前村？**

檢視台灣對大陸的思維

一、三個假設下，以為可永保現狀

第一個假設：只要在美中取得平衡，或聯美抗中就可永保現狀。

就今天美中實力，台在美中之間取得平衡，甚或聯美抗中，是可暫保現狀。先不論台灣手中有多少實力、籌碼，可以美中逢源，當中美國力逐漸拉近，旗鼓相當或中超越美時（只是時間的問題）這項假設就難存在。

情勢發展結果，美方必須與中方合作，才能確保美國的核心利益，如必須與北京共管北韓以保日韓；依賴「聯美」抗中的台灣，極可能成為美國與北京交易，保美利益的籌碼。屆時現狀不可保。

台灣確實沒有多少籌碼，可以在中美兩大之間，維持等距平衡。與其期待於美國，不如落實中美建交三個公報，解決兩岸的核心原則：「兩岸的問題，由兩岸中國人以和平的方式解決」；**經由和談協議才能確保台灣人利益，這才是真正的、永久的維持現狀。**

當中美雙方，尤其如川普，美國政客為其政治利益，主動挑釁中方的戰略定力，但有擦槍就有著火的可能，或挑釁到中國底線，傷及核心利益而衝突時，台灣的命運，就在兩強衝突下，被決定或被出賣了。兩強衝突，就沒有平衡可言了。台灣能不慎乎？

第二個假設：只要台灣凝聚抗統、反統的集體意識，即可永保現狀。

能否落實假設的關鍵，在於我們是否已下定決心，以實際行動，不惜付出任何代價，捍衛抗統、反統的意識？認知台灣的民情，即知這是絕對經不起考驗，一點也不靠譜的假設。

第三個假設：認為大陸對台軟硬無步也無效，隔著台海，可以保障台灣安全；所以台灣可永保現狀。

基於兩岸實力日益擴大差距，大陸國力日增，在國際社會孤立台灣力道愈強；再則台灣經濟發展無法擺脫（或高度依賴）大陸，再加上大陸海空軍實力已超越第一島鏈，逐步擴及到第二島鏈，將第一島鏈的台灣涵蓋其間，改變了台灣的戰略地位。

就外交、經濟、軍事，大陸擁有的實力，能運用的資源，從雙方不願發生戰爭，到框住台灣，使台灣僅能被動地回應，限制了發展。其間的台灣，尚有多少資源、手段與實力，以因應大陸對台的攻勢？回應的過程與結果，其中利弊得失，才是台灣的生存發展關鍵。

現實上，台灣大多數人，或視而不見或輕蔑視之，或不以為然，均未曾認真討論思考對策，卻大言不慚地假設大陸對台「軟硬無效」，自我阿Q。溫水煮青蛙的結局，已可預知台灣前景堪虞，豈不慎乎？

二、**因應兩岸情勢，定政策、聚民意、安民心的三項判斷前提，是否牢靠？**

第一項：台灣一直以為習近平權力不穩固，危機四伏，個人隨時下台，統治隨時崩潰。

從江澤民主政以來，台灣習慣斷定，大陸領導人，權力不穩固，做為台灣因應大陸的對策。歷經江、胡二十年任期，習近平七年任期，證實這種不攻自破的說詞，仍不斷「撫慰」台灣的民心。

習近平權位穩固與否？以改革軍隊，這塊共黨政權內最難啃的硬骨頭為例。

中共建政七十多年來，**除毛、鄧之外，只有習成功地對軍方，開展前所未有的改革。權**

力不穩，何能為之？反證其權力的鞏固。

過往領導者為穩固其權力，不得不擴大參與權力核心，安定各方，是常態。十九大時，**中共中央權力核心、中央政治局常委人數，由九人降為七人，不增反減，證實習近平權力的穩固。**

吾人以公司逐漸壯大，決策核心的常董人數，反而減少，反證其公司董事長的權力穩固為例，回應工商界朋友，對習近平權力是否穩固的提問，一語中的，當場點頭頻呼了解、了解。

更重要的是，**一個強而有力的北京領導中心，才是台海穩定的重要因素**。因其權位穩固，所以能貫徹其「和平統一」的基調，不受非和平手段雜音的影響。同時也因其權位穩固，獲全黨的支持，能貫徹其決心，**因此，台灣只須用心研議習近平的對台政策，即可訂出正確回應的兩岸政策，因為言出可能就必行，有利於我們的判斷。判讀習近平權力不穩，台灣人接收了錯誤的信息，政府定下錯誤的政策，遭殃的是台灣人。**

第二項：以西方角度評析研判，認為大陸體制不穩，潛在無解危機。

相對於西方（含台灣）民主體制價值與發展經驗，大陸經歷四十年改革發展，已建立一套不同於西方體制，確有其治理績效，穩定發展的模式。俗稱「中國特色社會主義」，以下吾人簡稱為**中國模式，有以下特色：**

首先，適合於中國，未必適合於其他國家；其他國家之體制、經驗，也未必適合於中國。**其次，這是一套中華政治文化含金量極高的中國模式，**絕不同於蘇聯、東歐的共產模式，也不同於一九七九年以前的中共模式，也與其他三個社會主義兄弟國家模式，有所不同。

十四億的人口量體，加上不曾中斷的中華文化「大一統」，儒家「民本思想」的治國理念，來自民間「選才擇優拔擢」的官僚體制等等，其治理的成效，已建構出西方價值不易衝擊的體制。

港台，因體量太小，無法抵擋來自西方的衝擊，只有全盤接受，較之大陸完全不可同日而語。所以北京會以「社會主義政經體制」、「資本主義政經體制」，兩制共存於一國的設計，用之於港澳，並期望未來能實行於台灣。

西方民主體制最詬病，也最不能接受的「中央集權，強而有力的中央政府」，卻是**中國數千年歷史的經驗總結，也是民意所願：「強而有力的中央，是國家安定，人民幸福生活的基石，反之則是兵荒馬亂，民不聊生的痛苦」。**

西方民主革命，源自於人民權利被剝奪，受壓迫，因此建立民主選舉，政黨監督，體制制衡的政經體制。而中國的改朝換代，皆源自於分裂割據、戰禍連年，加上天災人禍、民不聊生，乃至官逼民反。數千年來，中國人民要強而有力的中央，一統不分裂的國家，避免相互攻伐，以保有人民能豐衣足食，生活安穩，政治安定的社會。

當中國大陸已逐漸建立一套可讓人民豐衣足食，生活安定，發展有望的政經體制；僅以西方的價值評析研判，無法掌握中國的真實國情，社會實情，民意真相。

當西方民主政治體制，以精緻細密的選舉技巧，配合網路社群，集結同溫層，以致民粹當道，社會兩極化、分裂、對立，治理績效難有成效，即使換人、換黨，也只是換湯不換藥，換不出國家的希望。

相對於大陸的治理績效，不思改革的民主體制，顯然失去了評價、攻擊或否定中國政經體制的正當性。西方民主體制再不改革，再多出一兩個如川普般的領袖，或川普成功連任，必然逐漸失去了對大陸的影響力。尤其相較於疫情管控的治理能力，更為凸顯。中國模式未來可能發展的四方向：

①社會多元化，隨治理自信的增強而更同理、容忍、接納。

②黨內民主開放，監督治理，逐漸體制化；黨政關係，逐漸法制化。

③黨外多元參與政治協商，更廣化、更深化。

④以法治國，以法限權，限制政府權力；以法維權，維護人民的權利，是必然的趨勢。

在你我可預見的數十年，大陸政經體制會呈現出：人人不滿意都在罵，都在批評；可以改革，卻不是輕易會引發革命的政經社會體制。**因為大多數人已接受它。只想改造它、改革它，不想毀掉它。所有推翻大陸現狀的革命訴求，難獲共鳴。**

第三項：未能面對八〇後出生人口已過半的質量互變因素。

大陸一九七九年後，出生人口已佔總人口數過半，如同台灣年輕人口的兩岸觀、中華情，和上一代人有很大的差異，**兩岸都必須正視兩岸人口的量變、質變。**八〇年後出生於改革開放之後，文革前的政治折騰、動盪、不安、貧窮落後，充其量只是過去的歷史；愈往後，愈對自己國家的發展模式，愈熟悉，愈接受，愈自豪。

所謂中國必須遵行西方民主價值政經體系，或西方優於中國的說法，對於一九七九年以前出生者或有其效用及吸引力。對八〇年後的新生代，愈來愈沒有吸引力了。

一九七九年前出生者，年紀愈大，愈懷有強烈「受壓迫民族」必須站起來，以尋求民族

的自尊心。訴求曾被壓迫的民族情緒，成為集體的意志，展現的出反帝、反侵略、反壓迫的民族激昂，這也是西方擔心的民族主義。

八〇年後的出生者，其民族的自信心與尊嚴感，來自於今天中國展現的國力、經濟的成長、生活的方便，不再以國外為羨慕追求的目標，反以自己已熟悉且方便的生活為傲；會想去改善它，不會厭惡拋棄它。

老一輩大陸人，來台參訪觀光，含有中華情看寶島。年輕一代到台灣，找景點、尋美食，享受體會陸台不同點。台灣兩代人看大陸也是如此。

大陸過半的人，且會愈來愈多的人從羨慕西方，全盤學習西方，以西方為師，批判否定自己的年代；逐漸被中國不比西方差，喜歡自己，想贏、能贏西方的一代所取代。

單以西方價值，及現存不思改造的西方政經體制，已難再說服大陸新生代了。因此緊跟西方旗號的港台，尤其是台灣，僅以民主，已失去對大陸的影響力和號召力了。

相互調整心態面對問題

大陸、台灣，兩岸都有避不開的問題。

首先是大陸面對台灣，避不開的最大公約數：

①選舉結果的政黨輪替，輪替一次，一次新情境。

②在抗統、反統的民意下，須經選舉取得政權的政黨，必然以呼應反統，得選票贏政權，此情勢不會改變。

③避統不踩獨紅線的務實態度，成為朝野兩大黨基調，北京難有出手的正當性。

④抹紅是綠軍的武器，避免被抹紅是藍軍的盾，難有親中、面統、論統的舞台，卻有趨於反統反共遠中的一致。

⑤「台灣主權」、「民主價值」、「正視中華民國」、「給予國際空間」、「不打壓不武嚇」的訴求下，紅的負面形象，逐漸在台灣根深蒂固。

其次是台灣面對大陸避不開的議題：

①「一中、統一」、「和平協議」、「軍事互信機制」、「和平統一，一國兩制」、「兩制台灣方案」的訴求、政策推動，大陸不會因台灣各政黨的態度而改變。

②「武力使用時機（條件）」、「和平解決兩岸」相互辯證，互為表裡的政策不會改變。

③「政治封鎖」、「民間開放」、「外交孤立、陸台商議」、「政經分別對台」、「軟硬兩手」

不會改變。

第三是大陸、台灣以何態度因應對方：

①大陸視台灣為核心問題，是國家發展必須解決的大事。以兩岸無小事的心態，面對「和平統一」的目標，不斷摸索變化多端的台灣，提出因應對策。

②台灣卻以較輕忽，較自以為是的態度，或否定，或不論，或視而不見，或自我阿Q，或自我感覺良好。從未見過朝野兩大黨，以兩岸問題是台灣面對生死存亡大事的嚴肅態度，視之解之。最多只在選舉求勝的考量下，審時度勢，選擇利己的議題而已。

當大陸對台嚴肅以待，台灣對陸掉以輕心，從兵法論之，勝負似乎已定，台灣豈不危矣！台灣民心、政界的心態如何面對當前的兩岸，也是值得研究的議題，長期研究各方有關統獨民調分析，**可知台灣的民心民意出現什麼都要；要和平、要讓利、要國際空間、要維持現狀，要……，就是什麼代價也不要付，不想付。**

台獨不敢，統一不想，和談不要，以為這樣就可以永遠維持現狀，在前文提到的三假設，三誤判下，台灣豈能永保安康保現狀？

而政界心態，更令人憂心，因為一、二人心之所向的政界，是輕忽，不嚴肅；是放任，

不負責；是高調，不務實。已把台灣帶往「該驚」卻高唱「什麼攏無驚」的虛無境界。

兩岸問題，明明是涉及台灣生死存亡的關鍵，但上上下下，只想選舉如何操作過關，過一關贏一次，過一關算一關。從未嚴肅以對。

若認真看待是生死存亡的關鍵，我們理應集結全國最優秀的團隊，最大的資源，凝聚最大的共識，有策略、有步驟、有目標的全力以赴。而現實上卻完全不是這回事，甚至背道而馳，令人不勝唏噓。

放任網路社群、網軍義和團肆意非為，帶風向。在嚴肅的問題上，充斥著輕挑、嘲諷、鬼扯、謾罵。自以為神功護體的網軍，霸凌異見、不爽洗版，以為天下無敵，無所不能。政黨、政客搶搭便車，相濡以沫，真以為網路的攻擊、霸凌、聲量就是勝利。只有附和追隨，無人敢挺身而出。

台灣價值逐漸淪喪，與**大陸民間升高對立、敵視、衝突，台灣必然是最大的輸家，台灣輸了，誰負責？**

唱高調、扯皮吹牛、應付輿情、應付網路聲量，以贏得選票。於個人，頭是過了，權位也可能到手了，但台灣身子過得了嗎？

如何重建新型態兩岸關係

一、**重新確認兩岸之間歷史、文化、血緣的關係，是重建兩岸良性關係的基礎**

操縱「去中」，政客、政黨或可取利於一時，卻要付出兩岸疏離甚至對立的代價，既不利於兩岸問題的解決，也不利於必須與大陸成長掛鉤的台灣發展。

重新確認兩岸是同文同種、同血緣的中華民族，中華文化在台生根立足。以血緣文化再搭起兩岸溝通交流、融合的橋樑。

台灣文化是中華文化一部分，台灣人是中華民族一份子。北京又一再宣示「中國人不打中國人」，**身為台灣人，不必否認自己是中國人，當然也可以是中國人。以最自然的認同，取得必然和平的承諾與保障。**兩岸和平，台灣才能在安定中發展，累積處理兩岸的實力，這才是對台灣最務實的選擇。

二、**穩固並再確認兩岸關係的法理基礎**

中華民國一九一二年在中國的土地上，由中國人創建，是亞洲第一個民主共和國，至今仍有效統治台澎金馬。

中華民國憲法，一九四七年在中國南京，由台灣代表在內的中國人，所訂立頒行，至今仍是中華民國的根本大法。

兩岸之間都必須正視以上事實，尤其推動台獨為己任的民進黨、泛綠的政黨，更須正視，以做為兩岸問題解決的基礎。兩岸現在的關係，未來的發展，終局的安排，均在以上的基礎上進行。才能找到對台灣最有利的方案。

兩岸的問題，應由兩岸人民及政府商議，和平解決；北京也應深切的體認，支持台灣的國際力量，係台灣多年來經營、發展的盟友關係。陸、台雙方都應妥善因應，讓兩岸各自的盟友，尤其讓台灣的盟友，成為解決兩岸問題的助力，不是阻力。

兩岸問題的解決，雖屬內戰遺緒的解決，但是面對兩岸大小強弱的差異，無論協議過程及結果的確認執行，台灣都必須取得國際社會的支持，讓台灣人安心，台灣的利益，得以保障。而同時，台灣也要同理大陸的疑慮，避免國際強權藉機見縫插針，挑撥生事。

此刻大陸應全面以準國民化待遇，開放予二千三百萬同胞，可以自由地、全面地參與大陸發展。從生活、生存的融合，再到心靈的融合。唯有心靈的融合，才是兩岸能順利統一最堅定的基礎。

除以上兩點之外，**我們應冷靜地再思考、再認識北京所提的對台新方案，才有機會建立新型態兩岸關係。**

再認識大陸對台新方案

既然認知習近平的權位穩固，不會受其他勢力的干擾，不會輕易改變既定的策略和目標，則當用心地研究習近平的對台策略，因為他有能力貫徹執行，他與中共中央向著目標前進的既定方案。

綜合習近平的對台方針，以二〇一九年告台灣同胞書四十週年的講話，最完整、最具體。可惜在民進黨定調為急統宣言之後，先將九二共識定調為一國兩制，然後以「護民主、顧主權」反對一國兩制為主軸，配合香港反送中活動，操縱選舉議題，取得勝利。大敗的國民黨，一路被挨打昏了頭，既不敢捍衛九二共識，又隨民進黨唱和，反對一國兩制。至此一篇關係兩岸和平發展，及台灣前途的重要講話，就被淹沒掉了。

綜觀全文，建立在延續和平統一，一國兩制的基調上，提出更優化的概念和方案，推動統一。

心靈契合的統一，當然不是急統更不是武統

習近平首先放出「先求兩岸心靈契合」再讓統一水到渠成。這樣的想法怎麼會是「急統」？若急著要統一，統一才是目的；但若先求兩岸心靈契合，再自然統一，時間則成為重要的因素，能否順勢是重要的過程，哪來的急統？**所謂急統宣言，純屬民進黨的政治操作，惑亂台人。其次，既要以心靈契合為前奏，哪會以武力為促成統一的主要手段？**除非台灣不要心靈契合的過程與目標，否則豈有武統之說？

心靈契合的統一，排除了急統和武統，很遺憾，**在台灣，將習的講話，操作成急統、武統。忽略心靈契合，不在乎心靈契合為前提的台灣，真的讓自身陷入面臨急統、武統的壓力。**孰令致之？遺憾、可惜、悲哀啊！

想當年中英簽訂一九九七香港回歸中華人民共和國，當時香港不是歡欣鼓舞迎接祖國，反稱為「九七大限」，是結束殖民統治，回歸祖國的最大諷刺；股市、房市大跌，大量港人想盡辦法逃出香港，移民海外。

北京一再承諾，謹小慎微，處理香港回歸，香港人忐忑不安、半信半疑的在馬照跑，舞照跳的承諾下回歸。

以港為鑑，心靈契合是關鍵

香港以直通車的方式，完全不去殖民化的回歸，二十三年了，一場反送中活動，間接證實了沒有心靈契合，只有條約協議的回歸，是有缺憾的回歸。以港為鑑，假若兩岸只求統一的形式，缺乏心靈的契合，就算統一，也必是缺憾的統一啊！由此反襯托出「心靈契合」為統一條件的重要性、必要性。

從香港回歸的殷鑑，心靈契合對未來兩岸的統一，是極為重要的過程。當北京釋出以心靈契合，形成有利統一的前置步驟，台灣能否體會，能否了解，能否認真看待，都將決定出兩岸的格局和台灣的命運。

心靈不契合，主張分離、對立、隔絕，都有說不完的理由。心靈契合，如男女情誼、年齡、身高、學歷、顏值、體型都不是問題；甚至生活方式，門當戶對，價值的差異，只要有心，是問題也都可以克服。只要無心，不是問題，也會成為問題。

提出心靈契合式統一的北京，當然進一步提出解決方案。深知沒有可保障的和平安排，一切的訴求，引不起共鳴，發揮不了作用。

以民主協商，達成兩岸和平發展制度性安排

有和平的保障，才有心靈契合的可能。口說無憑，必須有制度性的安排，才有和平的穩定性、保障性。

當中共提出以民主協商，而非談判，達成和平發展制度性安排，整個台灣又好似沒事人一般，幾無人在意。再度證明無論朝野，尤其有權力，決定台灣命運的執政黨，除擅於選舉操作外，真的缺乏一顆為台灣前途考量的心。

談判、和談、和平談判是兩造之間的事，是北京與台北執政當局的事。但是定期改選、政黨輪替的台灣，輪替執政後認不認帳？如馬習會定調的九二共識，蔡英文就不認帳。

面對和談，朝野一致指出，台灣內部都沒有共識，如何談？「先凝聚朝野的共識，才展開和談」，邏輯是通，現實上卻是窒礙難行的套話，已成為推遲和談的擋箭牌。應付場面而已，解決問題，毫無價值。

因此大陸提出民主協商，即將台灣各黨各派，與大陸各方代表，共聚一堂，一次又一次吵個夠，談個足，畢其功於協商。絕不同於帶有攤牌式，脅迫意味的談判，以協商取代談判的重大訊息，又被台灣有意地忽略或扭曲了。可惜啊！

政治協商的特點是多黨派、多界別、多元勢力的參與。換言之，北京認為建立一套穩定的和平發展體制，對台灣而言，是將台灣各黨各派、各界別、各多元勢力納入協商共識下，以建立兩岸和平發展的制度性安排。

多元參與的政治協商，取代了兩造的談判，而且僅是兩岸和平發展制度性安排的商議，不涉統一。先有和平再談其他，既與「心靈契合於前」吻合，更化解台灣朝野各勢力的相互掣肘。兩岸和平發展的制度性安排商定後，在和平足夠保障的條件下，才有民族統一願景的完成。

以協商建立兩岸和平發展的制度性安排，這項極有創見、對台灣極有利的新型態兩岸關係的安排，再次被抹去了！遺憾啊！

兩制台灣方案的終極安排

兩制台灣方案，就是台灣有別於港澳的安排。港澳是殖民地回歸，台灣係內戰遺緒的待解，當然不同於港澳。在台灣的中華民國，始創於一九一二年，至今仍有效統治台澎金馬。港澳若以直通車的方式回歸；**台灣則是在心靈契合，和平保障之下，台灣一切不變為基調，**

落實維持台灣現狀，別於大陸以社會主義政經體制為基調的統一。這就是兩制台灣方案。

反對統一的民進黨，不加思索，一口回絕，尚在意料之中。在野，尤其國民黨也加入反對陣營，頗令人不解。**民進黨是反對一國，反對統一，當然沒有兩制討論的空間，也沒有兩制台灣方案的意義。**

以「協商」取代「談判」；以「兩岸和平發展的制度性安排」取代「空泛的兩岸和平」；以「兩制台灣方案」來別於「港澳一國兩制」。對台灣而言，對兩岸關係發展而言，真的沒有可討論、應思考的空間和價值？

國民黨一向主張不獨、不統；不統是如同民進黨的「不統一」，或尚有討論的空間，先擱置「不談統一」。**國民黨究竟反的是一國或兩制，自己也矇了。**

兩制台灣方案，在於（一）不同於港澳體制，（二）北京與港澳台有不同的關係；港澳是特區政府。**台灣呢？就是透過協商可討論的台灣方案。從歐盟模式，國協邦聯、聯邦，特殊關係……，如同光譜一般，都有可能。發揮中華民族的智慧，解決兩岸的困局，重建統一的模式。愈早談，愈有準備的談，愈有想像空間的談，都是機會，都是可能。愈拖愈晚談，愈限縮空間，愈少選項。**

大陸官方，其正式文告的措詞遣字，極為嚴謹；相較之下，台灣社會，尤其政界，對外表述極不嚴謹，因此養成習慣於以輕忽的態度，面對大陸的正式表述。反之大陸卻以極為嚴肅的態度，解析我們的發言。這不僅是兩岸政治文化的差異，更是兩岸相互誤判的雷區。

以九二共識，一個中國意涵為例：

大陸方面，以極嚴肅態度表述：「兩岸堅持一個中國，追求國家統一，有關兩岸事務性的談判，不涉及一個中國的意涵」，簡稱事務性談判，「一中不表」。而台灣就淡淡抹去「一個中國，追求國家統一」的表述，直接簡稱為「一個中國，各自表述」即「一中各表」。

在大陸嚴謹的態度中，一中各表當然意涵「一個中國，國家統一」，各表才有存在的意義。而台灣就僅表述一中各表，絕不言其他，甚至忽略其他。雖是如此，在兩岸有交流，互不破壞基本立場，不踩底線下，也就互不否定，互不扯破，進行兩岸和平穩定的相關工作。

錢其琛曾表述：「世界上只有一個中國，大陸和台灣同屬於一個中國，中國的主權和領土完整不容分割。」這個中國顯是指意涵更廣的歷史的、文化的、血緣的、民族的中國，不只是指政治上的中華人民共和國。而今台灣捨棄對台灣有利的「台灣與大陸」平等地位的表述，自以為「台灣與中國」的表述，才足以彰顯一中一台的兩國，且以此沾沾自喜，卻不知國際社會接受的是「台灣是中國的一部分」。一中一台的表述，絕對比「大陸、台灣」的表述更不利於台灣。

再以汪道涵曾表述：「一個中國不等於中華人民共和國，也不等於中華民國，而是締造統一的中國。」雖僅是經第三人轉述的個人意見，但仍有其意義，至少表示，中共元老中，是有如此思維的人存在。

錢、汪的講話，尤其錢其琛的表態，在台灣有意無意的忽略下，或在不願面統，論統，面對一個中國的心態下，一項對台灣極為有利的表述又被忽略了。台灣到底有多少本錢去輕視，漠視這些有利台灣的主張？台灣真有能力抗統也就罷了。事實上，我們是在以拖待變，**政客在以拖待變中，不斷的騙取權位，榮華富貴了，可「獲利了結」。被誤在以拖待變的台灣人民，能拖多久？**

二〇一九年，習近平對台的談話，是一個機會。

先求兩岸心靈契合，以政治協商，建立保障和平發展的制度，在各自保有的政經體制上，與台灣人共商，兩制的台灣方案，統一的意義就是在兩岸平等的基礎上，尊重各有的體制，共同締造一個兩岸都可以接受的一個中國。

這是一項以習近平為核心的中共，全力推動的目標，台灣是否看懂，是否能做出適當的因應，將決定台灣的命運！天佑台灣吧！

第四章

中美博弈，危機四伏

前途難料的中美博弈

大陸崛起，影響世界變局。兩岸局勢發展，決定台灣命運。

四十年來，從蘇聯解體，美國獨大，歐盟組成，大陸崛起，這四大變局，尤其美國獨大、大陸崛起的衝擊，台灣身處其間，正考驗著台灣如何因應的智慧，才可以掌握台灣發展的機運。

美國之所以能獨大，維持全球的霸權地位，必有其道理。

一、吸收全球人才，為美所用

美國是個移民國家，開放社會，是全球的人才庫。

中國從十四億人口中，挑選人才，為國所用，相對於美國由全球七十六億人口，挑選人才，為美所用，這是美國令人羨慕的舉世優勢。近年川普大力推動，限制移民政策，可能已腐蝕美國的根基。人才是美國最寶貴的資產，全球人才為其所用，成就美國的強大。

識者以為，川普一連串限制移民，尤其歧視、甚至攻訐特定宗教（穆斯林），地區（中東、中南美）移民的做法，可能成就了他的權位，卻會重傷美國的根基。

二、百年持續發展，累積起強大綜合國力

相對於歐洲二三百年來，打了無數戰爭，美國除了獨立戰爭、南北戰爭，兩場有限的本土的內戰外，**相對於歐洲無數戰爭的折損，正是美國乘勢崛起的良機**。

二十世紀兩次世界大戰，耗損歐洲大量資源，戰後雖依賴美國援助，卻要耗費鉅資重建；加上戰爭損亡大批人才，又有大量人才流失到美國。本土從未遭受戰爭破壞的美國，趁機積累了超強的綜合國力。

三、美元成為國際通用的貨幣

二十世紀二十年內，發生兩次世界大戰，參戰國，只能大量印鈔，支應戰爭的開支。除美國之外，大多數國家貨幣大幅貶值，嚴重通貨膨脹，幾成廢紙。黃金儲備，大量流失或根

本欠缺，貨幣發行失去了信用。國內與國際間，幾乎無共用貨幣，可做為貨物買賣交易基準，也無貨幣之間交易的比例（匯率）。

二次世界大戰前後，大家約定俗成，以美金做為交易單位，美國也成為各參戰國的債權國。於是在一九四四年七月，由四十四國，**在美國新罕布什州布雷敦森林公園簽定協定，美金與黃金掛勾，各國與美元間，採固定匯率，進行貨幣交換**。亦即各國擁有多少美金，即可向美國交換固定價值的黃金。從此**國際上除黃金本位之外，美元儲備，可做為發行貨幣的基礎。美金成為全球通行的國際貨幣**。

戴高樂與尼克森

後因經濟危機，尤其七〇年代的石油危機，撼動了美元地位。當時**法國總統戴高樂，以法國持有之美元，向美國要求兌換黃金，各國跟進，出現擠兌困境**，美國無能支付。**尼克森總統於一九七二年宣布，美元與黃金脫勾**，各國貨幣與美元匯率，由固定改為浮動，協定瓦解。

由於美元已建立的強勢貨幣地位，並通行於國際，成為國際交易的結算單位，至今仍保有世界貨幣地位。以全球印鈔發行國身分，供世界使用，擁有美元流通全球的特權與地位。這是美國維持世界霸權，最為厲害的武器。

二〇〇〇年之後，美國兩次中東戰爭的巨額支出，是導致二〇〇八年的金融危機原因之一；換成其他國家，必垮無虞。但是**美國就是能以印鈔救市，由全球承擔受難的扭曲苦果，助美過難關**。

四、**美國以美金、價值、武力、貿易四大工具，維持霸權，壓制威脅，遏止超越**

美國以其美元地位，發行國債以印鈔，藉著升值、貶值、升息、降息等工具，全球成為美國提款機。歐洲、法、德、義等強國共組歐盟，發行歐元，擬擺脫美元操控；人民幣亦藉著全球石油最大進口國的地位，擬建立以人民幣為結算單位。**美國全力壓制的歐元、人民幣，現在正與美元拔河中**。今天，美元仍擁有全球貨幣結算的優勢，是美國維持霸權的重要基礎，若情勢改變，勢必弱化美國全球影響力。歐、中、美，尤其美中金融戰，未來勢難避免。

順我昌逆我亡的顏色革命

美國以美式民主的價值輸出，簡稱顏色革命，做為其干預世界的道德正當性。雖有道德

的口號，卻充斥著權謀利害的算計。與其敵對或不聽其使喚的國家，即祭起民主大旗，煽動顏色革命，近年的阿拉伯之春，變成內戰不已，難民流竄的阿拉伯之冬。

美國要維持在中東的霸權影響力，就需要盟友阿拉伯。就算阿拉伯沒有民選國會、沒有政黨政治、沒有選舉；王位世襲，貴族是統治階層、政教合一體制。一切與民主價值、民主體制完全背道而馳。**只要是美國利用得上，就是盟友，與民不民主何關？**

再以世界僅剩的四個社會主義國家，也是外界俗稱共產主義國家，中國、古巴、北韓、越南為例。美國是否發動民主價值攻擊戰、利益是重點，民主價值只是工具。

越南可以，中國不可以

越南黨政經體制，幾乎百份之百複制中國。中國是美國民主價值必須壓制的惡魔壞蛋，必須顏色革命的對象。越南卻是美國在南海、在東南亞「聯越制中」的盟友。越南的一切，美國都可視而不見。古巴在美國後院，長期以來，與美唱反調不聽話，所以古巴是壞蛋。北韓壞蛋與否，由川普和金正恩關係決定。有利川普國內政治操作，北韓金正恩，是親密朋友，不利時，北韓就是壞蛋的邪惡帝國。

美國價值輸出的大旗，看似高大尚、其實只是美國國際政治操作的工具而已。美國愈以民主為名輸出，卻做為利害權謀的籌碼，久而久之，民主價值就愈失去光環，失去影響力。

最近美國處理新冠疫情，反種族歧視抗議活動，川普總統的因應表現，已讓所謂民主價值失色甚鉅。

美國軍力超強，橫行全球，並非無敵

美國以科技為基礎，經濟為後盾，建立的軍工體系，所組建的軍力，至今仍是世界無敵。想打誰就打誰。再披上民主價值道德色彩的披風，自居全球的救世主。

在台灣主張台獨，深信台獨會成功的人士，也始終相信，口口聲聲執行一個中國政策，不支持台獨的美國，會在台灣爭取獨立的關鍵時，降臨救台獨。**美國強大的軍力，讓台獨有很大的想像空間**。

美軍的武力是超強，橫行四海的航母戰鬥群，獨霸世界。想打誰，找個藉口、編個理由，再蒙混個假證據，就可以出兵，說伊拉克有致命的化武，就出兵伊拉克，但也掉入泥淖，尚在脫身中。

當年藉著製造美國驅逐艦被北越攻擊的假事件，發動越南戰爭，但也掉入泥淖，最後勉強脫身，卻傷痕累累。蘇聯派兵入侵阿富汗，美國支持塔利班，拉垮蘇聯。蘇聯灰頭土臉撤軍後，塔利班壯大了，卻不聽使喚，不為美國所用，引發衝突，發生九一一。為消滅塔利班又出兵阿富汗，一樣掉入泥淖難脫身。

中國不是阿富汗、伊拉克

美軍雖身陷阿、伊戰爭泥沼，仍是全球武力最強的隊伍，對各國都有一定的威嚇作用。但美軍不會是台獨救苦救難的活菩薩、彌賽亞。何況千里迢迢領兵越過太平洋，**面對以逸待勞的中國軍隊，美軍有多少勝算？不是網路鍵盤的爭論，而是鐵錚錚的衝殺！台獨別傻了，美國清楚得很，中國不是阿富汗，也不是伊拉克。**

貿易戰一向是美國的霸權前哨戰，二次大戰以來，美國發動的貿易戰，除中國有能力抵擋一年多，最後中美雙方簽訂一份，雙方都能接受可退場的協議。過往大至日本、德國、小至加拿大、墨西哥、南韓、台灣，面對美國發動的貿易戰，只能投降，俯首稱臣，無一例外。

貿易戰中，日本受害之深、受傷之重，二十多年來仍未恢復，中美尚在拔河中，天佑中華，加油！日本也加油！別老當美國的小跟班。

美國貿易戰致勝的武器：一是擁有國際貨幣地位的美元，一是全球最大的市場；再則是科技、文化、人才的軟硬實力。但是各項致勝的優勢，正在流失中。

政治、經濟、軍事的較勁

戈巴契夫決定蘇聯解體，解散東歐華沙公約，對組建北約的西歐，已不構成威脅，因應華沙公約的北大西洋公約，理應解散。**但美國自雷根後的歷任總統，仍加大力道，不信守北約不東擴的承諾，反而一再擴大規模**，將數個前華沙公約國家納入北約。近年來更介入烏克蘭內政，勢力延伸到烏克蘭，**已威脅了俄羅斯的生存發展**。這絕非歐盟的本意，而是美國的意圖。

政治上因傲慢形成困局，國力流失中

二〇一九年八月份法國總統馬克宏，對法國駐外使節發表演講，即強烈表達：美國為己

身利益，利用北約東擴，逼使俄羅斯遠離歐洲。深受威脅的俄羅斯，國力逐漸恢復後，為俄羅斯利益計，一面採取與中國聯手的策略，間接增強中國國際影響力，中美博弈中，讓美方承受更大的壓力。另一方面，俄羅斯雖被阻卻重返歐洲，卻有本事依其地緣政治影響力，在中東掌握一些國家與美國對峙。美國正為傲慢付出更多的代價。

近年來美國想盡辦法，將耶路撒冷成為以色列的首都，將美國大使館搬移過去。**但聯合國以一二四票對九票的絕對多數，否決美國的做法與提議，這是世界對美國傲慢的打臉。二〇二〇年八月份，聯合國安理會以一一票棄權五票否決，僅二票支持美國制裁伊朗提案。這次打臉美國的是西歐盟友，英、法、德、比等棄權。不支持美國。**

美國一向視拉丁美洲為其後院，以美洲是美洲人的美洲之門羅主義，拒絕各國的介入。視美洲為美國的「圈地」禁臠，頤指氣使中南美各國。為證明美洲是美國說了算，歷年來，操弄各國於股掌中，右派當政，就唆使、支持左派革命；左派當政，又鼓動右派搗亂。拉丁美洲諸國與美國交心者少，不得不屈服於霸權者多，與之對著幹的正逐漸增多中。因為美國對待他國太傲慢了！

傲慢的美國，視加拿大、墨西哥兩個主權國如小弟一般，予取予求。雙邊自由貿易協定，說簽就簽、說廢就廢、說改就改，一切美國說了算，毫無商量餘地，比美國的一個州還不如。

得道多助，失道寡助，傲慢的美國正在其傲慢付代價，使其國力流失中。

經濟上消費多、儲蓄少、生產移，軍費高，還能撐多久？

這一段不須闡述，看標題即可心領神會。全世界生產供美國人消費；美國電影中，經常看到美國人推著購物車，大把大把物品往車堆，買得多，可能也丟得多。

也可看到影中人說到「這個月沒錢付帳單」、「沒工作，下個月怎麼辦」。付帳單就是先消費後支出的生活模式，**大多數美國人的生活是月光族，無儲蓄**。如遇新冠疫情，數千萬人失業，必須靠領救濟金，才能渡日的社會，經濟當然會出問題。**相對於日本、台灣、大陸人民的儲蓄力，美國人太遜色了**。

至於川普夸夸而談的**「企業搬回美國」**的政治口號，**聽聽就好**，或有個別企業，各別考量，藉機回美取利，絕不會出現結構性的轉移。看看在中國大陸生產的蘋果手機、特斯拉電動車、福特、別克、凱迪拉克等汽車廠，何時會搬離大陸回美國？

就像新冠疫情所需的防護物資，紐州長郭謨說：為什麼口罩是中國製、呼吸器防護衣等都是中國製。不是美國不能生產，而是成本不合算，沒有競爭力，商人精打細算，不做賠本生意。

至於龐大軍費的開銷，試問，是為了美國的國家安全，或是為了維護其全球霸權？

軍事上：龐大軍費支出，為霸權，非為國家安全

從二〇〇三年的阿富汗戰爭打到伊拉克戰爭，到二〇一八年軍費共支出五、六兆美金，另一說是三．八兆，不論是那一個，都是天文數字。台灣二〇一八年全年總預算約新台幣二兆，以前者計，可供台灣使用八十四年。如此龐大的軍費開銷，當然拖垮美國。再計算一下全世界五大洲的美軍基地、海外駐軍，十一個核子航母戰鬥群，巡戈全球各大洋。**為維持霸權的軍費，龐大到已侵蝕美國的民生根基，如教育，基礎建設等。**

一個國家的實力不只是軍力。此次新冠疫情的肆虐，誰也料不到，口罩成了戰略物資。戰力再強的羅斯福號，核子動力航空母艦上的士兵染疫，沒有足夠的防疫物資設備，也會失去戰鬥力。口罩打敗核子航母？太不可思議了。

中美關係的愛恨情仇

當前世局莫過於中美博弈。中美關係愛恨情仇，包含國共、兩岸的變數，更是剪不斷、理還亂。比諸於西方列強，中國人對美國的印象，正面多過於負面，但美國人又是世界唯一曾訂有排華法案的國家。對日抗戰前期蘇聯援華之後，美國出錢出人又支援各項物資，是最重要的朋友。

一九五〇年的韓戰起，美國是北京口誅筆伐，全民聲討，揚言必打倒的美帝，卻是退守台灣的國民政府，聯美反共不可或缺的盟邦，與美國共組冷戰防共第一線的親密戰友。

一九七八年北京華盛頓建交後，中美關係更是錯綜複雜。既是美中聯手制俄的「盟友」關係；又是台灣問題上敵我難分的對手；既是美國意圖對中，由內和平演變的對象，也是影響中國，改革開放成敗的重要國家，更是既鬥爭又合作，既密切交流又必須百般相互防範的「準」敵國。

中美建交四十二年間，前三十年合作關係多於競爭，近十餘年，競爭多於合作，尤其川普上任以來，中美陷入前所未有的緊張。基本上雖仍維持鬥而不破的格局，但是雙方的博弈，已牽動國際，尤其東海、台海、南海的緊張情勢。更是兩岸關係的最大變數。

中美兩國的實力仍有差距，但美國並無一擊必勝的機會，也發現逐漸力不從心，難以隨心所欲壓制中國。今日中國，已不同於僅僅是超強軍力的蘇聯，也不同於僅有經濟實力的日本。

同時，中國只能防衛美方的攻擊，採守勢戰略，見招拆招；無心、無力也無必要主動出擊，壓制美國。

中國力爭第一，美國就要唯一

美國想方設法要抑制遏止中國的強大，同樣中國想方設法要掙脫束縛，走自己強大的道路，就是今日中美博弈的基本態勢。

中國力求第一，美國要的只有唯一。前者可與其他人共存共榮，互爭勝負，後者唯我獨尊，不容挑戰，這便是中美博弈戰略差異。中美博弈提早到來，全因美國「好戰」主軸所致。

二〇〇一年九一一之後的美國，先後在中東發動阿富汗、伊拉克長達十餘年的戰爭，耗盡美國的國力。在此同時，中國大陸，埋頭苦幹努力建設、韜光養晦，累積國力，待歐巴馬上任後，發現雙方情勢異勢，推出重返亞太戰略，以期遏止中國的發展。

此時中國已非吳下阿蒙，綜合國力與日俱增，快速成長，國際影響力，與二〇〇〇年之前相比，完全不可同日而語。美國歐巴馬政府，力圖在地緣上，於南海阻遏孤立中國，於東海、台海騷擾中國，於經濟上以TPP排除中國，事倍功半，成果有限。

川普上台，更以美國優先，美國再次偉大，捨歐巴馬重返亞太之名，換湯不換葯地以印太戰略代之，繼續試圖遏止。不過川普方法怪異，只要歐巴馬做的，就推翻，美國退出TPP，反讓中國加大力道完成RCEP及藉機壯大亞投行，何況美國退出TPP之後，日本邀請中國加入，在亞洲經濟更難孤立圍堵中國了。

中美博弈結果，決定台灣命運

中國正逢習近平上台主政，在胡、江原有的上海論壇、博鰲論壇，中非論壇更發揚光大。另推出以歐亞大陸板塊，地緣考量的一帶一路、亞投行。與東南亞建立追求雙贏更緊密的合作關係，即RCEP。

至此，中美雙方的博弈，就是中美直球對壘了，第一局的中美貿易戰已開打，尚在延賽中。

布局中的軍力博弈，也已在南海，第一第二島鏈間，逐漸公開化了。當然還要加上蔡英文一面倒的親美兩岸格局，此時突然加上新冠疫情這隻黑天鵝的變數，還有……**總之一場將要延長一、二十年的中美博弈，必然樹欲靜而風不止，中華民族能否順利崛起復興，也將由中美博弈結果所決定。台灣命運，兩岸的終局情勢，也必是如此。**

當美國以「莫須有」的理由，關掉大陸駐休斯頓總領事館，隨後北京也關掉美駐成都總領事館回應。是中美之間的大事，也是世界的大事。

生在台灣，長在台灣，必然關心兩強爭鬥下的台灣命運。是台灣人，同時是期待中華民族復興的民族主義者，當然關注中美博弈的發展。

歷史雖不能類比，但以史為鑑，人類，尤其歷代的強國，常以自己超強實力，睥睨世界，目空一切而重蹈失敗的覆轍。

日本阻華強盛

明治維新成功的日本，侵略韓國，覬覦台灣，發動甲午戰爭，勝利之後的四五十年間，步步進逼侵略中國。

藉日俄大戰，進軍東北，強佔旅順、大連；藉第一次世界大戰，強佔山東青島；製造五三慘案阻撓北伐；炸死張作霖威脅利誘張學良，不得易幟，以阻撓中國統一；製造九一八事件，強佔東三省；挾持溥儀登位，成為滿州國傀儡政權；發動局部戰爭，逼迫國民政府簽訂各種喪權辱國的協定。

一九三七年，日軍以一名士兵，演習失蹤為藉口，在盧溝橋開了第一槍，引發八年抗戰，日本戰敗投降的結局。

中國要北伐統一全國，日本全力阻撓；中國要建設，日本強勢遏制。**日本人認為一個富強統一的中國，日本無法予取予求，瓜分掠奪；日本要當亞洲的唯一強國、大國，豈容中國力爭上游？**

當然今日的中國，不是清末民初的中國，也不是徒有統一之名，無統一之實的中國。同時也不能把美國輕易類比為昔日的日本。**但是昔日的日本要當亞洲的唯一，今天的美國，要**

當世界的唯一。視中國為威脅他們的唯一，則是共同的心態。

日本連續在五十多年時間，挑釁製造事端，藉口開戰，就是要遏止尚在發展中，但有希望成為統一富強的中國。讓中國停滯不前，最好只成為對日言聽計從，日本可以予取予求的附庸。

數千年來，中國是第一

難道中國人只能永遠屈居老二？**但是中華民族數千年發展中，中國大多是世界第一**。西方世界，尤其美國只要從中國數千年的歷史長河，即可認知，**今天中華民族以自己付出的血淚汗水為代價，而重振家門，重返榮耀，只是盡炎黃子孫應盡的義務與責任**，何錯之有？昔日的中日仇怨，**看今日的美國壓制，所有的理由，都是美國說了算，所有的證據都是美國推論的，事實真相又如何？**重要嗎？霸權說你不對，就是不對，否則怎能稱為霸權？

中美雙方近來加速對撞，相當大的原因，係源自於美國防治新冠疫情的失敗，失控。八百多萬以上的確診，即平均四十人中就有一人確診，遠遠不如醫療資源嚴重不足的印度，該檢討的當然是美國。尤其川普總統，豈可只為移轉抗疫的失敗，意圖在中美之間製造衝突，轉移焦點。但是再轉移焦點，也掩飾不了二十多萬美國人死亡的事實。

相對中國大陸抗疫治疫的成功，證明疫情是可以管控，成敗在於國家領導人的心態和政府治理的能力。

控疫成敗，關乎領導，不在體制

西方德國的抗疫成功；開始疫情嚴重到幾乎失控的義大利最後也成功；唯獨美國仍在失敗中。成敗與否與體制無關，與川普總統有關。

川普至今對確診的八百多萬以上的美國人，二十多萬以上死亡的美國人家屬，沒給一個說法，一個交待，一個道歉，一心一意只在乎連任。就算能連任，美國將是被看不起的國家，世人看到，在美國政客的心中，權位比人民的生命重要太多了。難怪得知川普也確診時，有人推文「祝美國民主早日康復」。這樣的體制，再不改革，民主會失去說服力。要藉此改變中國，更沒有影響力。

做為全球經濟核心的美國，正因疫情的不幸失控，使世界陷於更衰退的困局。我們試想以下幾個畫面。

一是中美兩大國抗疫成功，兩個世界最大的經濟體，市場、生產均能順利地運作，兩國有能力撐起世界經濟。若能再進一步攜手合作，協助全球各國穩住疫情，進而控制疫情，合作研究發展疫苗等。間接證實了富強的中美兩國，是人類的資源，不是威脅，是負責任的大國。

不幸，現實就是美國失敗，中國成功。川普要連任，責任放一邊，找代罪羔羊，轉移失敗的焦點，唯有連任成功才是一切。

不惜發動一波又一波，對中國的攻勢，疫情仍失控，不幸川普也確診，選情更下滑，動作更多，壓力更大，中美關係更緊張，全球受害。結果沒有贏家。

假若民主體制，僅以經由選舉操作，勝選獲權是唯一目標，則人民做主，意義何在？如此的民主政治，必失去正當性、道德性和價值性。**如今川普的作為，是崩壞民主價值的殺手。難怪歷史終結者的作者，福山教授也不禁感嘆，若川普這樣的作為還能連任，是對美國民主最大的諷刺。民主必然遭受空前的毀壞和打擊，淪為笑柄，甚至喪失了意義。**

其次假設是中國大陸抗疫失敗，如美國當前般，八百萬人以上確診，二十多萬以上死

亡；而美國抗疫成功。此刻西方社會，包含港台在內，一定會以所有惡毒，負面的言詞攻擊中共體制，完全否定中共治理能力；進而藉機立起反共、推翻中共統治成的旗幟，鼓動一場「顏色革命」。一夜之間，中共將被徹底妖魔化，中國將被徹底否定。**以美國為首的帶領下，不是全球合作救中國**，而是藉機崩解中國，至少狠踩一腳，也要遏止中國的發展。

天佑中華，如今的中國控制了疫情，擺脫了困擾，百業恢復，十一國慶的八天長假，數億人次跨省、跨市旅遊，走親訪友，在嚴格的防疫管控下，幾乎完全恢復生機。反而是美國在掙扎脫困中。

中國，假若如同今天的美國，抗疫失敗，疫情結束遙遙無期。全球將陷於無法想像的災難中。尤其關係全球民生的經濟，失去了生產動能，失去了市場需求，真如電影的預測，明天之後，是人類的大浩劫。

美應以史為鑑、勿蹈日本侵華路

以疫情為例，可知中美兩大國對世界、對人類，舉足輕重的地位。合則兩利，鬥則全輸。如今看到為了連任，甩鍋推責，轉移焦點，道德、道義無底限下滑的**川普政府，不聽信**

謀國者，如全球防疫權威福奇之言，不以美國的實力能量，救美國，甚至救世界。而是聽信選舉策士之言，結合右派極端勢力，以美國既有的實力，舉全國之力，攻擊中國大陸，開闢一個又一個的戰場，挑起一件又一件的事端，如同當年的日本，盡全力辱戮中國一般。

軍閥是日本的災難、中國的災難、世界的災難；圍繞在川普四周獻策，為救川普選情，攻擊中國的一群右派極端主義者，如同美國政界的「日本軍閥」，都是災難。

美國右派極端主義者，必須體會，**今天的中國已不是當年，可任日本軍國主義者隨時肆虐的中國。當然今天的中國，也不是當年尚須以有限國力，救亡圖存的中國。今天的中國是意圖擔起大國責任，追求建立人類命運共同體的中國。相比之下，眼中只有連任的川普政府，太令人失望了。**

根基在庶民，謀算在廟堂

中美都是根基在庶民，藏力於民間的大國，兩國的民間，都擁有他國難以匹敵的實力。而美國更超強於中國大陸；所不同者是廟堂的謀算。

中國大陸沒有定期全民改選的政治體制，總被西方社會、港台攻擊詬病。卻能發揮其政局穩定的特點，可規劃長期發展願景，並從嚴考核執行，落實國家施政的目標，在既定的國家總戰略下，逐步推動完成。審慎定策，穩健執行，也不輕易放棄，不隨意更改。

反觀台灣近二十年來，操作精緻的選戰策略，透過大數據分析，以攏聚五〇％加一票可獲選的門坎為目標，不惜與五〇％減一票的選民對立分裂衝突。滿足五〇％加一票的目標，成為廟堂謀算的戰略思維，況且愈對立、分裂、衝突，愈能凝固同溫層。

當代民主選舉的特色，扭曲成各國民粹主義盛行，民粹政黨興起執政，尤其川普更是典型。民主政治發展，隱藏了極端主義的潛在危機，若不懸崖勒馬，適時改革、改造，再也撐不起號召的大旗。美國務卿蓬佩奧再尖酸刻薄，聲音再放大，如麥卡錫而已，學谷正綱的反共聲量再大，也起不了作用了。

喔！這樣的中國，美國就安心，中美就和諧

美國國務卿宣稱，因憎惡共產主義，所以對中共政權下重手。但為何又與越南結盟？**越南可是黨、政、經體制百分之百COPY中共的國家。只因為越南對美沒有威脅；**而且正以

其發展的低階產業，繼續做為生產工廠，以供應美國人低廉的消費，符合美式消費所需要。**更重要的是聯越可以制中。**

美國永遠美國利益優先。中、美之間有意識型態分歧，社會主義、資本主義政經體制的不同；但美國利益至上，只要無威脅，可控制，去他的意識型態。

川普要救選情，美國右派極端主義掌權者，無限上綱，操弄中美關係，挑釁中國，期待美國極限施壓於中國。

中國只要在選前，起身反擊，或俯首稱降，都符合川普的選舉操作，收割選票。**川普最擔心的是，中國以堅持建立新型大國關係的戰略定力，挺住了。**適度因應反擊，**絕不投降。做好最壞的打算，堅持和平，不到最後關頭，不放棄和平的底線思維，以捍衛其核心利益，渡過危機、藉勢藉機再發展。**

拜登撿便宜

由於美國新冠疫情嚴重失控，川普已失去民心，僅能依賴無道德底線的齷齪掙扎。民主黨看得很清楚。民主黨拜登的策略，以不犯錯等著川普落選。因此，不附和，不加碼，也不駁斥川普集團對中國的瘋狂作為。

對中方領先西方的企業，如抖音、微信、華為，川普政府採取一連串令人匪夷所思的禁制；看似兩黨共識，**其實是民主黨不入局，單看川普演出。**

若民主黨當選，川普已搞砸的中美關係，讓新總統擁有更多可改善關係的籌碼。只要主政的新政府拜登，輕易釋出一點廉價的善意政策，都必將贏得中方更善意的回應。今天川普破壞的愈多，明天民主黨拜登，可操作改善中美關係，從中取利的籌碼愈多，空間愈大。因為穩住新型大國（尤其是美國）關係，是北京極重要的戰略目標。

川普會歸隊

就算川普連任，依美國國會台灣觀測站（US TAIWAN WATCH）「美國政治菁英如何看中國?」分析美政經界菁英，對中態度可分五類。作者將川普及其主要金主，歸類為「商業型現實主義者（Business-realists）」，他們為自身商業利益，強烈親中。**因此該文認為美國十一月選舉過後，沒有選票壓力的情況下，川普歸隊商業利益現實主義。**民主黨的拜登，則歸隊自由現實主義（Liberal-realists），即主張透過外交手段，極大化美國利益。即使中美雙方因民主意識型態，或基於美國維持其霸權，要求中國接受美方主導的秩序，而與中國有所衝突；但關係再不友善，也了解必須與中國共存於世界的現實。

其他還有因民主意識型態，貿易保護主義而反中，或因要壓制中國興起而反中的現實主義者三大類型，有其影響力，但非執攻主流。

捏圓捏扁隨美國，中美必和諧

不論何立場，美國政、軍、商菁英對中國有一幅最符合美國利益的想像：

一、中國永遠是全球最大，最有實力的開發中國家，或準已開發國家。**中國可以強，但必須強不到那裡去，並且是美國主觀上，認為可控的強大，這樣美國就安心了。**

二、中國永遠只能從先進國家，尤其美國，高價購買專利、核心技術、零組件，然後生產廉價商品，提供美國人消費揮霍，如此最符合美國利益。

三、中國永遠只能與美國合資生產高端，或次高端產品，想方設法，不讓中國自主生產高端產品。美國就不用費心遏制中國產業發展。

四、中國永遠以美金做為國際交易的清算單位，讓中國辛苦賺得的外匯，只能以美金計價。只有購置大量美國國債，可供美國透過聯準會，以發鈔，升降息的操作，玩弄貨幣政策。以維持美元國際霸權的地位，美國就安心。

五、在中國政、經、社體制內，扶持海內外反中勢力；利用藏、疆民族矛盾，如在香港一般，製造難題，削弱北京統治正當性。能推翻最好，不能推翻，則在中國內部安一根針，隨時可刺。美方美其名為和平演變，其實就是干預內政，處心積慮陰謀顛覆。**美國隨時擁有操縱、指控、干預中國的能量，美國就放心。**

六、引導中國進入美國規劃安排好的規則，秩序、標準。**十四億人口的中國，只有美國規則，不可有中國標準。這樣美國才會安心讓中國發展。**

七、軍事上永遠落後美國，外交上以美國馬首是瞻，中國最多只能是另一個歐盟或日本。

八、美國在黃海、東海、台海、南海，擁有絕對的自由航行權，這樣才是美國需要的中國。

九、**中國只要不挑戰或威脅或影響到美國獨霸的四大領域，軍事、科技、娛樂文化、美元，基本上可放任中國發展。**

十、**接受美國價值，遵循美國標準，就是今日美國，明日中國，美國更安心。**

就算中國做到以上目標，美國就安心了嗎？看看被迫簽訂廣場協定的日本，換來經濟停滯數十年的慘況；看看俄羅斯天然氣，要進西歐德法盟邦，被美國制裁的現況；看看歐元崛起被壓抑的實情；再看川普鼓勵英國脫歐，意圖瓦解歐盟，至少弱化歐盟的作為。**在美國的心目中，只能當完全聽命華盛頓的跟班，可予取予求的小弟，美國才會安心。因此，可大膽預測中美博弈在一、二十年內不會中止，美國不一定會贏，中國一定不會輸，台灣怎麼辦？**

抗疫譜出的新國際政治關係

當全球都用新冠病毒、新冠肺炎，用「中國病毒」的川普雖曾改口，但為救選情，再度使用，台灣迎合川普，透過防疫廣告，鋪天蓋地，不斷強化武漢肺炎。**一向擔心因中共打壓，被國際孤立的我們，這次用國家資源，把台灣孤立於世界。**

「武漢肺炎」用語，除了發洩情緒，滿足自我阿Q勝利法，大陸既不會因我們的惡意而抗疫失敗，也不會因此而被世界封鎖。反因大陸正確、有效的防疫、有效的復工，不論是防疫的經驗，防疫物資的提供，都是今日全球合作防疫不可或缺，甚至最重要的一環。

中國大陸疫情發生最早，倉促上陣，一陣慌亂之後，了解狀況，制定計劃，全國一盤棋，做好管制，首先控制疫情不外溢到世界；管制武漢市、湖北省不外溢至全國。證明策略正確，執行成功。

全國總動員，投入人力、物力、設備、新創科技運用等，於最短時間內控制疫情。逐漸開放後，因中俄邊界引發的黑龍江疫情，北京市場擴散的疫情，都在最短時間內有效控制。疫情嚴重排序，由原先的全球第一位，已降至全球第二七位序，若以十四億人口計，八萬多人的確診，佔十四萬分之九，約○・○六四%即一萬人中不到一人確診。比之於隨後爆發疫情的國家，尤其是美國。高達八百萬以上確診。就防疫治理，兩個國家檔次差太多了。

台灣面對大陸的防疫抗疫成效，不情願拍掌稱頌，至少不應扭曲的興災樂禍，應客觀、專業的面對大陸的抗疫，而非以政治立場看待，合理吧！畢竟疫情會過去的，兩岸也無法永久封閉。整個防疫過程，台灣不斷抬高自己，也無可厚非，卻不必要以貶抑大陸來抬高自己吧！**假若一萬人不到一人確診的平均值，應被貶抑；面對美國四十人就有一人確診的失敗防疫；對來自美國引發台灣以百計的病例，理應是全台口誅筆伐的全民公敵**。民進黨政府，很貼心地貼上美國，緊跟美國走。台灣就算要跟，也別跟防疫最差的美國，否則太丟臉了。

雙重標準對美中

美國確診超過八百萬人以上，二十多萬人死亡，台灣閉口、西方噤語，只看川普還在為連任甩鍋、耍寶。台灣沒有價值標準。

假設今天中國大陸發生美國同樣的嚴重疫情，台灣、美國、西方會以什麼態度批判？會以什麼惡毒文字口誅筆伐，會以什麼心情看待，會以怎樣的「先知」姿態預測大陸的下一步？其實不用發問，我可以想像那會是一個怎樣的場景。

這不是雙重標準，什麼才是雙重標準？

一場突如其來的新冠疫情，如退了潮的沙灘，誰沒穿褲子，一目了然。

川普為連任，推責於中國，推責於世界衛生組織WHO，推責於譚德賽總幹事，台灣亦步亦趨，跟著美國跑。全球，美國國內有識之士，主流媒體，也不齒於川普為連任而推責的政治言行。**台灣是全世界中，少數替川普搖旗吶喊的小弟，真的很丟臉！**

綠軍常罵人「舔共」，難道民進黨如此不分是非，不依專業，一面倒向美國的媚美行為，不就是標準的「舔美」。既是舔同一器官，該不會舔美是香，舔共是臭吧！

尤其民進黨政府一再宣稱，不入WHO，對台灣的公共衛生有多大的傷害，對世界有多大的損失。我當然認為參加一定勝於無法參加。但是民進黨政府，政治宣傳的目的，遠大於專業訴求。**因為當美國認為WHO失去功能宣布退出，世界各國沒跟進。反問一向跟著美國的民進黨政府，台灣還要不要加入WHO？要；則證明美國的錯誤。不要；則證實什麼對台灣公衛很必要，世界公衛不能缺一角的訴求，都只是滿足政治操作的門面和藉口。**

台灣自認抗疫的模範生。身處台灣，與有榮焉。因為全球籠罩於疫情的困局時，在台灣，除了不方便出國之外，日常生活比歐美國家自由方便多了。遺憾的是各國陸續公佈的開放國家地區，除英國外，沒有一國將台灣列為第一波名單。這不是一句都是「阿共的陰謀啦」，就可把責任推得乾乾淨淨。

笨蛋！問題不在阿共，在陳時中，在民進黨政府。因為世界各國認為台灣「有症狀」才檢驗的方式，無法估算無症狀的感染者，使各國不相信我們「真實的確診數」。沒有進行較全面抽樣性的普篩，各國只好委屈台灣，將台灣拒絕在外。反正不方便的是人民，不會是陳時中。商務活動無法出境，損失的是企業，及台灣經濟。民進黨政府為了要維持「僅四百多確診」的漂亮數字，不敢冒普篩的風險。直到在台四個多月無症狀的日本女學生，回日本下機場，被檢測出確診而破功了。

政治凌駕專業就是防疫的災難

普篩與否是專業的決定，以不普篩維持漂亮的數字，穩住自己的神話，是政治的算計，僅能滿足大內宣的民進黨政府，卻讓台灣走不出去。當政治凌駕專業之上，災難就可能臨頭，如當前的美國。反之政治服從於專業，才能保障人民的生命健康，如大陸的抗疫、防疫。

以開放轉機為例，包含疫情嚴重難以控制的美國，都在開放之列。卻以大陸疫情仍屬嚴峻為藉口，拒絕大陸。事實是大陸的疫情，全球排名二七、二八左右。總計病例八萬多，不可以；美國確診八百萬以上卻可以。除了政治，有何道理？

若以新爆發的北京疫情為例，二千多萬人口的北京，也共新增三百多病例。目前也算控制。因境外移入而新增個位數、偶爾二位數的大陸被拒絕，每日以萬為單位新增確診的美國可轉機，這就是政治凌駕專業。

民進黨以防疫為名，操縱反中為實，舉世皆知，就是政治凌駕專業。美國就因政治凌駕專業，空有最優秀的人才、最好的科技、最佳的醫療設施、最充裕的資金、財政，卻搞成全世界最難收拾的疫情。基於政治考量的解封開放，造勢場合的群眾聚集，加以黑白種族衝突尚未休止的示威，第二波疫情雪上加霜。美國的疫情看不到可控的跡象。因為川普政府政治凌駕專業。

世界公認的防疫權威，福奇已被川普下令，不得進白宮，不得參與白宮相關的記者會。因為堅持專業講實話，不隨川普指揮棒亂舞的福奇，只要在白宮與川普同時出現，就立馬凸顯川普，以連任為唯一考量的荒謬決策。**川普可讓福奇消失，卻沒有辦法讓新冠疫情消失。**

李文亮醫生的吹哨，因武漢公安、公衛等相關單位不當處理，延誤即時的管控，最後李醫師因疫死亡，疫情一度失控。

舉世以李文亮醫師事件為鑑，嚴苛批評武漢當局、中國政府；以此標準，又將如何看待川普把福奇消失禁音的作為？為何一碰美國，一切的標準就轉彎了，就沒標準了。

近百年來人類有難，尋求美國的協助是常情，美國人也常以救世主自居。此次疫情美國自顧不暇，已無法成為世界的領袖。反觀災情發生最早、最嚴重的中國大陸，很快就有效控制疫情，恢復生產，成為全球防疫物資的供應者。一場中美無心插柳柳成蔭的博弈，無論是防疫治理績效，政府對人民生命的關懷，協助全球抗疫的付出，美國完完全全被中國大陸比下去了。

美退中進，中國成為WHO的主角

當美國因錯誤的領導，受困於疫情，又為政治推責、攻擊世衛組織，退出世衛組織之際，習近平受邀二〇二〇WHO大會，並發表提出五大舉措：

（一）中國二年內提供二十億美元國際援助，尤其協助疫情最嚴重的未開發國家。

（二）中國與聯合國合作，建立全球防疫抗疫物資應急倉庫，建立抗疫物資供應運輸、通關綠色通道，以充足的抗疫物資為本，擔任全球抗疫物資供給中心。

（三）中國選擇三十家，績效甚佳的醫院，將在非洲建立三十個對口醫院，協助防疫、抗疫。

（四）疫苗成功投入使用後，放棄專利，成為全球公共資產。

（五）與G20成員，一道落實「暫緩最貧國國家債務償還」，與國際社會一起合作，協助災情嚴重國家。

在最近召開的中非論壇視訊會議，針對第五項，大陸已單獨宣布「免除非洲貧窮國家債務」，以利抗疫，以助民生。

美國過往扮演的角色，此次全被大陸取代了，大陸成為負責任的大國，是人類的資產。

在台灣一片藉抗疫反中的狂潮中，仍陶醉於 Taiwan Can Help 之際，台灣絕大多數人忽略這項發展。**當大陸以其實力，依其貢獻，悄悄地在累積國際影響力的同時，我們真的認為「反中、抗中」是抗中保台的有效策略？或我們正因刻意地忽視藐視，正逐步把台灣推向更孤立而不自知卻自爽的窘境。**

中美新冷戰？

當前中美最熱門的議題，「擦槍走火」、「新冷戰」，前者誰也說不準，難預料；後者可推敲。

上世紀美與蘇聯、北約與華沙對峙了半世紀，史稱冷戰時期。雙方各擁有消滅對方的核武，隔著一道有形的柏林圍牆，互不往來交流的無形圍牆，相互威脅恐嚇，相互對峙對立，相互滲透顛覆，意圖消滅、或改變對方。最終民主體制戰勝蘇聯共產體制。資本主義政經體制，壓倒以馬列主義教條為本的社會主義政經體制。福山的歷史終結論於焉產生，西方資本主義民主政經體制，是人類最終最佳的制度。

中共記取教訓，解放思想，實事求是，改革開放

一九七九年大陸結束文革，改革開放。一面總結檢討中共建政三十年，一面以蘇聯華沙解體為借鏡，大膽丟棄極左教條主義，解放思想，放手大幹。不再爭論姓資還是姓社，只在乎「黑貓、白貓，會抓老鼠的就是好貓」，實事求是，摸著石頭過河，先幹了再說。剛開始，看衰多於看好，普遍的觀點是，談改革說開放容易，以中共一黨專政集權體制，放了怕飛，控制不了；捏了，怕死，動不得。一路跌跌撞撞，有成有敗，有進有退，有腐敗的幹部，失德的群體；也有苦幹踏實的官僚，還有卓絕刻苦的群眾，兩相激盪，終於爆發一九八九年的天安門事件。

反對改革者，認為放棄社會主義的理想，走錯了路；上廣場的學生，認為缺乏政治改革就不是真改革。徒增以改革之名，行貪腐，傷公平，失公義之實。

西方社會以為「蘇東坡」潮，終於到了中國大陸。結果一陣驚滔駭浪之後，大陸徬徨無措之時，鄧小平南巡深圳，再宣告改革開放，沒有回頭路。中國要繼續改革開放，讓世界、讓港澳、台灣，讓西方資本主義走進來，運用世界先進的力量，開創一條中國要走的路。

一九八九年至今三十一年，中國大陸走一條自蘇聯十月革命以後，共產黨沒有走過的

路。與蘇聯放下鐵幕，完全拒絕西方，視資本主義市場經濟為毒蛇猛獸相比，完全不一樣的道路。

當年冷戰雙方，高度對峙；高度隔離，不相往來；政經體制高度差異；更是高度企圖要壓制、反制，即使不能消滅，至少要改變對方。不是你死就是我亡，不共戴天之勢。

試看今天的中美雙方，博弈力度再大，鬥爭強度再強，至少經濟上、產業上，生存需求，民間往來，各項交流，幾乎是共存依賴，難脫鉤。冷戰會再起嗎？今天我大膽臆測，所謂的「新」冷戰，是以川普為首的美國右派極端主義者的自我想像，難以存在。不切實，不必要，因此也不會成功。

新冷戰，不必要、不切實

台灣有句俗語：「脫褲圍海」，形容一個人自不量力，以為脫了褲子可以圍住大海。但是天下沒有那種褲子，就算有，也沒有可以穿的人。

美國的實力，絕對超過中國，即使有一天，中國GDP經濟總量超過了美國，綜合實力，依然不如美國。但是僅以美國一國之力，絕對難對中國進行「新」冷戰。

形成冷戰格局，必須有能力拉幫結派，形成網狀，至少線狀的包圍態勢。拉幫結盟，首先是讓盟友感受到這是捍衛生存發展必須的選擇。更重要的，為首的盟友，要有大哥的風範，能慷慨、能助人，解困難與糾紛。今天的美國，不但沒有大哥的樣子，川普主政下的美國，哪像可以領導群倫的大哥？高舉「美國優先」的單邊主義，還有多少真心相隨的盟友？

當年，冷戰設計者肯楠說：「東西冷戰，美國贏的力量有二，一是有能力處理內部（不論是美國內部，或盟友之間集團內部）的問題，另一是相較於對方有更高價值的精神力量。以此標準，川普執政的美國，完全經不起檢驗。

今天美國雖有全球最優秀的醫療體系、最菁英的醫療陣容、最多最頂尖的醫學研究機構，更有培養頂尖醫師、公共衛生專家、基礎醫學研究人才的霍普金斯、哈佛等諸多頂尖學府。面對新冠肺炎疫情，美國要錢有錢，要人有人，條件傲視全球。但是川普治理下的美國，新冠肺炎確診人數高達八百萬人以上，死亡二十多萬人以上，災情慘重甚於印度，世界第一。川普卻仍夸夸而談，大言不慚地說：「要不是我當總統，情況更惡劣。」

看在世人的眼中，聽在世人的耳中，直接的反應是，「因為你是總統，災情才難以收拾。」世人相信，以美國的實力，不論誰當總統，不折騰、不吹噓，不自以為是，一切照規矩，聽專家的建言，不但可控制疫情，更可進一步與其他防疫有成的大國，如中國、德國合作抗疫，為世界人類做出貢獻。

川普自二〇一七年就任以來，為鞏固支持鐵票的同溫層，一再以言行操作種族歧視的各種議題，無道德底線。二〇二〇年五月因黑人佛羅伊德被白人警察鎖喉至死，引發「黑人的命也是命」的示威抗議，幾乎一發不可收拾，失去統御國家、團結人民的能力。

二〇二〇年九月份以來，在美國西岸森林大火，由南邊的加州一直延燒到北方的華盛頓州，川普除甩鍋於民主黨的州長，指責他們沒管理好森林落葉而釀成火災之外，依然束手無策，只能等待天降大雨或大雪了。一切的災難好似與他這個總統無關，只關心他的連任。

二〇二〇年的新冠疫情，黑白衝突、森林大火，全球都看到美國沒有能力處理內政，當不了頭。

一再退群的美國，難有追隨者

冷戰要形成格局，團伙結盟打群架是要件。美國在全球還有多少心甘情願，追隨團伙打群架的盟友？只剩一個南半球的澳大利亞，其他呢？如日本、韓國，防衛必須靠美國，雖有苦難言，做做表面應付，但能逃能避，絕不與美國混。

川普不參與、不關心TPP的談判過程，日本馬上接手，韓國也要插一腳，不要被美國帶著跑。

菲律賓乾脆表明遠離美國。美國優先的川普，把亞洲的盟友「吃夠夠」，如今他想在亞洲拉起「亞洲小北約」，除了澳洲跟上，印度搖搖擺擺之外，日韓已表態鞏固美國盟邦，協防關係沒有問題，但絕不與美國聯手對抗中國。因為和諧的中日、中韓關係，是日韓生存發展所必須，菲律賓更別說了。

當日韓因慰安婦、竹島等歷史問題，引發衝突時，美國依然沒有影響力，處理好盟邦之間的內部問題。

英、德、法是美國最重要的盟邦，更是北約的核心。英國是否脫歐的大事上，美與德、法完全不同的立場，無法處理盟邦內部重大的事務，更推波助瀾讓英脫歐。川普要德國增加負擔北約費用，德國不接受；法國總統馬克宏，主張建立歐洲軍，美國即刻遏止；肯楠所提到的「要有能力管理內部」做為冷戰成敗的重要因素。美國還有力量再發動一次「新」冷戰嗎？至少難找伙伴了。

相對於中國大陸打開門戶不結盟、不稱霸，積極參與聯合國在內的各項國際組織與活動，承擔更多國際責任，尤其對未開發國家的協助；不搞革命輸出，不輸出中國模式，不干涉他國內政，完全不同於當年蘇聯的作為。美國所有一切的「新」冷戰攻勢，除了自彈自唱，自導自演外，北約對華沙，西歐對蘇聯的故事不會再重演。

反之，在美國優先的口號下，川普一再對內宣稱，美國數十年推動的全球化、區域經濟組織、參與聯合國為主體的各項國際活動或協議簽訂，吃虧上當、被騙受害的都是美國。依川普心思，美國不要再當笨蛋，所以在國際上到處退群。從最近退出世衛組織WHO，到聯合國教科文組織、人權組織、巴黎氣候協定、伊核協定、美蘇中程導彈協定、北美自由貿易協定、太平洋經濟協定……等，想退就退，根本不在乎盟邦的感受和反對。最近揚言要退出美歐一手主導的世貿組織WTO。試想一個到處退群，走單邊主義的美國，哪來結盟發動「新」冷戰的能量？

不得盟友信賴的美國，啟動不了新冷戰

美國更以其國力、經貿實力，動不動就以關稅為手段威脅，不分敵友，把英法德義等西

歐國家都得罪了。僅剩不吭聲的日本默默接受。美國不理西歐盟邦，一意孤行，強行設使館於耶路撒冷，僅為討好猶太金主及以色列，卻已在中東埋下了定時炸彈。在世界上，美國還有多少真心的盟友？二次大戰後，歐洲迎美軍解放者進城的畫面，不會再重現，西歐北約與美國難再一條心。一個逐漸不得盟友信賴的美國，有何發動「新」冷戰的能量和正當性？至少我看不出來。

聯合國的表決是大國在國際影響力的指標

一、二〇一七年十二月二十一日，聯合國決議：「任何有關耶路撒冷地位的決定是無效的」。即美國遷駐以色列大使館至耶路撒冷，並宣稱耶城是以色列的首都是無效的。值得注意的：中、英、法、俄四個常任理事國，含美國傳統盟友的西歐國家，共一百二十八國反對美國的一意孤行。僅美國、以色列等九國與美同立場，更值得注意的，與美國依賴關係極為密切的加拿大、墨西哥等共三十五國棄權。美只有動用否決權否決之。

這是川普在國際政治上，僅為討好猶太金主和以色列，付出極為丟臉的代價，當然離盟主地位又拉遠了一步，「新」冷戰的機會，愈來愈渺茫。

二、二〇二〇年八月十四日，美國在安理會提案，要求延長伊朗武器禁運表決，僅美國、多明尼加兩票贊成。中俄兩國反對，值得注意的，法、英等美國傳統盟邦，為首帶頭十一票棄權，達不到九票的同意門檻，被視為美國另一次外交上的失敗。

當年美國為首的西方、西歐國家，通過對伊朗的制裁，強迫限制伊朗核發展協議。如今美國未徵詢其他大國同意，即單邊廢止伊朗核協議，引起英、法、德、俄、中等大國的反對，仍一意孤行。又企圖在安理會闖關大敗，顏面盡失。

美國被眾叛親離

安理會的理由是，美國既然已單邊退出伊朗核協議，當然沒有資格提案，要求對伊朗繼續實施制裁。

心有不甘的美國於九月十九日，由國務卿龐佩奧單邊聲明，美國有權力實施制裁。即刻招來九月二十日英、法、德發表共同聲明，堅定維護多邊主義基礎，維護聯合國安理會的完整性和權威性，反對美國這種加劇安理會內部分裂的行為。九月二十一日龐佩奧以美國國內行政命令，單邊執行，不惜打臉英、法、德長期傳統盟友，也要蠻幹到底。

這樣的美國，還有臉面當老大，發起「新」冷戰？

三、九月十一日聯合國通過有關新冠疫情相關決議案，在WHO組織運作下，呼籲各國相互合作，儘速結束新冠疫情等十二項內容。表決結果，僅美國、以色列兩票反對，匈牙利、烏克蘭兩票棄權，其餘一百六十九個國家一致支持。全球共同面對，防止疫情蔓延，協助全球再出發，涉及全體人類命運共同體的提案，美國與絕大多數（兩票對一百六十九票）站在對立面，相較於兩次大戰及戰後的美國，在世人的地位，完全不可同日而語。

這樣的美國憑什麼，對中國發起「新」冷戰？

美國已喪失精神力量

再就決定冷戰勝負的第二要素：「相較於對方有更高價值的精神力量」。

東西冷戰對峙時，只有東歐、蘇聯的人民，想盡辦法衝破鐵幕到西方，就如同當年大陸反右、三反五反、大躍進、大饑荒及文革時期，大陸人想盡辦法逃離大陸的事實。當時西方比極權專制的社會主義國家，更具有吸引力，有更高價值的精神力量。

當蘇聯垮台，華沙公約瓦解，中國大陸全面改革開放，以有效的國家治理，創造翻天覆地的成功，人民普遍受惠，相信明天會更好之時；西方民主體制卻走入民粹當道的極端路線，僅追求比對手多一票，求當選的精算中，充分暴露民主政治的缺點，失去了高尚的價值和吸引力。

尤其川普的當選，執政，尋求連任的過程，充滿著在各州求得五十％加一票的算計，以取得足夠的選舉人票。川普贏不了的州，就算詛咒加州、紐約州下地獄，得罪全州，也在所不惜。若有色種族，不足以影響該州的結果，該放棄就放棄。好像這些不會投川普的選民，在川普心中，是可隨時被拋棄的非美國人。

當民主僅剩選票的算計，何來高尚的價值?當中國的治理績效，獲得大多數人民的肯定，並被期待時，如何說服中國人，接受美國的制度，是個好東西。

當中國把一黨專制體制的優越性，不斷發揮展現的同時，美國川普正把民主的缺點、弊端、瑕疵無底線的沉淪，民主的價值，失去了吸引力。肯楠的結論被川普、被西方民粹式的政客粉碎了。

「新」冷戰是美國右翼極端者想要的，愈「冷」他們的權力就愈穩。但美國的主觀實力、客觀現實，和當前的世界格局，面對完全不同於蘇聯的中國，冷戰不會成功，也沒有意義。

內化為中華文化一部分

佛教東傳進中國，最後成為中華文化的一部分，為中華文化所吸納。最具意識形態，排他性最強的宗教，到了中國，也完全中國化了。

馬列主義來到中國，如當年蘇聯一般，曾在中國以極左姿態折騰了許久。改革開放四十年，馬列主義中國化，如佛教中國化一般，走出自己中國特色的社會主義。

中國共產黨的治理統治，與其說是馬列主義的共產黨，不如說是中華文明黨。這個說法是否妥適？絕對有討論辯證的空間；但這個概念，指出外來思想的中國化，才是中國文化幾千年的特色。

西方、港、台可能都必須以此觀點，重新再認識中國。不管是否同意我的推論，但中共、中國絕對大大不同於蘇共、蘇聯，是明確且無可爭辯的事實。您覺得「新」冷戰還有機會嗎？我可以肯定的回答，沒有！

（註：撰寫本文時，前考試院關中院長所編著的《後美國世界：美國帝國的興衰》一書有很紮實的內容參考。更值得推薦給有志者研讀。）

第五章

再認識中國的意義

早年台灣以抗日名將張自忠為主題的影片「英烈千秋」，最後一幕，張自忠將軍被困，自殺成仁。殉國前，日本人勸他投降，他昂首告訴日本指揮軍官，大意是：「東京已發起再認識中國的運動，中國太大，不是日本侵略得了，你們必須再認識中國」。日將面對眾多死於戰場的日本士兵，心有所感地說：「小的時候，老師告訴我們，長大以後，要到中國東北吃蘋果，今天，他們都吃到了，這個蘋果太苦、太酸、太澀了。」

日本不認識中國，輕易侵略中國，以為三月可亡華，結果付出太苦、太酸、太澀的代價。

若今天台灣也因不認識，或認識不清中國，我們將會付出什麼代價？

兩岸都是同文同種的中華民族，因政治而分隔。數十年來，去中、反中教育，**使得台灣對中國的認識，愈來愈模糊，甚至扭曲、誤解。對台灣絕不是好事，更可能是潛在的危機。**

在台灣目前的環境下，我們對歷史中國、文化中國了解多少？歷史、文化是中國人代代相傳，累積不斷的民族共有基因。認識它，才能了解中國。

一九四三年開羅會議，民族復興第一步

鴉片戰爭後，列強接踵侵華，一連串中國屈辱的滄桑史；反中教育下的台灣學子，不盡然知多少。但在吾人成長的年代，這段歷史，激發我們的愛國心。六〇年代李小龍主演的「精武門」；演到把日本武館牌匾踢下，要日本人吞下時，全戲院掌聲如雷，既興奮又爽快。你說阿Q也可以，它就是當時民意風氣。

一九四四年，蔣中正、羅斯福、邱吉爾共議一堂的開羅會議，印證中華民族，終於有權力、有能力，與世界列強，共決戰後的亞洲秩序，包含台灣重回中國的版圖。這項決定，至今有效。開羅會議，是近代中華民族復興的第一步。

一九〇〇年八國聯軍的鐵蹄踩進北京城，誰會想到二十一世紀是中國的世紀？

引發義和團之亂，八國聯軍藉機攻進北京城，一九〇〇年清廷簽下屈辱的辛丑合約。從圖像裡我們可以看到衰衰老矣的李鴻章，對面坐的是趾高氣昂的西方列強代表。然而一百年之後，二〇一七年習近平和川普的會面，我們看到的是衰衰老矣的美國總統和官員，面對年壯氣昂的中國官員。歷史正在無情地演變著。不用爭辯中國或優或劣，百年來前後兩張照片，就可知其一二吧。

辛丑條約

圖片來源：Public Domain, https://commons.wikimedia.org/wiki/File:%E3%80%8A%E8%BE%9B%E4%B8%91%E6%9D%A1%E7%BA%A6%E3%80%8B%E7%AD%BE%E5%AD%97%E6%97%B6%E7%9A%84%E6%83%85%E6%99%AF.jpg。

川習會

圖片來源：The White House-President Trump's Trip to Germany and the G20 Summit, Public Domain, https://commons.wikimedia.org/wiki/File:President_Donald_J._Trump_and_President_Xi_Jinping_at_G20,_July_8,_2017.jpg。

一九〇〇年，**八國聯軍的鐵蹄，踩進北京城時，誰會想到二十一世紀，是中國人的世紀？二〇二〇年的今天，誰會不認為，二十一世紀不是中國人的世紀？百年走出屈辱的滄桑，這就是中國。**

從歷史，了解中國，一統的中國：統一是主旋律

自秦朝起，中國經歷多少分分合合，大一統就是中國歷史的主旋律。

如江蘇有多少方言？一般蘇、杭並稱，蘇州和杭州用不同的方言。在大陸，同個省，或同個縣市，隔著河，過個村又是一種方言。**若統一不是中國的主旋律，中華大地如今必分裂出很多個國家。**

在歐洲，一個知識份子，以拉丁語為基礎，輕易學會二、三種語言。韓語老師提醒我，只要將韓國人的名字，用閩南語即可精準唸出。他列舉「雪屋」（漢城）「大學」、「現代」、「大宇」、「感謝」為證。每次拿到韓國人的名片，我百試不爽，令韓國友人大大吃驚，以為我會韓文。韓語如閩、客、粵語，相當部分是中原語系，只因播遷到朝鮮半島，改變得更多；若李朝不改中文為韓文，韓語也可能是另一種中國方言。

中國幅員遼闊、語言、飲食、生活習慣，差異甚大。因為自秦始皇力行書同文、車同軌、廢封建、行郡縣之後，累積形成大一統的民族基因，所以沒有如歐洲一樣，分裂出許多個國家。

歷史的定位，秦始皇是暴君。試想，只因秦皇暴政，所以統一六國？不會吧！戰國時代的秦國，位處今日的陝西、甘肅一帶。面朝黃土，背朝天，是中國最貧窮的地方之一。淮河南北及長江流域的楚，河北東北的燕，黃河流域的山東、河北、河南、山西有齊、趙、魏、韓，論富庶之地，富裕之國，個個超越秦國。

偏遠落後的秦國，只憑暴政，統一不了中國。**主要是秦國的歷代國君，皆以一統天下為志業，並為一統天下，「海納百川」，吸收各國人才為秦用。有楚人成為秦國的宣太后掌朝政數十年，有商鞅、張儀、范睢、李斯、呂不韋，都是可決定秦國命運，掌大權居相位的外邦人。**

他們都不是秦國人。**秦國卻把門打開，廣納天下人才，成就了秦國的一統志業。**今天中國大陸的政策不只是招商引資，更是招才引智，也對台灣人打開大門，容納人才，既成就台青、台商，更成就大陸的成長。本是兩岸互利雙贏，但在民進黨執政下，藉政治權力霸凌遏止，以法律設限台灣人的機會。

關閉一定輸給開放的，何況兩岸大小強弱的巨大差距。多少台灣青年人，因此而受限於狹隘的視野中，失去了一展長才的機運。可惜啊！

秦一統天下，以中央政府為中心，廢封建，設郡縣，統一國家。從此中國統一是常態，分裂是非常態。其次推動，書同文，車同軌。書同文統一了語文，多元多樣的華夏，因書同文，凝塑出共同的文化，共同的價值意識，建構成統一的民族。奠基了中國一統的主旋律。

同文是民族情感的黏著劑

一九四五年台灣光復前，絕大多數台灣的知識份子，不會講國語（普通話），但有中國人共用的文字，讀共同的四書五經、章回小說，書寫表達；可全國溝通，可上京趕考。除各地特殊的俗語用詞之外。只要有音，就有文，就有字。

世世代代聽不懂，講不了官話的台灣知識份子，以閩客語思考、以閩客語表達，以中文閱讀、書寫，不需要另創文字，就能將典籍、詩詞、歌賦以閩客語的方言吟詠、言說。如同我一開始演講，以閩南吟頌楓橋夜泊一般。在台灣，雖有閩客語的差別，卻有共同文字表達的橋樑。

在中國，使用成千上萬方言，卻有共同的文字，可書寫表述其感情、思想，可閱讀古今典籍，各地士人文章，打破方言隔閡。文字成為大家溝通的橋樑。因此中國是世界上唯一人口眾多，土地廣闊，生活各異，方言不一，但因統一的文字，加上廢封建，設郡縣；成就一個二千多年來，統一且強而有力的中央。維持國家不分裂，保障人民生命、財產的安全。

一統的國家，人民生活安定，可勤奮發展力爭上游。反之若因中央衰弱，形成分裂割據，必然戰亂連連，民不聊生，痛苦不堪；短則數十年，長則百年後，在人民望治心切下，又建立統一的國家。人民期待強而有力的中央以維繫統一的體制，是西方難以理解，卻必須理解的中國。

長城的中國

中國是一個築長城的國家。西方帝國主義，總認為中國強大，必如西方攻城掠地，肆意擴張。西方錯了，歷史上，一個蓋長城的民族，秉持的就是人不犯我、我不犯人的民族性。

中原政權的中國：可屈可伸

中原的政權就是可屈可伸的中國。歷史上有漢唐盛世，但同時有不惜放下天朝威儀，以王昭君出塞和親，祈求和平的漢家天子。唐朝也以文成公主下嫁求和平。若一再委屈求和不可得，那就出塞驅敵保太平。

常常高舉主權、尊嚴之名保台的台灣，想想歷史的天朝，都以昭君和番、文成下嫁求和平。以史為鑑，台灣或許會有更高的智慧，有更寬廣的思考空間，以因應北京的政策，尋求最好的對策，以利台灣。

中原政權的中國：臣服不征服

漢武帝把匈奴趕走，但沒有在匈奴區域設殖民地、任總督。康熙把葛爾丹打敗了，也是打贏了，對方獻上降書、降表以示臣服後，即刻班師回朝。

孫中山先生在大亞洲主義演講指出：中國強盛幾千年，鄰旁的韓國，沒有滅亡；日本只不過強盛了幾十年，韓國就被日本殖民。勸日本要做東方王道的干城，不要做西方霸道的鷹犬。**做王道的干城，不做霸道的鷹犬，是中原政權的本質，臣服不征服。**

相對於十六、十七世紀西班牙以馬德里、荷蘭以阿姆斯特丹；或是十八世紀的英國以倫敦，成為殖民世界的帝國主義中心。反觀中國漢唐盛世，唐朝以長安為中心，向世界開放，吸引萬邦來朝。中國不是擴張出去，而是開門讓大家進來。

重新認識中國歷史，西方強權才不會誤判中國。受西方思潮影響甚鉅，再經二十多年去中化的台灣，更應精準瞭解中國，才能做出更正確的因應方案。兩岸間才不會相互誤判而受害。

中國曾投入大量人力、物力，支援越南的抗法、抗美戰爭。越南統一後，認為自己強大，出兵意圖侵略併吞寮國、柬埔寨。寮國、柬埔寨轉而向中國求援，中國相勸越南，卻屢勸不聽，最後以「懲越」之名出兵。中國不以響亮名號出師，「懲罰」，就是大哥出面，要教訓小弟。

當中國軍隊付出慘痛代價，攻下諒山，可直衝越南首都河內之時，卻一夜撤軍；越南震驚，世界不懂！以西方霸權的行徑，必然直下河內、定城下之盟；然中國為何勝利在望時撤軍？中國只要讓越南明白，征服你不是目的，而是教訓小弟別肆意欺凌弱小，要你臣服，才是重點。

中原政權的中國：大哥心態

一九四九年十月一日，中華人民共和國剛建立。一九五〇年發生了韓戰。以美國為首的聯軍，直逼鴨綠江邊。世人爭議，中國參戰否？各方理性分析主客觀因素，得出中國不會也不敢介入的結論。

中共政權甫成立，南邊尚有國民黨殘餘勢力未清除，兵力僅以陸軍為主。更重要的判斷是，蘇聯擔心捲入美俄對抗，引發第三次世界大戰，所以拒絕出兵介入，僅答應中共以糧食或延遲付款換武器，要打，中國自己上戰場。研判諸多不可能介入的因素下，中國卻介入了。**中國為什麼參戰？因為大家不認識中原政權的「大哥心態」，是重要原因之一**。

明萬曆年間出兵，驅除侵韓日軍；一八九四年清廷，出兵助朝抗日，爆發甲午戰爭；一九五〇年出兵過鴨綠江，都應韓方之請出戰。

中原政權大哥心態，就怕人家叫聲：「大哥，幫我吧！」尤其韓戰，除應金日成之請求外，美韓等多國聯軍，直逼鴨綠江邊，也威脅了中國的安全。最後中國參戰了。居然和美國在韓國打了平手，出乎世人意外。

再舉另一個大哥心態的例子。抗戰遷都重慶的國民政府，顛沛流離，自身難保，只因韓國人喊聲「大哥」，就支撐韓國的流亡政府在重慶。如同中共建政之初，應越共請求，支援抗法一般。

大哥心態，與中共的政權無關，與中原政權基因有關。歷朝歷代到明、清、民國等誰入主中原，誰就會有中原政權的大哥心態。兩岸同文同種，台灣更應了解，更可體會中原政權，重在臣服，不在征服；開口求助，有求必應的大哥心態，我們可以很有智慧地找到雙贏的出路。

中國VS西方

中國VS西方：宣揚國威VS佔領殖民

明朝鄭和七次下西洋，遠到非洲，但沒有佔據一塊地方，成為明朝的殖民地；期間多次弭平多地的動亂，也沒有趁機占地稱王，封官殖民。

西方哥倫布發現所謂新大陸、麥哲倫繞地球一圈，結果南北美洲、菲律賓就變成西方殖民地。

明朝萬曆年間，應朝鮮請求，派兵入韓擊退豐臣秀吉的侵韓，日軍兵敗撤退，明軍也班師回朝。若是西方強權，就會以協助平亂或禦敵之名，派兵之後就賴著不走，當殖民霸主。中國真的不同於西方。

中國VS西方：萬邦來朝VS四處征戰；濟弱扶傾VS強佔掠奪

中西雙方，有著不一樣的發展觀、生存觀。大唐盛世，不是對外派兵用武，征服世界，是以自己的繁榮富庶，吸引世界各地人士來到長安。西方如英國，依恃工業革命後的強大，踩踏全球，建造日不落帝國的殖民世界。**一個是歡迎世界各國來中國，一個是以其武力，伸手到世界各地，建立殖民帝國，佔領掠奪。**

西方以自己的殖民經驗，認為中國也會像西方，擴張勢力、建立殖民。**西方質疑中國的一帶一路，是變相的殖民，符合過往西方殖民的行徑，以強凌弱，以大欺小的本質。但從歷史看，中國不是。從現實看，也不是。**

當代的中國，本著濟弱扶傾的民族性，希望建造雙贏世界，或以各種可能的方案，既幫助周邊的國家，又解決國內產能過剩，更能富強了鄰國，讓自己的生產輸出，有更大的腹地市場，互利雙贏。與西方完全不同的思維策略和價值，假以時日，必然能創造出不一樣的新型國際關係。富強了鄰國，也擴張了自己的經貿國力，幫助別人，就是幫助自己的一帶一路，西方人還在摸索、探索、認知中。更多的時候，還在懷疑、誤解中。

中國 VS 西方：保守謙虛的農業文明 VS 冒險競爭的商業文明

農業文明為主的中國，不同於海洋商業文明的西方。西方的歷史從兩河流域發源，進入地中海，開拓海洋世界，再到大西洋，以海洋為舞台，冒險犯難的精神是其特質。茫茫大海中的船隻，只有到彼岸，才是真正的安全。在海洋，只能和大自然風雨、大海搏鬥求生存，產生冒險、犯難的精神。

海洋提供「商業發展」的生活型態，產生商業文明。冒險患難的特質，加上商業競爭的本質，形成競爭求生存的奧林匹克文明。競技場上，只有爭勝負的結果，沒有謙讓的道理，贏得勝利就是正道。

相對於中國，從黃河流域往南發展，經淮河、長江、江南，都在肥沃富庶的土地，發展出農業文明，特色是保守，不是競爭。

農業必須順天時，依地利。農作物從種植起，必須依節氣、等時間，不能揠苗助長，只能春耕秋收，一切生存靠土地、靠天候。不與天爭，而依天時、天道求生存。好不容易有一塊安生立命之地，豈能輕易離開，安土重遷、順時守成，才能生存。中西雙方是兩種差異極大的文明。

同樣問題，不同答案的中西方

在生活上，千萬不要問外國人，太太漂亮否？這會難為他了，因為他會翻遍字典，把最漂亮的字眼拿出來，形容太太多美麗。反之，問老中，則是不一樣的回應，看看中文「賤內」、「拙荊」、「那口子」、「娃的娘」，就知道。

請問府上哪裡？中國人會說，小地方上海，西方人會說，我住在世界最美麗的都市巴黎，最偉大的城市紐約……都是高大尚的形容詞。

差異極大的中西文明，在西方船堅炮利下，衝撞了一次，中國被撞得幾乎支離破碎。**經過歷史的磨難、淬鍊，中國從受辱受難中逐漸認識了西方，也引進西方的價值、思維，改造了自己，同時也走出了自己的路。**隨著大陸改革發展的成就，中國人再度找到了自信。雖歷經西方市場經濟的洗禮，內心仍存中華基因的中國企業，如何迎接挑戰、創造輝煌。同文同種的台灣，何嘗不是如此呢？

西方必須重新再認識中國。中國也要擺脫過往受辱的悲情，與西方平視交往。更應深刻認識西方文明。西方更要以新的高度、正確的心態，再認識中國，兩個文明要的不是衝突，而是同理、學習、接納和融合。共創人類的命運共同體。

兩岸的差異，沒有那麼大

試想，當年中共一面倒向「蘇聯老大哥」，一切靠蘇聯。蘇聯以此要脅中國，必須言聽計從。先不探究中蘇分手的原因，當蘇聯威脅要全面撤出中國時，依當時中國的實力和所能承受的能力，與今相比，完全不可同日而語。最終蘇聯全面撤出，再加上冷戰時期，歐美的封鎖，舉世看衰中國時，中國自力更生走過來，而且比蘇聯（今天的俄羅斯）更強更大更盛。

如同當年美國對台停止美援，大家看衰台灣，台灣走出自己的天地。被逼退出聯合國，與美國斷交，大家更看衰台灣時，台灣創造了經濟奇蹟。

兩岸都是同文同種的中國人，與政權無關，而是具有能屈能伸、不屈不撓、實事求是、面對現實、困中求生的民族基因。**吾人只是感慨，台灣只會引用西方的價值、觀點看大陸，以為兩岸差距有多大。若能以共通的民族性看兩岸，我們之間差異性就不大；重新認清自己的民族基因，我們的民族智慧足供解開兩岸的結。**

現代的中國

中國大陸四十年改革開放的成績，普世公認，取得中華民族崛起的成果。**中華民族的崛起，有台灣一份的貢獻**，台灣人要有智慧和信心，在往後中國全面發展中，能找到自己的定位、成就與尊嚴。再創更大的榮景。

近代中華民族的崛起，始於中美英的開羅會議，接著戰後廢除不平等條約，及成為聯合國的創始會員國及常任理事國。

下個交流道，講個題外話，各位可能不知道，聯合國的憲章至今仍以「中華民國」為常任理事國，中華人民共和國進聯合國是取代中華民國，大陸也想更改為中華人民共和國，一旦涉及憲章修改，日本、德國等強國，想藉修改之際，躋身常任理事國。原五大理事國為保持既得利益，乾脆不改。

第一次世界大戰後，成立國際聯盟，沒多久就瓦解。二次大戰後成立聯合國，正常運作七十多年，為何沒有瓦解呢？

獨厚強權的不平等，保住聯合國

國際社會必須靠強國來維持平衡，因為五大常任理事國，運用他們的否決權，不同意的就否決，不需退出，因此聯合國就撐起來了。五強的否決權，相對其他會員國，既不平等，也不公平。然而聯合國的存在與延續，就是建立在不平等的會員權利，獨厚強權的設計上。

川普輸希拉蕊近三百萬票，卻憑美國獨有的選舉人票制，反而當選。因為美國是由各州所組成，先有州（美洲十三州），再由州結成國，稱 United States，合眾國。

國會有眾議院和參議院，眾議院代表人民，以人口數決定每州眾議員人數。參議院代表州，以州為單位，每州兩席。美國的選舉人票，就是以每州眾議員加上參議員的數字，再加上加華盛頓特區構成。眾議院的議長，由多數黨擔任，參議院是代表州，大家都是平等，以副總統擔任形式議長。

奇特的兩院制及選舉人制維繫了美國成統一的聯邦制國家。選舉人票制，就是只要在該州贏得一票，贏者全拿，該州選舉人票都要投給他。川普輸的州，選票輸很多；贏的州，贏很少。依選票計算他落選，依照選舉人票制計算，他當選。

美國政治制度設計，就是為維持聯邦制，以維持國家統一不分裂，是其核心利益，才形成世界唯一的美國體制。聯合國為了維持國際社會秩序，也讓強國擁有否決權。**世間不是以票票等值，或形式上的平等，就是一切。一切的設計，是為了維持該國或該組織的最高目標，最核心利益而存在。**

每一個國家或組織的設計，有其特殊制度，以確保能捍衛其最高價值。所以有美國的選舉人制設計，也有強國否決權的聯合國設計。或許以這樣的角度，看當今中國經歷改革開放四十年，展現的治理績效，由負轉正、由弱轉強、由貧轉富的發展，世人也應同理認知，「中國特色」的社會主義政經體制。有其符合中國當前時空發展的必要性。

中華民國交出民族復興第一棒、第二棒，改革開放後的大陸交出第三棒

論述中華民族的崛起，因台海分裂與統獨立場，造成不同的史觀評價；或以政治正確而

扭曲史實。但是從歷史的長河，看近代中華民族的崛起，開羅會議，二次大戰後廢除不平等條約，是中華民國交出了民族復興的第一棒。

當大陸忙於政治運動，**退守台灣的國民政府，進行了以西方價值、體制為導向的政治改革和經濟建設，開創了政經奇蹟，證明了中華民族有能力和世界現代化同步進行，繼續了民族崛起的第二棒。**

中國大陸的改革開放，是中華民族崛起的第三棒，更發揚光大，傲視古今中外。以此角度來看中華民族的崛起，思考兩岸關係的走向，可為台灣找到歷史的定位、尊嚴。只要台灣入席於民族發展的行列，兩岸可經由共同努力，一棒又一棒地共譜民族復興史，同圓民族復興夢。

高鐵的中國

高鐵並不是把火車速度加快就可以，是科技含量極高的設計。中國大陸高鐵始於零八年從北京到天津，僅一百二十公里長。到了二〇一九年，十年時間，高鐵交通的建設，有了翻天覆地的改變。

中國高鐵從與加拿大龐巴迪，經日本長崎重工，德國西門子、法國亞斯通的合作學習著手。幾年前約二〇一五年左右，中國大陸已擁有幾乎百分之百自主製造能力，所有核心技術，都可掌握在自己手上，尤其鐵道、橋梁、隧道的基建工程能力特別強。

在美國，跨州移動大都要靠空運，下了飛機後租車再出行。同樣的地大，人口卻更多的中國大陸，若學美國建造綿密的高速公路和空中交通，可能會誤導發展方向，耽誤發展機遇。

大陸除了高速公路網、空中交通外，綿密的高速鐵路網，更發揮人流經濟不可限量的成長。大陸要發展高速鐵路時，全世界都在看笑話。但是短短十年內，中國高速鐵路，已占世界的百分之六十五以上。從看笑話到尊敬而學習。

高鐵鐵人行程，二天一夜五省市

以下是我的親身經歷，前一天從台北飛西安，利用下午及晚間辦完事後，第二天一早從西安搭四個小時的高鐵到成都。期間經過了「廣元」，即曾經是「蜀道之難，難於上青天」的必經之地。在廣元車站停靠時，看到兩列高鐵列車班表，一列到青島東站，一列要到北京南站。古代從廣元到北京可能要一個月以上，一般火車至少也要兩天一夜以上。現在從深山的廣元，幾個小時到北京、到青島。

當天中午到成都辦完事，下午再搭高鐵到重慶；隔天早上再搭高鐵到貴陽，當天下午由貴陽出發，四個多小時一站未停，直達廣州。代表乘客量，可以支撐直達旅程。

吾人戲稱這是高鐵鐵人行程，僅用兩天一夜，走訪五個城市，辦好五件事。以過往在美國的經驗，可能要搭飛機銜接，用掉四~五天的時間。

在大陸高鐵車站，你會體會，十四億人口流動的經濟發展的樣貌。十四億人口，可以藉高速鐵路的流動，**帶動難以估算的經濟發展**。民間口語「要致富，先開路」、「人流就是錢流」可為佐證。

改變春運的高鐵

大陸的春運，在春節前後，有限的時段內，幾億人口形成的十幾二十億人次，在地表上同時流動，多大多難的運輸量。過往從廣州到武漢，每天有限的車次，自從有了高鐵，幾分鐘一班車；現在春運仍是緊張，但不恐怖了。

日本是全世界高鐵運行最早的國家，因暴風雪難克服，最近幾年才開通北海道。但大陸比日本早了兩年，開通大連到哈爾濱的高鐵，一開始分冬、夏季不同的速度，目前四季都是三〇〇公里的高速，這就是迎頭趕上。

大陸高鐵從合作、買別人的技術，甚至被譏笑仿冒山寨，到現今完全獨立自主。中華民族豈會是劣等的民族？從溫州高鐵事故，讓大家擔憂高鐵是否能成功，到今天大陸已從失敗錯誤汲取教訓，讓人民無憂慮地搭乘。神州遊，任我行。

香港與上海

二〇〇三年起，十五年來我常以香港、上海為例比較一番。很多都認為香港的繁榮、成功，得力於英國一五六年的殖民統治；但問及同學，香港、上海何者更有未來？絕大多數選擇上海。

未來十年、二十年，上海絕對比香港，更有成長發展的空間。百年來的上海，曾是國際大都會，但也是在戰亂，政治動亂下，不穩定中顛簸。真正的穩定，安定的成長，也不過改革開放後的四十年。中國人創造如今繁榮的上海，用四十年的時間，超越英國一五六年統治而有榮景的香港。

中華民族當然是一個優秀的民族。再對比香港旁邊的深圳，四十年來，由小漁村到必然超越香港的大都會。再次證明，**只要政治上不折騰，中國人就有能力創造成就。證諸於台灣、大陸的成就皆是如此。對中華民族有信心，對台灣絕對是好事。**

自主的中國

建設是看得到的、聽得到的。但是什麼叫自主？就是自力更生、自訂標準、自訂規則。在台灣，很多人不容易感受自力更生的意義。冷戰時代，中國大陸是在蘇、美及其盟友封鎖狀態下自力更生。尤其蘇聯專家全數撤走下，中西冷戰，美國全力封鎖，中國土法煉鋼，自力更生。從獨自造出原子彈、導彈、人造衛星，到經濟發展所需的器械，各類交通工具，及民生用品，樣樣自己來。雖粗糙，卻是自造，展現自力更生的中國特色。此刻的中國逐漸成長，以自己的市場、條件、科技創新、正在自訂標準、自訂規則中，是新型態的自立自主。

一流的訂標準，二流的做品牌，三流的搞生產、製造、代工。美國為何要對華為下重手？關鍵在未來5G的世代，華為可能主導發展，未來訂標準的是中國人。因為市場的支撐，中國大陸也製造自己的客機，開始以符合美國的標準生產，將來在自己市場支持下，獨立自主自給，也有機會逐漸地制定自己的標準。

訂標準要有足夠的創新力和市場支撐力。過往英國、巴西、日本也發展商用大飛機，卻都失敗。因為本身市場不夠支撐。

為什麼大家都要符合美國的標準？因為東西都要賣到美國去。將來大家要賣到中國時，到一定程度，大陸也可自訂標準。大陸有市場，有創新能力，就有能力自訂標準，要賣貨到中國大陸，就必須符合中國的標準，是遲早會發生的事。

老中老外、角色、場景互換

十幾二十年前在大陸，常看到的是一群老中，帶著筆電，圍著一個老外，想盡辦法說著老外聽得懂的英文，做簡報拉生意。現在，同樣的場景，卻常看到一群老外，對著幾個老中，拿著筆電，用著半生不熟的中文做簡報拉生意。

在台灣、在香港，一個外商的老闆，不需要學中文，就可以過關，因為員工要會講外文。但進駐中國大陸，大中華區的外籍CEO，不學中文，不好混。在中國大陸發展，能力絕對超過外語。在台灣，外語的門檻，常限制個人能力的發揮。

我很喜歡開車，二三十年前，進口車只有英文手冊，現在都有中文。不是因為台灣，而是因為中國大陸的市場。我們的高科技零件，不論自製或進口，都標示英文，去趟中國大陸看，大都標示中文。這就是逐漸自主的中國。

物聯網的中西對比；物聯網改變傳統的商業及人際互動，中國為什麼可以發展很成功？重要的原因之一，一開始採取封閉的市場。若一開始，沒有採取封閉市場，而且不自力奮發圖強的話，中國廣大的市場，早就淪為西方的經濟殖民地，即使爛攤不入流的貨品，最後仍是外資天下。

西方有亞馬遜，中國就有阿里巴巴；有FB、IG，就有微信、抖音；有GOOGLE，就有百度；甚至有了蘋果，就有了華為。十四億的市場，撐起了中國產品的天下和競爭力。

出國的時候，只要有微信，你就可以用中文，在全世界與華人通上訊息。內燃機為主的汽車，大陸贏不了，就和別人合作生產。電動車，全世界從頭開始，大陸有足夠的市場和研發能力，大陸開始有能力制定自己的電動車標準。所以電動車充電樁，就成為新基礎建設的主要項目之一。

草紙已成強勢貨幣

以前台灣人稱人民幣叫「草紙」。早期的大陸，人民幣總是髒髒皺皺的，所以被台灣人嘲弄。今天人民幣，已經有機會成強勢國際貨幣之一了。隨著中國大陸的經濟不斷成長，石油計價用人民幣，將是早晚的事；而台灣和大陸的貿易，不涉外國部分，早已不再用美金，直接以人民幣計價了。兩岸如此，將來東南亞及一帶一路國家，國際重大單一物資計價，人民幣會逐漸取代美元。有一天人民幣，會成為國際通用貨幣之一。

當年，美國為了和平演變中國、影響中國，藉著與中國建交，進入中國，隨後又把中國納進全球的經貿體系WTO，藉國際規則，以規範中國。大陸善用對手制定的規則，創造自己的成就。

中國依WTO規則，創造今天世界工廠的地位；〇八年美國引發了金融危機，在世界經濟一片哀嚎中，中國順勢降低外貿依賴，開拓內銷，形成世界大市場。

提倡全球化的美國後悔了，單方發動貿易戰，逆襲中國，意圖強力扼止中國發展。現在

更加礪走上單邊主義，被譏諷封閉的中國，卻在推廣全球貿易自由化，走開放的大路。很諷刺吧！

對台灣而言，如何以小博大，以弱博強；中國大陸以「善用對手制定的規則，創造自己的成就」，藉機藉勢而成功，對台灣應具有啟發性；台灣善用得當，必能突破僵局，再創新機。

發展中的中國

世界發達國家，G8中的：美國、法國、英國、日本、德國、義大利、俄羅斯，請問哪個國家不是靠著殖民，侵略掠奪，壯大國力？

中國四十年的發展成果，付出了民工的妻離子散，父母親到城市打工，兒童留守鄉村；付出嚴重的環境破壞、甚至官僚體系貪腐的代價；透過外貿，勤奮刻苦的中國人民一分一毫地累積的財富，才創造出今天中國的強大。

中國的強大，沒有侵占、沒有掠奪、沒有殖民。四十年的成長，是付出了環境、生活、

生存的血淚代價，辛苦勤奮得來的，今天面對西方，當然可以昂首闊步。

中國大陸的產業發展，著眼一步到位的發展。以數位電話手機為例，不接收西方贈送的類比式垃圾，一步到位，讓自己馬上提升，以達西方同步競爭的地位。手機如此，電動車也是如此。

首次體悟地緣政治的經濟意義

美國沿海的城市比較富饒，內陸州沒發展腹地，比較貧窮。大陸沿海發展起來，往內陸發展，是否成功的關鍵之一，在於有無市場腹地。中國是一個歐亞大陸的國家，中亞、西亞、南亞成為發展的關鍵；他們富了，中國的中西、東南部就有了腹地，反之貧了，發展缺機會。

二十多年前的統一企業，就到烏魯木齊投資設廠，為何？烏魯木齊的番茄、瓜果品質、產量特別好，有很多的優質食品原料；設廠於此，為的是將成品銷往台灣人不熟悉的中亞、西亞為主。二十年前初訪新疆的我，愕然醒悟，地緣政治經濟的意義。因為這是僅在台灣，很難體會的投資。

從北京飛越北極就是北歐，往下就是西歐、東歐、南歐。這就是由中國大陸出發的空間概念。在台灣沒有足夠的世界觀，就很難想像，北京飛北歐是最便捷的航線之一。中國大陸從沿海往內陸，跟歐亞大陸銜接；透過一帶一路，協助帶路國家，同步發展，成為中西部，東南部可發展的腹地。不會像美國，沒有發展腹地空間的內陸州，要翻身很難。

以發展解決發展的難題

廣西的城市發展，連結東南亞國協快速成長，這是大陸發展的地利優勢。當然今天也面臨很多問題，是發展帶來的問題，不是貧窮落後帶來的困難。發展帶來的問題，可以靠發展來解決。貧窮的問題難解，發展的問題可解。

趨勢專家大前研一，初期對大陸發展預測，頗得李登輝共鳴，二人交情甚佳。陳水扁當選總統，花了巨資，請他來台演講，以佐證李登輝，謹慎西進大陸，戒急用忍的正當性。然而他卻建議，「台灣需要跟著中國大陸發展」，尤其閩（福建）、台，兩地合組一個發展區塊，互補長短，更有利台灣發展。自此以後，聽說李登輝就不再與他往來了。

中國大陸持續發展，是人類的資產，中國大陸的崩潰，是人類難以承受的負債。十四億

人口，掉進崩潰、動亂的過程，或十四億人口，可以不斷的往前進步，都會有不同的世界想像。對世界又會有何正、負面的影響？中國大陸崩潰，台灣從此過著幸福快樂的日子？抑或面對不可承受的災難？

現象的中國

大陸現在每年有一億數千萬人次以上出國，而且快速增加中，會讓中文在世界的使用，發生改變。去歐洲旅遊，不用再擔心語言不通，旅遊手冊、景點導覽耳機，大多有中文。同時巨大的市場吸力，不斷成長的實力，全世界要走進中國謀利，中文的地位，當然會提高。

一九七〇年代，大陸發起以衛星、導彈、原子彈為吸引力，以國際強權為號召的回歸認同運動，號召台胞、海外華人，回歸到偉大的社會主義祖國，沒有發揮作用。因為那不是真正的偉大，更不是真正的強大。

當年我曾這樣說，如果有一天，外國老師說：「各位同學，你們要學中文，如果不學中文，你們就沒有前途。」我才相信這是偉大的中國，這才是真正的強大。這個現象，現在正在全球發生中。

中國與世界正在相互改變、調適中

以前我們讀書時流傳一句話，「來來來，來台大，去去去，去美國」，現在，可能不再那麼需要了。英文仍然是很重要，但對生活於中國大陸的人，無論是創業、就業，再也沒有那麼必要性了。

所有外國的CEO到中國，必須學習中文，因為大陸市場夠大、夠利益、夠吸引人，如同到美國工作，我必須用英文，用翻譯做不了事。

當一億數千萬以上人次，逐年增加地出國，會讓世界發生語言的改變；當十四億內需市場夠吸引力，世界就須符合，中國大陸訂下的標準。

我預計到二〇二五年，上海投資銀行的薪水，可能定會和紐約同水平。假若在一九九七時，香港改港幣為人民幣，亞洲的金融中心，必是香港，上海怎麼搶，也輪不到。大陸強大了，港幣幣量太小了，即使它有很好的條件，也與美金連動掛勾，但是未來勢難面對上海的挑戰。

上次在南京看電影「戰狼」，片尾畫面，有些台灣同學笑了，帶有不以為然的笑聲，意含著，中國怎會出現吳京，這種打不死，救人類的超級英雄？好萊塢拍的美國隊長，大家就很自然地接受。**美國可以有美國隊長救世界，為什麼中國，不能有戰狼救世人呢？**一個民族，不需過度自大，但也不需過度自卑。

台灣和中國

一個災禍的中國，必無倖免的台灣。甲午戰敗，台灣淪為日本殖民地；因為八年抗戰勝利，台灣光復，回歸祖國。又因一九四九年國共內戰，以海峽為界，兩岸分裂到今天，再再印證，一個災禍的中國，必無倖免的台灣。同樣，一個戰火的台灣，也必無倖免的兩岸。

一個強大的中國，必無分裂獨立的台灣。你喜歡也好，不喜歡也好，你必須面對。民進黨目前，只有抗統反統，不敢公開促獨，因為台獨成不了。**面對大陸的快速發展，台灣要選擇入席？還是缺席？缺席要有缺席的打算，入席要有入席的準備**。

要不要放棄，對祖宗財產的繼承權？遼闊的中華大地，豐厚的文化文明，一念之間，我是主，不是客，得利的應該是台灣。**拿破崙生長在科西嘉島，當時科西嘉搞獨立，媽媽反其**

道，送拿破崙到巴黎讀軍校，最後拿破崙成為法國近代的民族英雄。講到法國，不一定知道有誰，但一定知道拿破崙。

他進到法國，創造法國的歷史；拿破崙能給台灣青年的你，什麼樣的啟示？一切的一切就是：

「今天正確的認識大陸，明天台灣或個人才有能力做出正確的選擇」。

（改寫自二〇一八年蘇州演講）

第六章

中國崛起——認識現代中國

全新視野認識現代中國

兩岸博弈，台灣的最大危機，在于或有意或無意的漠視，甚至以偏見扭曲的報導，分析中國大陸的發展；要嘛刻意見樹不見林，以一棵有問題的樹，推論整個林都是問題。因此中國就是很爛爛；要嘛只見林不見樹，刻意忽視問題，忽略個別的不公不義，因此中國只有很棒棒。前者刻意誇大，後者太多隱晦，其實兩者都不是真實的真相。

從一個人口超多，土地超廣，治理超困難，社會超複雜的國家，必然可輕易看到個別的缺失、錯誤或不足，再無限放大到整體，固然可以滿足我們的玻璃心，強化我們的偏見認知，卻無法讓我們正視真正的中國大陸。

或者刻意忽略真實，以為不見就不存在。或者在當前反中的氛圍下，沒有足夠的動機，環境及需求去認識。但與台灣命運發展，息息相關的大陸，豈能漠視、忽視、輕視或仇視？

不是好棒棒，也不是很爛爛

沒有一個政權、國家或社會都是好棒棒；同樣的一個經歷四十年翻天覆地成長的中國大陸，也絕不是很爛爛。**腐敗、貧窮、落後等一切負面形容下的中國大陸，創造不了成功，成就不了功業。這是很簡單的道理。在習慣以負面看待大陸之餘，無妨換一個角度，你會看到另一個創造成就的大陸。**

知人知己百戰百勝，面對影響台灣命運的中國大陸，不論你的顏色取向，政黨偏好，統獨態度，了解他、面對他，尤其了解經過四十年開革開放之後的大陸，是一個怎樣的國家，怎樣的社會，怎樣的經濟體。以彼鑑己，我們才能正確認識台灣的處境，政府、政黨、政客，才能做出正確的因應對策；國人對自己的人生，才可做出適當的規劃與選擇。

要言之，必須正確的認識中國大陸，台灣才有能力做出正確的選擇。

中共自一九四九年建政，創立中華人民共和國至今，以三十年為一期，歷經三個世代。

◎一九四九年~一九七九年，站起來的時代

冷戰時代，被全面封鎖，只能自主獨立求生存；同時也是政治狂飆、革命萬歲的年代。在台灣，是反共教育最徹底的年代；**至今仍有許多人，以那個年代對中共的認知，來認識現代的中共，或刻意以那個時代的論述，來強化今日的主張，堅持反共的正當性。**

◎一九七九年~二〇〇九年，追求富起來的時代

改革開放，解放思想，實事求是，韜光養晦，累積國力，擺脫貧困，以邁向世界第二大經濟體為目標。

◎二〇〇九年~以強起來為目標的時代

在全球第二大經濟體的基礎上，有所不為，為所應為。一則以中華民族偉大復興為目標，一則以承擔國際責任，共創人類命運共同體為己任，讓中國的成就，成為人類共有的資產。這是今天中國大陸上上下下，努力追求的願景。硬要說它是政治口號，卻無法否定整個中國大陸，往此方向的努力實踐。

以今年二十歲的年輕人為例，**二〇二〇年起，爾後三十年間，年輕人會發現，自己人生最精華的歲月，將與中國大陸，同步成長。**台灣的年輕人，如何的認知，如何的因應，選擇入席參與，或缺席放棄，必影響你一生的際遇。這是兩岸青年人，未來三十年共同的機運。

先從另一個角度了解現代的中國

在認識現代的中國之前，我們也不妨從另一個角度來看，中共領導人，如何看待、評估自己統治的中國。

先從十年前，時任總理的溫家寶，出席第六五屆聯合國大會，**以「認識一個真實的中國」為題演講。表示在自豪於三十年來的成就之餘，也很清楚認識自己的國家，以七個「是……但仍是」的句型，描述當時的國情：**

「是保持三十多年快速成長，但仍受制於能源資源與環境。」

「產品產量是位居世界前列，但仍處於產業鏈的低端。」

「是國際貿易大國，但技術及附加價值含量仍低，核心技術仍依賴進口。」

年代	中國大陸訂定的國家目標	年齡
2020	精準扶貧，建立全面小康社會	20 歲
2025	生產大國，邁向生產強國	25 歲
2035	進入已開發國家	35 歲
2050	現代化強國，建立人類命運共同體	50 歲

「沿海地區，中大城市是繁榮現代，但中西部農村仍相當落後，一．五億人仍生活於貧窮線下。」

「民生是有很大改善，但社保不健全，就業仍壓力大。」

「政治活動是日趨活躍，公民基本權利也得到較好的維護，但民主法治仍不健全，社會不公和貪腐問題依然存在。」

因此總結：

「中國現代化走到今天，是先進、落後並存，新舊矛盾交織，面臨前所未有的挑戰。」

「中國仍然處於社會主義初級階段，仍然屬於發展中國家。」

「這就是……基本國情，一個真實的中國。」

十年來，仍是全球最大的發展中國家的格局，仍沒有改變，但七個「是……但仍是」的內容，已發生了變化。

①增長速度減緩了，但能源資源增多了，環境、環保、生活文明顯著改變了，並列為國家治理目標。

②產品質量顯著提昇，不再只是或依賴低端產業鏈。

③逐漸擁有更多自主的核心技術，尤其在互聯網、5G通訊、AI人工智慧、無人機、電能……等，已能製造更高端的產品外銷。

④社會就業壓力仍大，貧窮仍需攻克，是最難啃下的硬骨頭。

⑤中西部開發與一帶一路開步並進，但仍須調適改善，加大力度。

⑥民生已長足改善，社保、健保尚須改革求進步。

⑦肅貪力度加大，已顯成效，仍需貫徹執行。公平社會健全法治，人權維護尚須努力。

所以，習近平在十九大上說：

「中國人仍處於並將長期處於社會主義初級階段的基本國情沒有變。」

「中國是世界最大發展中國家的國際地位，沒有變。」

二〇二〇年五月二十八日李克強在兩會坦言大陸現狀是：

「中國是一個人口眾多的發展中國家，我們的人均年收入是三萬元人民幣，但是六億人每個月的收入一千元」；「一千元在一個中等城市可能房租都困難，現在又碰上疫情，疫情過後，民生為要。」

二〇二〇年六月十五日大陸國家統計局資料顯示：

「六・一億人，**年均人收入一萬一千四百八十五元」，月收入約一千元。**

所以李克強要求：

「紓困政策，有相當一部分，就是用於保障基本民生的。」

「各級政府都要過緊日子，絕不允許搞形式主義，幹那些大手大腳花大錢的事。」

從十年前溫家寶，到三年前習近平十九大報告，再到今天李克強的宣示，不難看出，中共高層、國家領導人，對於真實的中國，一直有清醒的認識。沒有被「厲害了，我的國」等訴求搞昏了頭。

民間可以亢奮，廟堂卻很清醒

中國人民自豪於四十年來，翻天覆地的改革成就，引以為榮，是人性的必然。自豪於自己國家的成就，不禁讚嘆「厲害了，我的國」都在情理之中。**這種發自民間底層的聲音，是可貴的，也是真實的。民間可以亢奮，廟堂卻很清醒。**

當前大陸是全球第二大經濟體，取得第一也是指日可待，但中國大陸今天仍是個開發中國家，而且很長的一段時間仍是，這是事實。面對發展成就的同時，也必需面對，六億人月收入一千元，薄弱底層的現實。

日本記者隨身採訪大陸農民工，並稱之為被消失（遺忘）的二．一億，生活在沒有希望的底層，不慎處理，如歷史的流寇，衝垮明王朝。這些描述都是事實，但推斷的結論，未必能類比。

如只道日本嚴重的老年化，二、三十年的經濟發展停頓，東京街頭夜宿的流浪漢、都市底層的邊緣人，就斷定日本必然如何沒有明天。就如只看新冠疫情，美國超過八百萬以上的確診，二十多萬人的死亡，就斷定美國必然衰亡。都是不真實。

四三％是月收入一千元，年收入約一萬二千元的大陸，它的人均是三萬元，**看到四三％，問題無窮，看至其他的五七％又是輝煌無限。兩種描述都是真實的中國。關鍵在於執政者，如何面對它、處理它？**

形勢逼人，挑戰逼人，使命逼人

大陸面對新冠疫情的衝擊，欲達成二〇二〇年精準扶貧的目標，中共中央以「形勢逼人」、「挑戰逼人」、「使命逼人」道出其任務的艱辛，也下定了使命必達的決心。

放眼世界，把扶貧列為政府施政極重要的頭等大事，必須完成的目標者幾希？以實際扶貧績效考核官員；以富裕省市，對口扶助貧窮地區成效，列為升遷標準；以國家之力，配合產業界，個別介入、個別輔助，精準扶持創業、展業以脫貧。大陸正以全國之力，全心全力投入脫貧大工程；不能只視為政治宣傳，而應視為能否真正脫胎換骨，使命必達，務必落實的目標。

開發中國家，大多也曾將脫貧扶貧，列為重大目標。已開發國家也都認識到，貧窮是必須要解決，否則必導致政治、經濟、社會發生大問題。但是除一再加碼發救濟金之外，似無良策。久而久之，**無論哪一類型的國家，都知扶貧的重要，也有扶貧的口號、政策，成功且成為他國典範，又幾希？**

多少執政黨能交出扶貧、脫貧的成績

世界公認，與貧窮二字脫勾的國家，不是小國寡民（大多數百萬人口左右，極少超過千萬）就是資源豐富，或兩者兼具。或以高徵稅，力行社會福利，如北歐三國。但對十四億人口的超大型國家，是極為艱鉅的目標，難啃的骨頭。

中共政權原本就具有追求社會主義平等價值的本質，加上傳統中華政治文化，「不患寡而患不均」、「損有餘補不足」的儒家民本思想綜合體。台灣在蔣經國時代，也達標過，以民生均富為核心的施政理念。可惜台灣曾經的驕傲，已逐漸褪色了。

資本主義民主體制如何解決貧窮的問題？唯選票考量：①扶貧政策是否會傷及支持階層？②貧窮階層的選票是否當選的關鍵？③針對貧窮階層，若能以物質、現金換得選票，何必訂策解決。因此，**脫貧與否，既不是價值，也不是責任，當然更不一定要有政策，當選與否，才是考量的重點。**

責任承擔 VS 選票考量

社會主義，加上中華傳統政治文化，成為治理理念，雖沒有選票壓力，卻視之為對人民、對國家、對社會的責任，列為必達成的使命。有計畫、有步驟、有考核地推動。可預期，大陸的扶貧成效，必大於西方社會，因此大膽預測，明末的流寇，不會出現在中國。

最初，我也認為扶貧政策，只是政治口號。深入理解，用心研究，有機會接觸基層訪談，深深體會「具中國政治文化特色」加上「社會主義平等本質」，落實精準扶貧的政策實踐，中共扶貧是認真的。

廟堂的領導者，不會刻意壓制頌揚成就的聲音，卻要適度地抑制亢奮的民粹。近日代表中共的人民日報，就嚴肅地警告「跪求體」、「哭暈體」、「嚇尿體」何意?

網路社群媒體，有人會以「語不驚人死不休」的標題，吸引讀者，被稱為標題黨。常用「×國向中國跪求某某」、「中國一出手，嚇得××國尿褲啦」或「×國後悔了，哭暈了」等不一而足，**已亢奮過頭到令人不舒服。卻也是網路同溫層，特有的情緒表達。**

當中共當局，提醒警告言論過激者。在台灣，社群媒體、政論節目卻充斥著「崩潰論」、「鬥爭論」、「隱匿論」作為評析大陸的主要用語，民進黨當局卻樂於放任。

兩岸的執政者，誰更渾然忘我於民間亢奮的聲量；誰更自我滿足於民粹的讚頌，誰可能就是失敗者。水可載舟，豈能不慎覆舟之危乎！

知識春晚的意義與震撼

春節除夕晚會，應是歌舞、小品、相聲、魔術等，充滿歡樂的綜藝節目。

令我震驚的是，**從二〇一九年起，在深圳衛視推出以演講（沒有看錯，就是演講）為主題的知識春晚居然獲得社會廣大的支持。人人買票（沒有看錯，就是花錢買票）進場聽演講過春晚，又透過直播、轉播，上億的觀眾，參與其間。**

這項活動的成功，代表著二〇二〇年的中國大陸，已從硬體的產業，走向另一個層次，是另一個境界的國度。這是比核彈、導彈、航母更具意義的民間態度。標示著社會對知識、國情、世局能了然於心的渴望，是一個國家無窮的潛力。

台灣人能真心而謙虛地面對嗎？

諸位請細想一下：

一場三個半小時的純演講，沒有勁歌熱舞的演出，雖是事先錄製，除夕播出，但大家要買票，如看明星演唱會的場面一般，進場聽嚴肅的主題演講。這絕對是一個值得尊重的社會，至少是應嚴肅面對的社會。別說在台灣，西方也沒有多少人有信心，在耶誕前夕的平安夜，播出這樣的節目；大陸辦成了，這不也是另一種了解中國大陸的視野嗎？

以下本文是參考二〇二〇年羅振宇先生（活動的主辦人策劃人）集結六位專家一年來的專題研究，以「時間的朋友」為題，進行三個半小時的演講為綱為軸，吾人擷取部分資訊，以利台灣認識現在發展中的大陸；並參酌筆者的意見，綜合撰述而成。在此，特別向羅振宇先生致敬，更向演講現場的近萬聽眾致敬，亦向成千上億，同步觀看現場轉播的觀眾致敬。當然，更要感謝提供研究專書的六位專家。

這是一場「總結一年，展望來年」以極正向的角度，描述正在發展中的中國大陸，對一向以批判、懷疑，甚或漠視大陸的台灣而言，何嘗不是以另一個角度，認識現代的中國。當今的中國大陸，縱然存在諸多待解的問題，卻也是一個希望無窮，潛力無限的國家。以下的說明，或許您認為是過多的溢美之詞，但它是扎扎實實存在的事實。台灣人正視這些事實，絕對有利於台灣的發展和選擇。

再從另一個角度，認識現代的中國

對中國經濟結構，要言不繁就是：

「超大規模」，而且是全球「獨一無二，舉世無雙」。具有以下五大特色：

一、極完備的基礎設施。

二、全球最大供應鏈體系。

三、最大的統一市場；沒有省界、市界、族界的分隔，全中國大陸一盤棋，自由交易。

四、數千年未中斷的文化基因，文明共識。

五、超強的社會組織能力。

演講活動結束後，適逢新冠病毒，首度襲擊大陸，首當其衝的中國大陸，採取斷然措施。武漢封城、湖北封省的同時，再全國一起同步管制。十四億人口的大國，要貫徹「封城、封省」命令，是有極大的難度；相較於爾後世界各國的「封城」，即可看出中國具有超強社會組織能力。

一聲令下，全國由上而下，由組織到個人，全力貫徹。然後再動員全國數萬醫護人員，集結各類醫療裝備，前進武漢，進駐湖北。

七~十天，克服一切困難，無中生有，蓋好兩座以千人為單位的醫院，做到應收盡收，應治盡治的目標。四月十八日武漢解封之後，於五月底完成九百萬人口全城檢測。即使全國管制期間，仍能做到民生物資充分供應。這些都是建立在超強社會組織能力，才能全面順暢的運作。

當時筆者正在桂林旅遊，夫妻倆搭上最後一班、也是唯一的遊船船隊，經漓江到陽朔，親眼目睹封城令下，全面有效執行，管制人口流動。一夕之間遊船停，景區閉、村口封、酒店關，並且徹底執行。充分體會超強社會組織能力。相對於從電視上看到，歐美封城管制的報導，完全不可同日而語。

四大優勢，創造有底氣的經濟實力

中國大陸正以觀念優勢、創新優勢、製造優勢、發展優勢等四大優勢，在超大規模基礎上，創造有底氣的經濟實力。

即使歷經正在拉扯博弈的中美貿易戰，美國以壓制華為為目標的科技戰，以及新冠病毒意外襲擊下，經濟發展勢必受阻下修。但具有以上優勢的中國大陸，雖受創於一時，卻必然還會出現短空長多的發展趨勢。

觀念優勢

中國大陸經濟發展到一定程度之後，自然會累積出本土的特殊元素，豐富產品的內容，優化銷售的模式，逐漸形成一種發展的趨勢，已不同以往的商業模式。首先介紹一個新的觀念，中國紅利。

一、中國紅利

什麼叫做中國紅利；這是一個全新的概念，勢必帶動未來的發展。今後以中國為核心的各項中國元素，將被運用於商業市場，不但以無比的民族自豪感，凸顯中國特色，並以此建立起中國特色的商品特性及商業文化。

以最近走紅的「中國李寧」四個大大的方塊字，做為李寧體育用品的商標為例。在這之前，李寧體育用品，經歷多次的起起伏伏，更換不少CIS企業識別系統的商標。如同其他的大陸品牌，都擺脫不了以「洋文」、「洋味」、「洋型」展現的高大尚，期望與國際品牌共存於市場。但因此成功走入國際市場並不多見。

豈止「李寧」一項，絕大多數中國商品都是如此，以中國名、中國字運用於商場，有先天的困難。對老外而言，漢字難寫、難讀、難辨識，不利於行銷國際市場。

當「中國李寧」四個大方塊漢字，印在T衫，走秀於紐約的大都會，各項產品走紅於國際，這就是中國紅利。中國李寧品牌有另一款暢銷品，名為「悟道」的球鞋。「中國李寧」、

「悟道」對老外而言，字面意義不是重點，就如同LV是什麼意義不重要，重要的是代表消費者對品牌的認同。**「悟道」的暢銷，「中國李寧」的商標走紅於國際，就是中國紅利，市場的效果**。「中國李寧」不會是唯一，中國紅利將帶動更多的中國品牌，行銷於世界。

華為的玄武、鴻蒙；阿里的黃蓉、郭靖

比亞迪的車型，以「秦、漢、唐、宋」命名，大大的漢字成為車型的Logo。大陸另有完全自主規劃生產的高級轎車，如與勞斯萊斯同等級的大禮車，與賓士S型、E型同級的房車，以「紅旗」命名，這就是中國紅利概念的商品化。

華為申請的專利品，實驗室名稱，商品品名，都取自於中國古籍經典，如鴻蒙芯片；玄武實驗室，另有朱雀、鯤鵬、麒麟等名號。當世界使用華為產品，與華為交易，就必須熟悉這些中國名稱。

阿里巴巴員工之間，除本名之外的別號，不是John、David Sofia Mary，而是黃蓉、郭靖、喬峰、司馬、諸葛……等。總部的核心辦公室，是在現代建築高樓旁的古宅四合院。**華為、阿里巴巴，無比自豪地以中國名稱接軌全球，世界充分感受到中國元素，這就是中國紅利。**

當代大陸年輕人，尤其部分女性，流行穿著漢服於課堂、辦公室、商場、旅遊景區，將漢服生活化，而非舞台表演服飾。淘寶的漢服生意，正在以「億」為單位成長中，其中一家在二〇一八年，營業額高達四億人民幣。

相較於二十多年前，筆者穿長袍馬褂，行走於義大利佛羅倫斯街頭，來自大陸的人，在我身後滴滴咕咕地說著「哪兒來的，這裡又沒有說相聲的」，完全不可同日而語。

北京故宮收益成長最快的，是以「中國元素」為核心的文創產品，而且正在火紅成長中。**無論「中國李寧」的商標，比亞迪的秦、漢、唐、宋車款，華為、阿里巴巴的中文名稱，漢服的生活化，故宮文創的火紅，在在都展現了中國紅利的故事，而且正在不斷發展中。**

二、完備新基礎建設

此「新基礎建設」，為羅先生於演講中的用詞，吾人完全引用。不同於大陸政府為因應新冠肺炎後，啟動經濟發展的新動能，所提的官方版新基礎建設。特此說明，以免讀者閱讀混淆。

我們熟知鐵路、公路、電力、水利、通訊等基礎建設，是經濟發展的基礎。**進一步完備新基礎建設，經濟發展才能更上一層樓，開創無可限量，無限可能的未來。什麼是市場展業的新基礎建設？**

以天貓購物彩妝品牌第一名「完美日記」為例。「完美日記」，在台灣幾乎不具任何知名度，在大陸，僅以二年的時間，其銷售額就占天貓市場第一名，分別領先七十三年歷史的雅詩蘭黛，一百二十二年歷史的歐萊雅，二家世界知名品牌。

憑什麼「完美日記」能在短短的二年內，創造如此成功的銷售？因為中國大陸具有完備的新基礎建設。

「完美日記」，只要具備產品成功進入市場的核心能力，一是與消費者溝通的能力，二是洞察消費者的需求。具備好此兩項核心元素之後，其他都可交由完備的新基礎建設，建構出可上市行銷的商品。

以蜜粉為例。「完美日記」要確實掌握①消費對象，②消費對象對色彩、味道、蜜粉觸感的需求，即「完美日記」只要掌握市場需要一款怎樣品質的蜜粉，銷售給什麼樣的對象之後，其他一切材料、研發、包裝、生產、行銷規劃、通路，均可交由完備的新基礎建設，由別人來協助完成。**完美日記只要掌握最核心的元素，跑最重要的第一段路，即可成功。這是三、五年前，難以想像的商品生產行銷模式。**

其次因物聯網科技，行動支付，網購市場，成熟通暢的物流體系等，新基礎設施完備、農產品的產銷，可由產地直接供貨到消費者。各類小型、特製化、客製化的商品，經由主事者排列組合，即可經營網購；再加上現今流行的**網紅帶貨、就地創業、就地發展、就地崛起、就地致富。小至個人、大至團隊，人人有機會，運用完備的新基礎建設，加上平均一美元的物流成本，大大降低創業、展業的門檻，促進經營的成功。**

據羅振宇當天指出，一千九百萬人，在快手平台賺到錢，其中一一五萬人，來自國家級認定的貧窮縣。

如此，結合生產、銷售的創業、展業模式，所構成的一幅經濟動力圈，正在中國大陸開展著；放眼世界，除了中國大陸，沒出現第二個國家。

綜合來說，**完備新基礎建設就是：**

①什麼東西都做得出來——龐大的製造業實力，完整產業鏈做後盾。

②什麼東西都可以賣得出去——強大的電商平台為基礎。

③什麼東西都能送得出去——發達且廉價的物流體系。

④什麼東西都能送達最終端——再偏遠也能村村通馬路。

這樣完備的新基礎建設，讓每一個築夢者都有機會逐夢、圓夢。

三、陸續會出現中國製造的世界級品牌

相當多台灣人的心目中，「中國製」是低端劣質品的代名詞。在台灣商場購物，多少商家願意公開標示中國製？能不提絕不提；在市場地攤小販總是叫賣著「台灣製、韓國貨、不是大陸貨」。實況又如何？

以大家熟悉的歐洲高端品牌車廠如賓士、BMW、AUDI、JAGUAR、RANGE、ROVER、VOLVO……都在大陸與中方合資生產，供貨大陸，更外銷全球各地，當然也包含台灣。完全自主的本土汽車品牌，如吉利、比亞迪、傳騏……，則物美價廉，品質、外型已非昔日吳下阿蒙了。還有高端代表國家形象的紅旗。

一個能自主研發製造高鐵的國家，其產出品質，也必具有一定的國際水準。一個完備新基礎建設的商業體系，也一定能生產國際同步水平的產品。**評價大陸產品，如金字塔一般，從底端到尖端，不能再一概而論了，因為一刀切會失真的。**

十四億正在成長的超大消費市場，絕對有能力支撐本土的品牌，並逐漸累積實力，提高品質精益求精；先在國內市場與國際品牌競爭，再走出國門到國際，與全球品牌競爭，角逐全球市場。

如今的中國產品，以「中國紅利」加上完備新基礎建設，如華為手機、海爾電器、大疆無人機、中國李寧、小米產品……已一一浮上世界舞台。不久之後，世界最重要賽事的看板，將會不斷出現中國品牌。這對台灣的企業家，具有無比的吸引力，年輕人要創業，更是千載難逢的時機。

以羅先生在會中引用福特汽車創辦人，亨利福特的話，為本段的註語，大家相互勉勵：**「我們已取得進步，但與未來相比，我們今天擁有的這一切，都將微不足道。」**

四、產業外移，不是力量的流失，而是產業能量、網路的外溢

這是全新的觀念，不擔心產業的外移，換個角度，視為力量的擴張。是創造、製造、供應鏈網路的外溢，外「移」、外「溢」，一字之差，天壤之別。如往昔訓練活動結束時，我們常說，離別不是力量的分散，而是力量的擴散，「分」、「擴」一字之別，心態完全不一樣。台灣的政客，天天擔心產業外移，產業空洞化。川普也說，要美國企業回國，創造就業機會。

大陸專研產業外移的學界，研究結果，以家具產業外移越南生產為例。設計核心和銷售

業務在廣州，夾板在山東、皮革在江蘇、海綿在廣東，最後完成在越南。

以大陸龐大的生產規模，建立的供應鏈，才能取得比在國外（如越南）設廠，更物美價廉的原物料。外移越南，不是上下游線性的移動，而是生產網路外溢的延伸。

越南國家經濟報告總編輯，阮德成先生接受訪問，「越南產業政策為何？」他回答：「越南不需要產業政策，因為我們有廣州（中國）。」**越南將自己的產業政策與中國聯動，視為大陸製造鏈、產業鏈的一環，以此帶動發展越南的經濟。**

緊鄰中國大陸的越南如此設想，與大陸同文同種的台灣，應以何觀點來選擇產業的西進和南向？其實企業家既聰明又務實，不需政府指指點點，下指導棋。只要不以政治理由，訂下條條框框的限制，他們就會自尋出路，自創榮景。

創新優勢

美國為何要打壓中國？因為中國的創新優勢。中國大陸的創新能力，遠遠超乎大多數台灣人的認知，尤其沉溺於網路世界，以鍵盤打出愚蠢、呆滯、貧窮、落後、閉嘴無腦，來形容大陸的反中義和團。以為富士康只是一家勞力密集，員工數量龐大（是很龐大）的低階代工廠。甚至老一輩的反中先鋒，還將當年台灣加工出口區，勞動大軍的印象，複刻在大陸的產業界。

大陸的經濟實力，達到今天的地位，影響力強到必須由美國總統，親自出面遏制，根源就在於大陸源源不絕的創新能力，不但逐步追上美國，有些領域早已領先美國，領先世界。創新優勢，絕對是了解中國大陸，很重要的一個切入點。

◎台灣不熟悉的比亞迪，是豐田、賓士、奧迪的寶；還有吉利

比亞迪，又是一家台灣不太熟悉的汽車廠，它與豐田汽車各以五〇％、五〇％持股組新公司，生產全電動汽車。這是一個外行人看熱鬧，內行人看門道的信息。

豐田汽車與福斯汽車集團，在全球互爭第一第二。而比亞迪的歷史、規模、全球知名度，絕對難與豐田相提並論。

在大陸，中外合資汽車廠很多，以豐田為例，就有廣汽豐田，一汽豐田。這些合資廠是豐田帶著技術、零組件、人才「協助」合資生產且掛豐田品牌。

比亞迪、豐田各以五〇％合組新公司，表示強勢大腕的豐田，有求於比亞迪擁有的電動汽車技術，因比亞迪的技術是豐田所欠缺的。這是強強合組的公司，比亞迪提供電能技術，豐田提供專長的汽車製造技術，各有所長，互補所短，所以各持五〇％，誰也控制不了誰，可能不用比亞迪也不用豐田，另創新品牌行銷。

做為二十一世紀能源車的創新能力，中國比亞迪被肯定。不只豐田，最早是巴菲特看好比亞迪，帶頭投資。其次是賓士與比亞迪合作，創全新能源車「趨勢」品牌。接著是豐田，而Audi正在排隊洽談中。他們之間合作創新品牌，是否必然成功，尚須市場考驗。但以豐田、賓士、奧迪（屬福斯集團）的地位，選擇比亞迪，印證了它的創新優勢。這就是中國大陸以創新優勢，建構出電能及電動車的新領域。

還有一家，絕大多數台灣人沒聽過，就算聽過，也不以為然，名叫吉利汽車。吉利汽車曾是大陸最廉價車的代表。創辦人李書福於一九九四年，以機車製造業投入汽車產業。他很樂觀的認為：「汽車，不就是兩輛摩托車，加上二排沙發椅，就成了。」因此被譏笑「農夫造汽車」。但是千萬不能小看吉利，以吉利的發展，李書福的願景：「不是世界汽車跑遍全中國，而是吉利汽車跑遍全世界。」必會實現。

他成功的創新優勢，在於他敢創新開拓，僅二十二年時間，吉利汽車集團的規模，是中國汽車界最具全球化的公司。他擁有以下品牌或股權：

①馳名全世界，獨一無二車型的倫敦計程車

②瑞典 Volvo 沃爾沃（富豪）汽車

③德國賓士九．六九%股權，是賓士最大個人股東

④英國蓮花跑車

⑤馬來西亞普騰汽車公司

⑥賓士子公司的 smart 汽車，並以全電動化出廠

◎藥明康德是什麼公司

有一家新創公司，成立於二〇〇〇年，名稱是**「藥明康德」**，**它是全世界最大的藥品研發平台**。他的創新在於提供一個開放式的平台，讓藥物研發者，小自一個人，大至全球藥物公司，都可以在這平台上，就各自擁有的專項，結合其他已擁有的專項，相互銜接。藥物研究的特點是時間長、資金投入極大，如馬拉松一般；一個人跑很辛苦，跌倒，要爬起來再跑，可能就沒機會，或沒了體力。跑不到終點，就退出了。

藥明康德為新藥開發，**提供一個馬拉松接力賽的平台**，**大家各以所長接力完成**。他以創新的觀念，如阿里巴巴的電商平台，降低開店創業的門檻，人人可創業成老闆一般。藥物研

發也可以如此，只要你有開頭，來到藥明康德平台，大家接力完成理想。

◎全球無人機，大多必須貼上「ＤＪＩ」標誌

說到無人機，就是全球著名的大疆無人機。大疆固然是全球最大的無人機製造商，更因他不斷的創新的研究，永不休止的改革進步，**全世界大部分品牌的無人機，幾乎都要用上大疆的核心零組件**。如電腦我們常看到Intel標誌一般，使用大疆零組件的無人機，也**都必須貼上大疆ＤＪＩ的標誌**。標示大疆不斷以創新的觀念，創造最優秀的產品供全球使用，掌握著創新優勢。

◎創新優勢的典範，華為的淬鍊

華為之所以是華為，乃在於軟硬體、文化面、實體面、精神面，都具有全面創新的優勢，才能在短短二十年時間，由一家在深圳，幾人組成的小公司，到今天必須驚動美國總統，舉全國之力要封殺的世界級企業。

一個年營收額人民幣七、八千億的公司，領導人任正非，僅擁持股一％多，其餘全是公司員工持股；而且堅持公司不上市，牛吧！奇吧！公司股權完全分散於十萬多個員工，是絕絕對對的民營公司，何來中共官方背景？

二〇二〇年元月一日止。華為員工十九萬六千，其中工程師約十萬、碩博士一萬左右，二〇一九年研發經費人民幣一三一七億，佔營收一五．三％；十年來總投入研發六千億，佔十年總營收一四％，相比於二〇一五年蘋果研發僅佔二％，最近才提升到四％。在全球5G的賽道上，華為擁有最多、而且是關鍵的專利數，約佔三六％。**美國無法再以竊取知識產權為由，攻擊華為，轉而以國家安全的莫須有的理由，來遏止華為。**

華為的優異成績，讓全世界都感受到中國技術不斷創新，中國研發的存在感，正在不斷增加中。

一流的定標準，二流的搞品牌，三流的拚生產。華為在5G的領先，讓Nokia、易利信至少落後二至三年。於新冠疫情之後，大陸已在5G既有的基礎上，將5G建設列為新基礎建設，全力發展。此時美國尚在原地踏步。

美國明白，再不遏止華為，5G的標準，將是中國說了算，這項對二十一世紀各項科技發展的關鍵技術，美國勢必失去話語權。美國極度焦慮，口不擇言，不擇手段，由總統帶頭，政府出手，打破一切市場規則，商業規範、產業倫理，就是要遏止華為。憑恃霸權壓迫的心態和行徑，無比猙獰，無一絲正當性。

以上的介紹，在於佐證創新而且有成。至於是否永續成長成功，則非本文所能論斷。江山代代有人才出，各領風騷幾多年。一個能提供不斷創新的環境，就是人民、社會、產業生生不息源動力的基石。限於篇幅，其實尚有為數眾多創新有成的企業，值得了解。愈深入，愈了解，**創新已成為大陸很多有成企業的核心價值。在大陸，山寨不再當道，創新絕對是我們要認識、面對的中國。**

製造優勢

因新冠疫情，美國、日本分別提出，美日企業撤回本國，並對撤回者提供資金、土地、稅務等優惠；結果會如何？

或許會有個別性的企業，因時應勢，順水推舟，藉機回國，享受美日政府提供的優惠。我預測，不會出現集體性，或指標性的明星企業，會搬離中國大陸回美國、日本。

特斯拉在上海，以十個月時間完成建廠、生產，正在獲利中，特斯拉會回美國嗎？蘋果手機在大陸，每天生產量一百萬支，需要七十九萬熟練工人，它需要的產能，別說供應鏈，美國？印度？或哪一個國家能提供如此完整的產業鏈，如此產能的人力規模？是你，你會搬離中國回美國嗎？

大陸擁有舉世無雙的物流速度。以雙十一購物節為例，數以億計的物品大多在二四～四八小時內送達中國大陸每一個角落、每一個消費者的手中；做得到，簡直是匪夷所思，但大陸的物流效率做到了。

這套物流，同樣地運用在產業零組件的生產裝配上。長三角、珠三角的產業鏈，尤其珠三角，經由完善的交通配送系統，物聯網的數量品類控制、配送，已建立起上下游零組件，生產或供應零庫存的目標。這絕非一朝一夕所能建立的供應鏈。

比薪資更重要的成本

中國大陸固然必須面對日漸增加的薪資支出，以致提高生產成本；但是完整的供應鏈，精細的分工，所爭取到的時效，所降低的成本，加上足夠資質的作業員，以保持產品的良率，才是企業經營考量的真成本。否則，再低的工資，不正常的作息就業習慣，無法保持產品良率，再加上缺乏產業鏈供應的效率，付出的成本，更高於薪資的差異。

一樣的產品，中國大陸的成本，硬是低於其他地區；**一樣的工人，義務教育普及的中**

國，更能提供可訓練的熟工，創出良率更高的產品。更重要的還有人數龐大，源源供給的工程師。大陸每年理工科畢業的準工程師人數，超過美國、日本、歐洲及印度的總和。一位在大陸設廠的台商說：「印度每年度的工程師數量，都應付不了我公司的需要。」可為佐證。

產業的成長，可吸收全球資金，再加上中國的高儲蓄，可提供充足的國內資金。在中國大陸發展，不會欠缺資金，更重要的是，還有不斷擴張成長的市場。

二〇二〇年，受疫情影響，消費市場受創，但至少到了二〇二一年，消費市場將達四〇兆人民幣，這絕對是世界第一大消費市場，將是美日的兩倍量，而且大量噴發、多點噴發。

遊牧民族逐水草而居，企業家逐利而來去，可以想像全世界最大的需求者、供給者，及最高效率提昇的三大動力，中國必然產生極大、極新的經濟發展動能。

依聯合國分類，工業大類四一項、中類二〇七項、小類六六六二項，中國大陸是全球唯一，擁有完整產業類別的國家。我們似乎可建構以下的藍圖：

「工業類齊全」＋「完整產業鏈」＋「超大規模」＋「超高效率」＋「超低成本」＋「充分人才」＋「市場成長」＋「資金充裕」＝充實的經濟活力。

這些條件總彙於一國者，唯中國也。

發展優勢

中國仍是一個開發中國家，超大人口的消費市場及生產力，成為第二大經濟體；**但再大的總量，除以十四億人口之後，和已開發國家相比，仍有一大段尚須努力的目標。假設有朝一日，中國人平均擁有的生存、生活綜合條件與發達國家相差無多時，乘上十四億，那又是另一個令人多震驚的總量。這就是今天中國的實情，也是明日中國的可能。**

一、極大尚待發展的時空優勢

◎時間優勢

以北京規劃的目標為例，從二〇二〇年開始，到二〇二五年，五年內由生產大國邁向生產強國，產業由量到質的提昇。以產業的轉型，產能的外移（溢）二大項，就有極大的施展空間。再用十五年的時間，於二〇三五年進入已開發國家；三十年的時間，於二〇五〇年，達到現代化強國。即你我可預見的未來，至少再經歷三十年的發展，才能將十四億人口大國，達到較成熟的目標。這三十年，就是發展的時間優勢。

就目前而言，大陸絕不是「厲害的我的國」，對內仍只是社會主義發展初級階段，對外則是，最大最強的開發中國家。不論對內對外，都要靠時間累積實力，以達目標。換言之，

擁有三十年不斷成長上升的過程，就是時間的優勢。

◎空間優勢

沿海省份，北、上、廣、深是璀璨的明珠，但與世界諸多發展成熟的大都會相比，如日本關東地區的東京、關西地區的大阪；美國加州洛杉磯、舊金山、紐約州紐約、德州休斯頓、法國巴黎、英國倫敦，北、上、廣、深仍有很大的發展空間，尚待努力開發。與美、日、德相比，中國大陸的發展空間，有廣闊的中西部，有與東協鄰近的東南部，而且國內尚有數不清的二線、三線城市、城鄉地區；可知尚待發展的空間，說有多大，就有多大。

總之，未來三十年以上的時間長度，有極大的發展空間廣度，足供有意有心者，努力揮灑。

二、以既有的規模為發展優勢

同為人口大國的印度，西方常拿來與中國發展相提並論。然中印後續發展最大的差異，在於印度缺乏完備的基礎建設，如交通、電力、教育三要素及完備的產業規模，印度仍有很大很大待改善的地方，但此刻的中國大陸，已具備以下領先全球，極為突出的規模，以之為基礎，可更上一層樓，簡列如下：

①高鐵規模三．五萬公里，佔全世界三分二

②物聯網經濟體系獨霸全球

③4G設備佔全球二分之一，5G即將領頭開展

④世界十大港口，七個在中國大陸，第一名在上海

⑤歐亞大陸的中歐班列，到二〇一八年已達八千班次，正在成長中

三、規模空前的新基礎建設，共計三大網（整理自大陸官方的資訊）

因應新冠疫情肆虐後，加速推動不同於鐵（路）公（路）基（礎）的新基礎建設，分信息網、交通網、能源網三大領域同步進行

（一）信息網：①5G發展，尤重於5G基地站建設。②大數據中心。③人工智能產業發展。④工業互聯網。

（二）交通網：①城際高鐵。②市區軌道交通。

（三）能源網：①運輸：特高壓智能電網。②供給：綠能、光電、風電及核電、天然氣供電。③需求：新能源充電、氫燃料充氣站。

與其他國家發展相比，新基礎建設又是再一次「以一步到位」的規劃，超前布局，更要「彎道超車」，有領先群倫的宏圖大願，新基礎建設提供更具規模願景的發展優勢。

四、特有的民族文化、政治文化、治理績效

這將又是一篇大文章，在此僅以條列方式簡述於後：

（一）注重教育的文化，培育發展源源不絕的人才

（二）吃苦耐勞、說幹就幹、先幹了再說的勤奮民族性。抓住契機，全心全力投入工作、事業。只要有中國人的地方，不論中、港、台、澳，海外華人華僑、新加坡，都擁有中華民族基因的拚搏精神。

（三）以民為本，民本主義影響下的政治文化，政府當火車頭帶動發展，以社會主義核心理念。精準扶貧，全面發展。

（四）政局穩定有利發展。特有的人才選拔體制，菁英治理。想做就論證，論證之後就規劃，規劃之後再論證，論證過後說幹就幹，幹了就要拿出成果、效率，舉世公認。

（五）中國獨有的層層官員考核制，尤其鄉鎮、縣市、省市各級領導幹部，以治理的經濟成長績效，加上貫徹落實中央政策為指標。達標者升官，反之下崗或降級懲處。這是民選

官員所欠缺的官場特質。

唯有能掌握中國大陸，快速變遷成長的特色，才不會被過往的認知經驗所左右。不是看過去，而是認知現在、認知當下，展望未來。如自一九七九年改革開放後出生的人口已超越改革開放前的人口。套句台灣的用語是：新人類，新新人類早已超過LKK（老人家）的人口。

看中國必須更關注，一九七九年之後的世代，他們沒有悲愴歷史的情懷，有的是不斷感受成長進步的民族自豪感。人口換代了，經濟上的產品、行銷當然要轉型，政治治理也要與時俱進。台灣對大陸的看法，更需要務實的改變了。

與時俱進看大陸是太重要的課題了。

中國發展有說不完的故事，美好成功的事實，不代表過程中不存在挫折、失敗、醜陋與不美好。藉之做為大陸、也是台灣勿蹈錯誤，再入陷阱的警惕，卻不是台灣用來自我阿Q，不願面對大陸成長真相的藉口。一個嶄新蓄勢再出發的中國大陸，台灣也必須重新以不同以往，不受政治偏見侷促的新視野，重新再認識中國。這才是台灣的機會！

第七章
台灣如何因應統戰，求生存、拓發展

什麼是統戰？一樣看花兩樣情

統戰，全名為「統一戰線」。什麼是統戰？一樣看花兩樣情，不同時空，不同角度，不同詮釋。台灣所認識的統戰，是兩蔣時代，國民黨反共教育下，訂下了框架，延續至今；由民進黨完全承接，而且更為扭曲，更為誇大。

國共鬥爭，國民黨全面潰敗，撤退到台灣；所以痛定思痛，必須建立一套攻防策略，防止共產黨在台生根發展。

宣布戒嚴，實施白色恐怖統治，「小心匪諜就在你身邊」、「寧錯抓錯殺一百人，也不錯放一人」，全力防止共產黨思想滲透，制止、粉碎共產黨組織發展，而有了當時噤聲，讓人詬病的白色恐怖。

一黨專政，貫徹執行「黨禁、報禁」，管制言論，控制思想，沒有集會結社的自由等等。因此，任何與反共主旋律不同的言論，或與大陸，尤其和中共有任何瓜葛關係，或閱讀所謂之禁書……，都可能犯罪，都在整肅之列。

基於以上統治的需要，必須否定、扭曲一切共產黨相關的言行，遮掩中共、中國一切正面的資訊。**一切共產黨的說詞，統括就是「陰謀詭計多」，一切陰謀詭計的統一說詞就是「統戰」，統戰於是成為國民黨防範共產黨的「金鐘罩」、「鐵布衫」和「萬金油」。**

因此不管北京當局說什麼、做什麼、國民黨永遠以「統戰」二字回應；數十年下來，統戰就是邪惡、陰謀、詭計的代名詞，國民黨如此用，用得順手成功。

今天民進黨完全繼承，把國民黨在白色恐怖時期，為反共建構的反民主論述，也全盤接收，徹底執行。形成今天民進黨，「以反民主手段反共，以反共為由反民主」。這也是當年從黨外到民進黨，對國民黨戒嚴統治、反民主的抨擊。

反共、反民主二者互為表裡，交互運用，得心應手。反民主和專制，只是一步之隔，五十步笑百步而已。這是民進黨完全執政後，最令人詬病的墮落。

當年用以反對、攻擊國民黨，高舉自由、民主、人權的口號，口口聲聲說，只有以更多的民主，才是抵禦共產黨滲透的最佳武器；今天都在反共的大旗下，變質了、消失了。如今民進黨藉反共之名，成為民主的劊子手。只看到權威的驕傲、蠻橫、專制，硬拗的嘴臉，取代多元、包容的訴求。**反共成為昔日國民黨、今日民進黨，反民主行威權的遮羞布。**

國、民兩黨一個樣，以反共當遮羞布

今天民進黨說：「不能讓共產黨的同路人，在台灣以自由民主之名，破壞民主。」或言論霸凌，或定新法、修舊法，或擴大解釋，或頒布命令打壓異己。如同昨天的國民黨也說：「不能讓共產黨，假自由民主之名，破壞民主。」所以必須戒嚴，如出一轍。

國民黨的時代，以統戰二字作為反共的盾牌。那個時代，無論是三民主義巡迴教官，各地大小宣講活動，軍中莒光日政治教育，或透過新聞媒體，影視製作，主要宣講題目：「如何拆穿、粉碎中共統戰滲透陰謀。」今天民進黨也興起「如何粉碎、拆穿中共統戰滲透陰謀」的政治運動。作者當年也是講員之一，回顧過去，再看現在；無限感慨，不勝唏噓。

國民黨、民進黨，沒有本事反共，只有一招「都是阿共統戰的陰謀啦」。這一招，國民黨不算成功，既滅不了共產黨，也擋不住民進黨；如今民進黨撿起來，再用一次，就會成功嗎？**民進黨難道已經忘記，當年也是被國民黨以「統戰」二字，形塑成中共同路人，被徹底鎮壓過的悲劇了嗎？**

今天的民進黨，擔心大陸改革開放的成效，對台灣產生磁吸效應，與國民黨一樣沒本事因應，只能東施效顰，學老國民黨的反共反統戰，還一代不如一代。

國民兩黨從過去到現在，只會用「統戰」恐嚇人民，從來沒有能力，帶領我們如何面對統戰，認識統戰，處理統戰，找出與中共競爭下的出路。

只有政黨統治利益的算計，沒有人民生存發展的考量。**假若中共的統戰，如過去國民黨所說，今天民進黨所恐嚇的，是台灣生死存亡的關鍵，那就更應該帶領我們，面對它，認識它，解決它，而不是利用它訴求恐懼，要弄它獲利。**

國、民兩黨不敢面對，無能面對的，吾人試以最簡單的觀念，帶大家了解，很容易你就明白「統戰」不是恐怖的東西。懂得它、面對它、運用它，於私，可用於為人處事、事業經營；於公，可運用它，掌握契機，發揮以小博大，以弱對強。小者為自己，大者為台灣找出一線生機。

古今中外，何處不統戰？統戰是舊常識、新名詞

戰國時代，兩大戰略家，一是主張遠交近攻連橫策略的張儀；一為團結一切可以團結的力量，合縱策略的蘇秦。不論連橫、合縱，都是統戰的意思。

英國首相邱吉爾名言，英國在外交上，只有永遠的利益，沒有永遠的敵人。敵人的敵人，對手的對手，就是英國要團結的朋友，它就是統戰的另一個表達方式。

古今中外所有的兵法鐵則（簡述以下數條），如：迂迴轉進、避實就虛、避強攻弱，一點突破、全面跟進……看三國演義，孔明、曹操，司馬懿、徐庶、周瑜、龐統……所有拍案叫絕的策略，概括地說，也是另一種形式的統戰，只是沒有統戰二字而已。

父母兄長、師長、前輩、學長、長官，於生活上，課堂上，活動上，職場上，教我們很多人生致勝、事業興衰、工作成敗的原則和道理。如人脈決定勝敗；敵人、對手愈少，勝算愈高；出手不打笑臉人；退一步海闊天空；忍一時之氣，求萬世之福；拜佛不嫌路遠，逢人見面三分情；先團結利害衝突較小的人，擴大陣容，再與主對手對決……等等，不勝枚舉。以上每一個觀念，或多或少，都有統戰的意涵。

原來，**統戰不是什麼陰謀詭計，它只是一種為人處事，競爭求勝的策略。生活上、工作**

上、事業上、常用的思維，只因冠上統戰二字，就被恐怖化、陰謀化。陰謀化它的人，有其目的；被陰謀化嚇到的人，才是吃虧上當的受害者。

了解以上常識概念後，我們再回頭看看中共的「統戰」。在共產黨社會，「統戰」是名門正派，公然上堂，絕不避諱的名詞；**在台灣，我們視統戰為臭不可聞的陰謀詭計；在大陸，統戰是堂堂正正的概念，光明正大的名詞**。中共黨組織三大部：組織部、宣傳部及統戰部，在其體制中，統戰部長地位，高於國務院所屬的大部分部長，也高於大部分省委書記。

統戰，對共產黨而言，最簡單的意義就是：要交更多更多共產黨以外的朋友，落實把朋友交得多多，把敵人搞得少少的目標。套句俗話，統戰就是交朋友的工作。潛台詞是：他統戰你，就是把你當朋友，當他不想統戰你，你就不是朋友。交朋友就要用心思，才能交上更多更貼心的朋友。運用手上能運用的資源，交更多更多的朋友，合乎人際交往的常理。

大陸憲法機構有政治協商會議，簡稱政協，就是由各黨各派各民族、各無黨無派人士組成；與人民代表大會並列為「兩會」，就是落實統戰工作的機構。未來大陸的政治發展，為擴大「黨外」的參與，團結各黨、各民族、各類別代表，可預言政協的組織會逐漸擴大，功能也會增強。

什麼是交流？為什麼要交流？

不論於公於私，有以下的需要就會交流：

一、自利需要：如趨利避害；消極避免誤解、擦槍走火；積極意圖改變或改造對方，或爭取對方，以取得有利自身的需要。

二、互利需要：如相互了解，和解合作；相互學習，互補互利雙贏。兩岸交流的需求，遠大於隔絕、對立、封閉。對台灣而言，透過交流，增進了解，融合情感，避免對立、仇恨，才是正道。

就經貿情勢；沒有經濟發展，累積實力，台灣將失去一切的發言權。以二〇一八年兩岸經貿為例，以美金計，交易額一九三一億，台灣獲利（順差）八二七億。若因政治因素而失去經濟交流，從何處補足獲利的八二七億（合台幣約二兆五千億）？

其次就實力因素，兩岸綜合實力差距愈來愈大，台灣GDP與大陸各省相比，約在八、九名之間。可預見未來，會逐漸下降。二〇一九年福建已超過台灣，哪天被人無三兩銀的貴州超越時，那才真是情何以堪？

有一天，除經濟外，連我們引以為傲的社會文明，在時間的淬煉下，大陸終會與我們不相上下，甚或超越。不趁尚有優勢時，透過交流建立彼此良善的關係，待何時？

以大學全球排行榜為例，透過交流，同學可以進入遙遙領先台灣各大學的大陸名校就讀，為什麼要放棄？誰有資格要我們放棄，阻撓我們的選擇？

自我虛幻的兩岸恐懼症

就現實利害而言，交流取代交戰，為何要放棄交流？當全世界想方設法進中國大陸謀利取益，同文同種的台灣，為什麼要放棄？是世界皆醒，台灣獨醉？或世界皆醉，台灣獨醒？

不交流，台灣損己卻未損及大陸。且不能

2020 QS 世界大學百名榜		
16	中國	清華大學
22	中國	北京大學
40	中國	復旦大學
54	中國	浙江大學
60	中國	上海交通大學
69	臺灣	臺灣大學

藉機以「我們口中引以為榮的文明、民主、自由去改進（變）大陸」，卻讓自己失去更多機會，損失更大的利益。左算右算，不交流，對台灣絕對弊大於利。

兩岸關閉交流大門，對大陸而言，是遺憾，對台灣而言，是無法從它處可取得、可彌補的損失。而關於個人，尤其年輕人的機會，不應被政治操作剝奪。不交流，只滿足於「自我虛幻兩岸恐懼症」的某些人。想尋求另一種可能選擇的年輕人，卻要付出，原本不必要付出的人生代價，這樣公平嗎？

於個體，我們擁有不容被剝奪的選擇權；於群體，我們不能置國家社會發展需求於不顧，只因「自我虛幻兩岸恐懼症」者的綁架。注意，被綁架久了，你也可能會因斯德哥爾摩症候群，患上「自我虛幻兩岸恐懼症」，不自知地認同拒絕交流。到頭來，傷及的是年輕人的生涯機運。時光一去不復回，待回首，後悔莫及啊！

兩岸交流，對台利遠大於弊

兩岸交流，可親身體驗、認識中國大陸。今天正確認識中國大陸，明天不論是個人或台灣，才有能力選擇正確的未來。

其次，以彼鑑己，讓我們認識自己的優劣利弊，才知如何取人之長，補己之短；如何以己之長，藉機創造更好的機會。或更積極投入，做出更大的貢獻，求互利雙贏。即使不投入，也因自己了解後的選擇，成敗無憾於己。

更重要的是讓大陸社會了解真實的台灣、真正的台灣。網路社群中敵意的論點，只是部分的台灣，不能代表台灣。進而了解多元的台灣，誰也代表不了誰；認知必須用心、耐心、善意認識台灣，才不會誤判台灣，做下錯誤的對台決策。當起兩岸交流大使，相互溝通，了解彼此，化解敵意，增進善意，有利兩岸，更有利台灣。讓台灣人有更多選擇機會，讓台灣有更好的發展選擇。

避免誤解、誤判，雙方應經由認知的質量互變，拉近彼此，心靈契合。以交流代替交戰，以合作代替對抗，兩岸和諧，台灣更好，年輕人更有出頭天的機會。

有效的交流

排除一切交流的政治障礙，是有效交流的第一步。

兩岸間沒有敏感與否的問題，只有敢不敢、願不願意面對的心理。只要能面對，能討論，都有解決的可能；只要逃避、扭曲，問題將更無解，更惡化。不切實際的「自我虛幻兩岸恐懼症」才嚴重。恐懼的本身，才是真正的恐懼，因為恐懼，限縮、壓制生命的發展。

抓住任何可以交流的機會；排除任何阻礙交流的障礙。不在乎時間、地點、方式，主動、積極爭取任何機會。一次機會可能改變你的一生。

交流前多準備，交流中多聽、多看、多參與、多溝通、多吸收、多記錄、多比較；交流後，想一想、咀嚼咀嚼，下次有機會去不去？你生涯規劃是否與之相關？**沒有人可以決定你的選擇，你的選擇也不應被別人決定，尤其不應被剝奪。意圖阻礙你的選擇、剝奪你機會的人，無論打著多動人的口號，用著多嚇人的標題，以極惡毒的言語霸凌，本質上，他們才正是打著「捍衛民主」的口號，剝奪年輕人自由選擇權的新法西斯份子。**

何謂和平？如何得到和平？

兩岸之間，和平是唯一的選擇，唯一的目標。任何引動戰爭的可能和想法，既不實際，也不應該，更不道德，都應避免。可能引發戰爭的任何言行，兩岸雙方都沒有理由被鼓勵。

在台灣，只有和平，沒有其他的選擇。**吹牛不惜一戰，可以一戰，大話有國際援助，都**

是謊話，假話、鬼話。因為除了盡一切努力爭取和平之外，無它。

任何鼓吹及引發戰爭的言行，都是我們人生幸福的殺手。因為台灣沒有打一仗的本錢，更沒有打一仗的必要；台灣絕對沒有不惜犧牲一切，打一仗的社會心理與共識。要盡一切力量，排除戰爭，因為台灣有寬廣的和平道路可以走。

不論美國有無足夠的實力協助台灣，主要癥結點，在於美國沒有意願，沒有義務，為台灣打一仗；或為救援台灣，願意與大陸打一仗、再一仗，再……的決心意志和實力。

自己台灣自己救，美國不可靠。鼓吹可打一仗者，屆時會落跑。當我們發現被騙，悔之已晚。美國，或國際強權，或許口頭會支持，決不會開立空白支票，無限協防台灣，讓我們任意填寫。**強權或政客，不負責的口頭保證，歷史必然會證明，它是不道德的說謊者，我們千萬別成為愚蠢的受害者。**

兩岸網路相互挑釁的言論，保不了台灣，也滅不了彼此，換不了和平，卻會延續擴大兩岸的對立與衝突。持續累積仇恨，真的會威脅到兩岸對和平的維護和追求。

「不獨、不武」兩者相聯，這不是喜不喜歡的問題，更不是推論的問題。是事實的問題。

年輕人可以為和平付出的心力

一、首先不要附和任何台獨的主張；台獨必然帶來台灣的危機

台獨是假議題，不可行。美國不支持台獨，大陸堅決反對台獨，決定台灣命運的美中兩國立場，證明台獨是毫無成功機會的假議題。何況隨著中、美兩國國力的消長與兩大國在亞洲、全球議題上競合併行（就算競爭大於合作，美國依然不會為台獨而與中國翻臉），台獨絕無機會。中美之間的博弈、衝突，再擴大、再激烈，也是鬥而不破；台獨無隙可插、無縫可鑽，就是沒機會。

台獨既然毫無機會，台獨會引來戰爭，不獨就可不武的保障，答案就很清楚了：**不鼓吹、不推動、不附和台獨，是台灣獲得和平最基礎的保障。**

但是美國卻可利用台灣想獨的心理，在控制台獨不發生的前提下，影響台灣，充分把台灣當作棋子，發揮最大抗中、反中、擾中的作用。美國極端右派，或結合、或利用川普反中求連任的需要，玩弄台灣的民進黨政府；**而民進黨政府基於鞏固政權的需要，也樂於被玩弄，置台灣於擦槍走火的邊緣，正在破壞和平中。**

二、從「國族認同」，取得和平的承諾與保障

就國籍論，持中華民國身分證的我們，當然不是台灣國的國民，也不是中華人民共和國國籍的國民。從血緣、歷史、文化而言，我們沒有必要否認自己是中國人。

生在台灣，長在台灣，是台灣人，持中華民國身分證，是中華民國國民，要簡稱中國人，有何不可？不嫌麻煩，要稱中華民國人也正確。從血緣、歷史、文化稱自己是中國人，**至少不否認自己是中國人，有那麼困難嗎？不也自自然然的嗎！**

想一想，「國族認同」，**身為台灣人，固然不必要，把我是中國人，時刻掛在嘴上，至少不否認自己是中國人，應不難吧！既然大陸一再宣稱中國人不打中國人，那麼台灣人不否認自己是中國人，我們不必付任何代價，就取得中國人不打中國人的和平承諾，何不為之？**

日本節節進逼侵華，抗日戰爭前夕，蔣委員長認為先安內（剿共）才能力量集中，意志集中以攘外（抗日）。對共軍進行五次圍勦，中共山窮水盡之際，發出全國一致對外抗日，中國人不打中國人，贏得抗日前夕的民心。中國人不打中國人，是實力弱小的中共，面對實力強大的國軍，救亡圖存的策略。

想一想，今天兩岸是陸大台小，陸強台弱，要避免中共武力侵台，「中國人不打中國人」應該是我們保台求生存、得和平的策略，而且是最廉價的策略。何況兩岸本就是同文、同種、同血緣、同祖先的中國人。**主動呼應「中國人不打中國人」取得和平門票，合情、合理又正常，何不為之？**

我是台灣人，當然可以積極表示，我也是中國人；亦可較消極表示，我也可以是中國人；或當有人問到、提及時，不必否認自己是中國人，絕對有利於台海和平穩定發展。為確保台灣的平安，應全力突破因政治算計所造成的中國人與台灣人的對立。

兩岸一家親，就是和平的概念，絕對比帶有對峙對抗、拚生死，潛在戰爭危機的兩岸一家仇強多了吧！兩岸人民，尤其年輕人，除政治操弄下的「想像的虛幻敵意」，相互間並無深仇大恨；只要有機會，或放開政治束縛，相逢一笑泯恩仇，何況真的沒有仇。

多交流、多接觸、多往來，我們會發現「我們之間的相同點，遠大於相異點」。放大相異點，帶來對立、仇恨甚至戰爭；擴大相同點，帶來理解、同理、共識、互助、互利，結果當然是和平。所以交流是兩岸和平的基石，破壞、阻擋交流，就無法和平。

三、務實處理兩岸就能創造和平

真誠面對兩岸彼此的實力與國際影響力的差距，就是解決兩岸困境的現實依據。大陸經由四十年改革開放，不但經濟上是世界第二大經濟體，更由世界工廠轉為世界市場，是國際經濟舉足輕重的角色。台灣需要大陸的市場，更需要以大陸為腹地走入世界。**沒有和平的兩岸，台灣的發展、台灣的明天都將在極大的不確定中動盪、黯淡。這就是現實。**

面對現實，就必須務實

台灣不應以阿Q的心態，處理兩岸。阿Q就是自我感覺良好，甚至自我欺騙，不但解決不了問題，而且會帶來兩岸各種可能的危機。但是我們又很功利的期待大陸應該如何、如何。

台灣集體心理出現什麼都想要；要讓利、要交流、要貿易、要市場、要維持現狀、要和平，就是不要付代價。天下沒有白吃的午餐，但是政客不負責任地編織不必付代價的夢幻，以致台灣很多人，沉浸在這樣好康的一廂情願中。

說到兩岸發展的可能性，我們也出現另一種集體心理：「台獨，不敢；統一，不想；和談，不要」。我們到底要什麼？要維持現狀；試問如何做，才有能力維持現狀？再進一步追問，如何作為，才能永保台灣安全？保障台海永遠和平？只有想像，沒有行動，空想夢幻，自我催眠，時間不等人，台灣只會一直陷入困境，愈陷愈深。

面對現實，才能務實處理兩岸。和平的元素在其間，和平的願景會實現。**古今中外，沒有不必付出代價的和平。在台灣，大家口中要和平，哪一個政客、政黨告訴我，為求台灣和平，如何為所當為，有所不為？應該要付出什麼代價？夸夸而談，不會有和平。**

要嘛以戰逼和，或以戰求和，或以和避戰。我們有無實力和心理準備？若沒有，別鬼扯。更不要期待有人（指美國）會替台灣人流血戰鬥。自助而後人助，同理，先有自己上戰場的犧牲付出，或許才有協助的人出現。要注意，是「或許」，表示不一定；但自己不先犧牲，一定沒有或許。

不要戰就和談，談判必然是有進有退，有捨有得，就是和談的代價。但我們不但沒做好退與捨的準備以得和，更是義和團式的「膨風水雞（青蛙）刣無肉」的虛張聲勢，放言高論，無限上綱，壓制任何主和的主張。這樣不會有和平。

什麼是發展？如何有效發展？

發展就是：時間上，從今天看到明天；空間上，從這裡出發，看到那裡（彼岸或全球）的機會；從產業、職業看到下一步的需求。涵蓋多元方面，以下僅就個人，如何連結自己與兩岸關係，做好未來的準備。

世界上絕大多數的人對台灣、大陸未來發展的看法：

- **實力差距愈來愈大。**
- **台灣與大陸的競合關係，合作大於競爭，有利台灣；反之不利。**
- **與大陸同文同種的台灣，比其他各國的人，更能掌握大陸發展的契機，享有更多進入大陸發展的機會。**
- **無論是政治、經濟、科技甚至是文化，大陸愈來愈影響台灣。台灣愈能順勢處理兩岸變化，愈有利台灣，反之愈不利。**
- **兩岸發展，台灣愈抗拒，將來付出的代價愈高，轉換的心理情緒（心緒）愈痛苦。反之發展愈自然，獲得的利益愈大愈多，付出的代價愈少。**

縱有個別的看法，有中國崩潰論（不論大崩小崩）；中美博弈競爭中國必敗論；中共領導必瓦解……等，不一而足，看衰大陸。在未來數十年內，縱有發展趨緩，維穩控制趨鬆等情事，但崩潰論，絕不會是國際觀察主流。頂多只是某些人的主觀期待。

二〇〇三年，華裔美人章家敦律師，出版一本中國崩潰論，當時排入紐約時報排行榜，他預測中國大陸加入WTO後，五年內必然崩潰，非常符合西方及台灣某些人的心理期待。

陳水扁主政期間，也巨資請他來台推銷「中國崩潰」，十七年了，現在是二〇二〇年，中國不但沒有崩潰，反而逐漸強大，面臨美國的遏止。李登輝時代，引用全球最有名趨勢專家日人大前研一的論點。二〇〇〇年，陳水扁上台後，花鉅資請大前研一專題演講，希望藉他之口，說出大陸暗黑的明天。誰知不讀書的政客，不知道大前研一對中國大陸有更睿智的看法，不是分裂成七大塊，而是七個中心發展，看好中國。並建議，台灣與福建共組閩台合作區塊為一個中心，以台灣的資金、技術、產業、人才為基礎，結合文化、語言、風俗習慣相近的福建，以福建為發展腹地，開展空間，形成足夠的市場，支援台灣的發展。聽說，從此以後，李登輝不再與大前研一往來。

從台灣發展角度來看

一個災禍的中國，必無倖免的台灣。政、經崩潰的大陸，對台灣絕對弊大於利。而且台灣承受的風險和災難，可能大到難以承受。

一個共享大陸成長發展的台灣，絕對更有利於台灣的發展。以台灣的實力，可與大陸發

揮互補的作用。

以大陸做為台灣宏圖大展的市場與腹地，增強經濟成長的實力，擴大台灣的影響力。更可增強兩岸談判的實力。以大陸為生產基地，擴展產業規模，發揮生產效益，壯大台灣企業（如鴻海、奇美、台積電……）。以大陸為市場，以同文同種的方便，發展更成功的市場規模（如旺旺、統一、康師父、85℃等）。

不論企業或個人，面對大陸正在成長壯大的過程，你要選擇入席或缺席。不必涉及或統或獨的政治選擇，是企業成長、發展，個人成長、生涯規劃的選擇。如阿里巴巴執行官，是道道地地、土生土長的台灣人蔡崇信。

不論入席或缺席，都是個人選擇的權利。自己選擇，自己承擔。我選擇的權利，別人不能阻撓；我選擇的權利，別人不能築高牆；我選擇的權利，別人不能否定我、抨擊我。故意提供偏見、扭曲不實的資訊，意圖妨礙我的選擇，是極不道德的行為；更不應以政府權力、政治勢力、政治考量、顏色立場，藉法律行恐嚇威脅、迫害。這是反民主的法西斯行徑。

地緣政治下台灣的困局與危機

台灣面臨的命運，已不再只是統獨的選擇。台獨現實上不可行，統一雖然有壓力，卻不急迫。但是現在，中美兩國的博弈衝突，正在發生中。

由於地緣政治的關係，台灣無法擺脫兩大國的貿易戰、科技戰、金錢戰等。國際政治的合縱連橫，大秀軍事肌肉的頻繁軍演，甚至可能的局部軍事衝突，這一切不是推論，而是現在進行式。

被拋棄的危機一：美保日韓捨台

處在中美兩強的博弈衝突下，正在互踩的兩隻大象中間，台灣，要如何自處？如何面對並解決當前的問題？有實力才能生存，有智慧才有策略，擺脫兩個強國對抗的衝擊，我們才有資格談未來的選擇。請問：美國基於實力因素及其利益考量，必須在日本、台灣之間有所選擇時，日台何者為重？多數人都說：美國當然認為日本比台灣重要，美國寧可為保日而捨台。

日本是美國在亞洲的分身、代理人，南韓是保日的前線。若北韓意圖越過三十八度線，或以含核彈頭的導彈，有能力瞄準不過五百公里外的日本，日本幾乎沒有任何反制防禦空間；因局勢的發展，華盛頓必須與北京聯手，才能抗衡北韓的核武，那就是台灣潛藏的危機。美國愈需求於北京，愈需要中美合作，以約制北韓保日本。則台灣成為利益交換籌碼的機率就愈高。我們準備好因應的對策了嗎？別忘了，一九七一年起，美國為解決越戰，為聯中抗俄，就把台灣賣掉的事實。

被拋棄的危機二：美捨台海，保南海

請問：當美國基於實力因素的利益考量下，南海、台灣海峽航行權無法兼得，必須選擇時，絕大多數人都同意：美國會捨台海，保南海。因大陸日益增強的海空軍，已突破第一島鏈，美國已難再維持台海的優勢。以當前川普政府不斷挑釁大陸的南海佈署，佐證南海對美的重要，與逐漸流失控制的焦慮。試問，我們準備好美國選擇南海，捨棄台海的戰略部署了嗎？

大陸海空軍的實力，已能跨越第一島鏈，逐步推進第二島鏈的當下，做為第一島鏈重要戰略地位的台灣，如何因應新的變局？當大陸海空軍演習，越過第一島鏈已成常態，去程回程經過台灣海空域如家常便飯一般，如何處理新的國防國安問題？我們還有多少地緣戰略的籌碼？

下一步，該怎麼辦？

已進行一年多的中美貿易大戰，看來尚未有停止跡象，含台商在內的台灣經濟，正受衝擊調適中。因應策略呢？大陸一帶一路的全球布局，台灣跟或不跟；要跟，如何跟？或跟著美國走？台灣的自主利台策略呢？尤其科技戰下，以科技產業為根的我們，怎麼辦？現在台積電成為美國制裁大陸華為的工具，硬要台積電在美設廠，且不得以美國生產設備替華為生產晶（芯）片，可能失去佔台積電營業額十二～一五％的第二大客戶，政府能為自己的企業做什麼？或放牛吃草？任其自生自滅？或為政治目的，與美國聯手，再加壓台積電？當華為挺過難關，世界晶（芯）片市場重組，而可能傷及台灣指標企業的台積電，我們的政府在哪裡？能做什麼？

笨蛋，主權不是問題，實力才是重點

不論統獨，也不論血緣文化關係，就單純的地緣關係，台灣大陸相距僅兩百多公里的事實，加上中美兩國正在進行中的博弈衝突，身陷其間的我們，豈能不認真思考，台灣面臨立

即而明顯的困局？

只要內政不修，執政無能，沉淪多於提昇，實力流失就顧不了主權。台灣只要成為國際強權擺弄的棋子，只要一面倒向何方，台灣就顧不了主權。

一個國家要有實力，才有生存的能力，才能顧得了主權。因北京的干預，在國際上我們無法使用中華民國的國號，這是一時改變不了的現實。

中華民國自一九一二年成立到現在，目前雖然僅能有效統治台澎金馬二千三百萬人，但綜合國力、社會文明、生活水準，在世界上絕對擁有舉足輕重的地位。否則一個僅有十五個邦交國的中華民國，憑什麼可在世界上一四六個國家地區，有免簽入境待遇。

今天雖然不能使用中華民國之名，卻是國際社會公認的無印良品（即無印良國，借用名政論家范疇先生的用語）。**顧主權的第一層意義，就是要有能力累積中華民國更強大的軟硬實力，尤其建造一個有真真正正民主法治體制，不是只有選舉，只具形式民主的國家**。

要贏得國際社會更多的尊重、更大的珍惜，才能取得國際社會，更大支持的道德性，這才是面對現實下，真正的顧主權。有了**實力，才有能力擦亮國家的招牌**。

兩岸真正認識彼此，方能共謀共議新方案

顧主權的第二層意義，在於我們要以智慧自主決定命運，而非不知險惡自陷絕境。不論統獨立場為何，兩岸之間就是拉不開的地緣關係。我們彼此必須有良性的，正面的，全方位交流與互動，彼此用心認知對方，知己知彼，百戰不殆。站穩台灣的立場，不是表面上的夸夸言辭，而要實質上的共謀共議，得出利台新方案。這才是真正顧主權。

就如同加拿大、墨西哥之於美國的地緣關係。不管加、墨兩國如何看待美國，命運就是與美國息息相關。何況台灣與大陸之間，比加墨與美國的關係，更特殊、更複雜。不是國與國的關係所能處理，極需細膩的高明手段。用盡智慧，都不一定能尋求到，最滿意的結果；一味地以暴虎憑河的政治口號，如何能處理好兩岸問題？

台灣必須理性地面對大陸。過去被世界公認，最了解中國的台灣，已因去中化教育，仇中反中政治操弄下，陌生、偏見和誤解已取代了對真相的認知。

唯有了解中國的歷史、現在的大陸、掌握中國未來的走向，我們才有能力與大陸展開對等、理性的交流。更要想方設法，讓大陸真正認識全面性的台灣：民主化的台灣；具有多元價值，誰說也不算數的台灣；接受西方價值，排斥中共體制的台灣；擔心害怕，恐懼中共來

統治的台灣。因此經由北京與台灣之間的正常往來，深入交流，真正了解彼此，才有未來。

兩岸之間，台灣想要擁有自主決定命運的絕對權力，只會操作政治口號，就不可能擁有。口號改變不了大陸，只會麻痺自己。不能以偏見武裝自己，偏見傷害不了對方，只會傷害自己。

兩岸之間，要以既存的血緣、歷史、文化為本，推動兩岸互相再認識運動，真正地認識彼此，雙方在相互同理的基礎上，共謀共議出大多數台灣人，可以接受的兩岸新模式。如此台灣不必、也不會被逼做選擇，這才是真正的顧主權。

不當棋子，才顧得了主權

顧主權第三個意義，就是台灣不能莫名其妙地成為國際強權操弄下的棋子。**只要被視為棋子，就顧不了主權。**在當前的東亞情勢，台灣與大陸的特殊關係，台灣需要美國這樣的友誼支持。現今中美兩大國之間，已發生了博弈衝撞，正無情地考驗台灣生存發展的智慧。但唯美國馬首是瞻的一面倒，絕對顧不了主權，反成為美國以台制中的棋子。

有所為，有所不為，為所當為，是台灣與國際強權之間務實的處理原則。不能一廂情願的期待，**強權會授予台灣一張自由填寫的空白支票；就算能填寫，也是不保證兌現的空頭支票**，跳票的可能很大。中東庫德族的命運，就是我們的警惕。靠人人老、靠山山倒，靠自己最好。古今中外，兩大之間難為小，小國的生存之道，有千百種戰略選擇，但一面倒，絕對是錯誤的選項。

台灣是大陸的核心利益，卻是美國的戰略利益，而且是可交易的利益。因此台灣有可能成為美國與北京交易的棋子，卻絕不會成為北京要與任何國際強權交易的籌碼。了解此點，台灣即可明白在二大之間生存之道。能生存，才有主權，被操弄就沒有主權。

固台和陸友美

一、固台：打鐵就要身子硬，勤修內政，力行真民主法治。才能內聚團結，外受尊重。否則民主僅存選舉表相，執政後只有一黨之私，置民主法治於不顧，內則必民心崩壞、分歧、對立、衝突，就固不了台。其次要提升國家實力，一方面讓全世界在乎台灣的實力，是人類生存發展不可或缺的資產；就算因國際現實，無法以中華民國為名，也是「無印良國」，就顧得了主權。另一方面以台灣的美德美好品質，吸引並獲得含大陸人民在內的國際社會，認同支持。支持度愈高，我們主權愈穩固。

二、和陸：消極地不引發，不製造讓北京有提前處理，改變台海現狀的藉口，或改變和平處理兩岸的政策；積極地展開兩岸相互認識運動，有真正的認識，不受偏見的誤判，就可建立兩岸都可接受的新關係。**唯有兩岸關係正常化下，才顧得了主權**。

三、友美：一方面與美日，尤其美國，建立、並用心維持緊密的友誼關係，盡友邦情誼應盡的義務與責任，為所當為。但同時要清醒的有所不為，不選邊、不結盟，不一面倒，**避免成為國際強權的棋子。才顧得了主權**。

固台、和陸、友美三位一體，同時進行，缺一不可，才顧得了主權。口號顧不了主權，務實才能保台灣顧主權。

中美兩強衝撞中，台灣何去何從？唯有落實「固台、和陸、友美」的務實策略，面臨衝擊的局勢下，才有應變的能力。**遺憾的是，我們看到內政無能，民主倒退，威權興起，經濟不振，往下沉淪，正在毀台。為與大陸仇恨對立，無視太平島被美視為礁，更被逼吃萊豬，放任釣魚台島被日霸凌，台灣漁民在自己的傳統漁場不斷遭日本驅離衝撞。蔡政府一面高喊對陸要尊嚴對等，一面對美日卑躬屈膝。毫無原則，倒向美日，灼傷主權**。

美中對台，各有所圖，中華民國如何自處？如何累積實力求生存？務虛的口號，如顧主權或許能迷惑人民於一時，混一陣，卻救不了台灣出困局；台獨假議題的操作，去中、仇中的扭曲，或許有利於同溫層的凝聚，卻無法解決迫在眉睫的危機，空耗台灣的元氣而已。

至於從老國民黨時代，到今天民進黨執政，以「統戰」二字迷惑社會，做為無能處理大陸對台政策的遮羞布，解決不了台灣往何處去的問題。台灣要有足夠的智慧，就算北京以統戰為目的，台灣要會善於利用，大陸釋放的友台、利台利多，創造台灣有利的生存條件，達到固台的目標。固得了台，才有信心，面對現實的兩岸和國際，也才有能力，處理涉及台灣生死存亡的兩岸問題。

第八章

香港怎麼了

什麼是反送中？如何看問題，釐清真相

香港人陳同佳與女友來台渡假期間，謀殺女友一屍兩命，案發後，未破案前，潛逃回港。港台兩地不同偵審制度，香港採屬地主義的海洋法系。陳某在台犯案，雖已被台偵破，發佈通緝，但犯罪地不在香港，港府無權偵審。除非香港與犯罪地區的國家有引渡條約，方可將犯人送回犯罪地。香港與台灣之間沒有引渡條例，**台灣為不讓凶手逍遙法外，要求港府協助，港府藉機制定「條犯遣返條例」**。

一般引渡條例，只須雙方政府簽訂；**如台灣與大陸間的司法互助**。香港如制定逃犯遣返條例，即不論是否為香港人，犯罪後逃至香港，香港政府有權依犯罪地政府要求，經一定司

法程序後，決定是否將罪犯遣返犯罪地偵審。香港立法時，首先將符合以下三個條件者，排除在遣返引渡之列：商務民事糾紛者；三年以下輕罪者；言論、出版、意識形態不同者。

若此案一過，台灣的政府，就可要求港府，依逃犯遣返條例，將陳某送回台偵審，落實法治公義。過往與香港沒有簽署任何引渡條例的國家、地區，都可依此條例要求港府，將不論是否是香港人身分的逃港犯人，遣返犯罪地，接受當地司法偵審。

香港人面對逃犯遣返條例，為何要上街抗議

香港人反對「逃犯遣返條例」**簡稱「反送中」，反對將犯人送回中國大陸；所以反送中，這是否意涵只要不送回大陸，送回台灣、印尼、馬來西亞、菲律賓、越南……都可以？**不是的，遣返條例不制訂，逃港罪犯通通不能遣返；罪犯的犯罪地與香港間沒有引渡條例，任何人只要在外地犯罪，有本事逃到香港，一切就沒事。**因此過往將香港說成是逃犯者的天堂，今天更是名符其實。**全世界眼巴巴看著罪犯，在香港吃香喝辣，逍遙法外。一向以法治自豪的香港，還能自豪嗎？還會自豪嗎？

香港是中華人民共和國主權行使範圍內的特區，司法管轄權就是國家主權的象徵。假若

逃犯遣返條例

排除
商務民事糾紛者
言論、出版、意識
形態不同者
三年以下輕罪者
其餘涉及三年
以上刑事重罪
經由香港法院裁決，
特首簽准，
才得以遣返犯罪地
偵審服刑

行政審查
律政司審視是否符合以下原則

符合雙重犯罪原則

屬 37 項罪類，最高判刑 3 年以上

不涉死刑，政治罪行

實質非因種族、宗教、國籍或政治意見被檢控

有充分證據

不違反一罪兩審

請求方須保證不能檢控、移交命令以外其他罪控，
不能移交第三方

行政審查→法院裁決→特首簽准→執行遣返

不是北京遵守一國兩制的法律制度，大陸與香港之間，何必遣返條例？就如同台北與台南之間，河南與河北之間，無此必要的道理。條例的制定，就是體現一國兩制。如今香港人將反對逃犯遣返條例，簡化為政治對抗意味十足的「反送中」，並稱只要制定就是違反一國兩制，令人不解？

在香港，誰最擔心被送中？三項排除條款，只遣返刑事三年以上重罪罪犯，還須司法審結，特首簽准。尤其必須經過香港人最引以為傲的司法制度把關，擔心什麼？

為何「反送中」口號一出，出現傳言的上百萬人上街頭？

顯然這已不是法律問題，香港的政、經、社三方面，出了什麼問題？香港回歸二十多年後，香港人民與特區政府、北京統治當局之間，必定有一條很大的鴻溝，鴻溝之寬之深，如海洋一般，問題在哪裡？

綜合一般外界的評論，皆認為一國兩制出了問題。出了什麼問題？北京不遵守？港府不貫徹落實？港人要求不滿足？港人逞能？政客故意扭曲？外國勢力介入？……問題到底在哪裡？北京、港府、抗議的港人，誰高估了自己？誰錯估形勢？誰低估了對方？

香港是「直通車」回歸的一國兩制

二次大戰結束殖民統治，殖民地或回歸母國，或獨立，皆必進行去殖民化。香港是全球唯一回歸後，沒有去殖民化的地區。試問毫無去殖民化的回歸，是真回歸？或正也因此，埋下了日後無休止的紛爭？

一九九七年七月一日回歸前後，除降下英國旗，取消總督，升起五星旗及代表港府的紫荊花旗，一切制度、法律規章、司法行政、立法等相關組織，人事、體制、文官制度未變，連代表政府執行公權力的警察，除摘下英皇標誌，換為紫荊標誌外，制服、編制、CIS識別系統、職稱，一切的一切都沒變。

擁有港籍身份的外籍人士，繼續任官，任法官，任警官；律師、司法、教育體制、教科書、教授、校長一切依舊。連代表國家經濟主權的貨幣，一樣由三家銀行繼續發行港幣，以別於人民幣。**這種對一國兩制尊重到完全不做任何改變，俗稱港英殖民體制，直通車到特區政府體制，完全沒有任何去殖民化的回歸，全世界僅香港一地。一九九七年七月一日一早醒來，不抬頭看紫荊旗，誰感受到香港回歸了？**

一國兩制的根據，是由大陸與港人代表參與制定的香港基本法。二十多年來，沒有一人可指出，北京違反哪一條基本法，以證明北京未落實或北京破壞一國兩制。

北京視基本法如瞳孔一般地保護著，深怕傷及一國兩制，甚至不作為，怕被指稱破壞了兩制。**就法而言，慎守基本法的北京，捍衛一國兩制的決心，從未被挑戰有違反基本法之處。尤其香港資本主義政經體制，大陸社會主義政經體制，彼此涇渭分明的核心精神，沒有絲毫改變。**

何謂一國兩制？就體制而言，「大陸實行的社會主義政經體制」與「香港澳門實行的資本主義政經體制」共同存在於中華人民共和國旗幟下。於生活而言，香港用 Line，用ＦＢ，報章雜誌對共產黨，愛怎麼批就怎麼批；要組黨、要集會、要結社，要怎麼辦就怎麼辦，要怎麼講就怎麼講。

香港沒有人大，沒有政協、沒有黨委書記、政府機構沒有黨組織。在大陸一切理所當然的人事和制度，香港不必有；反之香港有的，可以的，大陸也不一定有，或沒有。

放眼全球，除多主權國組成的鬆散國協之外，哪一個主權國內，有如此政、經、社幾乎完全迥異，同時並存的兩制之體制？就算聯邦或邦聯制，也沒有。

世界各地因種族、文化而衝突紛爭不斷的國家，若它們也能做到一國兩制，是否人世間也可以減少很多紛爭災難？影響英國脫歐，最難協議的北愛爾蘭關稅區，若採「一國兩制」是否也能迎刃而解？

香港有恃無恐；北京投鼠忌器

當中共宣佈以一國兩制，處理香港回歸時，海內外含台灣、香港在內，大家都相信，中共要以香港一國兩制，做為統一台灣的統戰樣板。因此，**北京方面非常謹慎，深怕破壞一國兩制，以免壞了未來對台「和平統一」，一國兩制」的大局；香港有恃無恐，北京投鼠忌器，台灣站高山看相鬥。**

對一國兩制，部分港人與香港建制派、北京各說各話。北京說我謹守一國兩制，落實港人治港的基本方針；香港說，「只要××不實施，就沒有一國兩制」、「只要××要作為，要實施，就是破壞一國兩制」。一國兩制是否落實，就成為北京、香港扯不清的鬥爭戲碼。台灣藉機擴大陸港紛爭，一口咬定「一國兩制」騙人、失敗。

英國人殖民香港一百五十六年，港督集軍權（兼香港英軍司令）、行政、立法於一身。香港事務，港督說了算；沒有議會，沒有民選議員，英國人怎麼說怎麼算。港督的車牌沒有

號碼，只有英皇的皇冠徽章，明白告訴香港人，我就是至高無上的唯一統治者。

香港最引以為豪的法治，也是一九九七年前三十年，才具雛形。明確地說，一九七四年廉政公署成立後，香港才有真正的法治可言。

英國人最沒資格說三道四

在廉政公署未發揮作用前，港英的法治，也是有錢判生、無錢被關判死，貪汙橫行，烏鴉鴉。**當時香港有法治？香港或有總督統治下的自由，一五六年港英時期，絕對沒有民主，而且法治也不健全。**

香港回歸前，港英政府藉著中英協議「直通車」回歸的規劃，做了暗藏陰險的三件事：

（一）拿掉維護香港安全的政治部。以致回歸後的香港，缺乏國安體制，成為國安空窗，埋下今天香港國安立法的紛爭。港英政府可以設政治部，訂定國安規範並執行。特區政府依基本法二十三條，定國安相關法律，就被杯葛，理由何在？英、美，尤其英國有何顏面抗議？

（二）統治香港一百五十多年不給的民主，九七前夕，才開放立法局議員選舉，藉直通車之便，硬要回歸後的中方接受其設局，完全忽視剝奪中方的政制規劃權力。英國百餘年來都不給的，經由直通車回歸，一國兩制後，英國有臉批評北京給的不夠多？

（三）回歸前，花光錢，蓋赤臘角機場。英國人熟悉看守內閣，不可立馬推動重大建設。在英國不能做的，在香港，港英政府都做了，能耐港英何？

過往的歐美殖民帝國對亞、非、拉美、中東殖民地，是何等的專斷、獨裁、剝削。今日他們對香港民主化指三道四，能不慚愧？尤其是英國，面對自己過去港督的威權獨裁統治，有何指責別人的正當性？叫英國閉嘴，是公道的說法。

表象背後，大家在裝傻？

一國兩制，就是在一個主權國下，行使兩種制度，**沒有一國就沒有兩制**。**香港對一國兩制的認知，不論其理由、動機為何，看來是將兩制無限放大，一國無限縮小**。局外人的新加坡李顯龍總理客觀地說：「香港一切的主張，不能脫離一個中國主權的框架下。」這簡單明白的道理，**世人懂、西方懂、台灣懂，香港人也聽懂，但大家為何都要裝不懂？**

兩制，是否因制定「遣返條例」後，香港的資本主義政經體制，就會被抽梁換柱，成為大陸的社會主義政經體制？當然不會。上街抗議者、境外聲援者，有何證據可以推導出，**遣返條例一過，香港就會變成社會主義政經體制？若不會，將反送中無限上綱，訴求一國兩制的失敗，有理嗎？**

一國兩制的現況，現實上、事實上看起來問題不大，香港人憂慮的是什麼？為什麼會那麼恐懼？

香港是一個由大陸人不斷移入的城市。

一九四九年前後，尤其是一九四九年～一九七九年三十年間，不願、不想、不甘接受中共統治，以各種方式，逃港落戶求生存；反共的基因，在香港從未少過。國共抗爭最激烈的時期，雙十國慶回台慶祝的僑胞，以香港為主；當天香港很多住家窗戶，伸出青天白日滿地紅的國旗，蔚成一片振奮人心的風景。

一九八四年中英簽署香港回歸協定，對港人而言，卻是「九七大限」；一波波的移民潮，顯示港人對北京政權的恐懼憂心。結束殖民統治回歸祖國的懷抱，不是歡喜鼓舞，而是視為大限，忐忑不安的恐懼心理，前所未有，聞所未聞！也是對當時的中共政權，最大的諷刺。

對於鄧小平「一國兩制」、「馬照跑、舞照跳」、「保持資本主義的香港五十年不變」的承諾，港人半信半疑，國際社會亦然如此，反共氛圍下的台灣，也與港人同聲同氣。

從一開始，港人、世人就拿著放大鏡、顯微鏡在挑一國兩制的毛病，且以哈哈鏡、凹凸鏡凸顯任何事件。以小推大，以樹論林。

二十多年下來，香港人縱然不是一無是處地看待一國兩制，卻吝於給予正評。然而就事論事，北京對港的政策，真是一無是處？一絲絲的客觀，正面評價都捨不得說嗎？一九九七年後香港一切的繁榮，都只因香港？毫無中國「一國兩制」的正面貢獻嗎？

不自覺的高人一等？

在亞洲華人圈，香港人向來以高人一等自居自傲，只因數十年來，經濟條件優於大陸，甚至台灣，與新加坡互有高下。**自認是華人特區，可操持一口流利的英文與西方世界接軌的「高等華人」。或許嘴巴不說，但早期訪港，不會說廣東話，英文不會說或說不好的台灣人，**

誰沒有那種感覺？

相較於新加坡，香港更善於運用英文。買辦，高等華人的姿態，無意識地自然流露，隨時可見。在香港知識圈，上層社會我就親耳聽到，他們感嘆地說：「香港人，英文一代不如一代。」以英文為國語的新加坡，絕不以新加坡式英文為恥，更難聽到如此感慨。

過往在香港，舊移民欺侮、鄙視新移民，稱大陸來港年輕女性為北姑，暗示賣淫；男性為大叔，上不了檔次、看了令人心煩。然而，大陸崛起了，香港人的心情變得錯綜複雜。

陸、港兩地人的愛與恨

隨著改革開放，大陸的快速成長，先富起來的部分大陸人，有錢有能力到香港，從方便消費取得貨品，大包小包，購買名牌，到買房，鑽漏洞取福利……相對於大多數打工生活的香港中產階級、中下階級，有嚴重的不方便，及相對剝奪感。

對大陸人（其實大部分香港人也是這幾十年從大陸移居來的大陸人）又愛（經濟需要）又恨（生活普遍的不便，引來不滿）。有「愛」感覺的是獲利的少數，有恨心的是生活上的不方便，不適應大陸客，相對被剝奪的多數香港人。

任何一件小事就會引發成大衝突，尤其透過網路、媒體傳播，一個衝突，就由個案擴大到整體情緒。回歸以來，大陸與香港之間幾乎沒有所謂心靈契合可言。

殖民化的香港，既要保留港英的一切，又要享有大陸發展成效的利多，什麼好處都要，什麼代價都不付，與台灣極為相似。

困難時、需要時，理所當然接受大陸援助；而大陸基於維護主權國，必須捍衛一國的核心利益，或陸港兩地人民的方便，為所應為而推行的政策，如愛國教育課綱，高鐵入港，一國兩檢，卻被百般妖魔化。港人既要求自身利益獲得滿足，又要無限放大需要，絕不與政府妥協。

從第一屆特首產生以來，無論行政官僚的港府或民選立法會，基本上仍以過往港英時代，習慣由上而下的城市治理，主觀決策模式，而非基於由下而上的民意，反映整體社會基層人民的需求。**從港英至今，所謂的民意，都由商人集團，尤其地產商所壟斷。**在此次的抗議事件中，由社會民心民意與港府間的歧見，可知一斑。

此次上街抗議者，不論打著何旗號，抗議不斷，衝突升高，讓大陸人民看到的，不是維權的抗議，而是「反一國」、「反中、辱華」、「高舉英美」的圖騰、旗號，港獨訴求，已深

深傷及大陸人民的感情。尤其大陸建政七十周年的國慶當天，不以一家人的立場，先放下紛爭，過了慶典再說；反而硬在國慶當天，以更劇烈抗議衝突，給你難看，更深深傷害了大陸人民感情。

香港人與大陸人感情割裂，如何弭平不可知，但失去**大陸人民支持的抗議活動，讓北京更有底氣貫徹政策。香港失焦的抗議，已傷害香港本身。遺憾的是上街的人，還不自知。**

香港的憂慮「既虛幻又現實的恐懼」

其實沒有什麼威脅香港的具體事件，是想像且虛幻的恐懼，形成集體恐懼的意識。恐懼本身已成為香港真正的恐懼。

◎被超越的恐懼

一向高高在上，自認高人一等的香港，近十餘年來，被北京、上海、廣州超越也就算了。被當成偷渡到香港過渡點的深圳，也必然會超越香港，港人情何以堪？

以往的北姑、表叔已不再是偷渡香港討生活，而是到港花錢當大爺。更有些想方設法找漏洞，享受香港醫療，商業、教育的方便或福利，甚至炒房、買房，藉機入籍香港當大爺。

為自我心理的平衡，常把陸客、陸人或來自大陸各方面，不文明、不守法、不雅的個案，全面擴大，成為集體憤怒，發洩的對象。

被超越是無法改變的事實，當港人不能心平氣和地面對被超越的事實，陸港之間，小至個人與個人，大至團體與團體，人民與人民，體制與體制之間的衝突，只會多，不會少。

◎被改變的恐懼

由港英殖民地，轉為中國特區政府，香港地位被改變。「九七大限」，回歸前，恐懼了一陣，稍平緩之後，隨著改革開放的速度加快，尤其珠三角的快速成長，香港難再以其絕對優越的過去，獨立於珠三角之外。

港珠澳大灣區的一體化，共同開發，共同成長，已成為事實。**香港從唯一的地位，逐漸被改變，成為大灣區的一部分。**不論主觀上願或不願，就是必須面對改變。**從「唯一」變成為大灣區「之一」，心理如不調適，不能應變，發揮特色求發展，將無法掌握港珠澳粵地緣政經的大變化。過往擁有的特殊金融經貿角色與地位，擋不住被大灣區經濟生態的改變。不適應改變的香港，除了恐懼還是恐懼！**

◎面對大限的恐懼

五十年不變，第五十年是會到的。二十多年過去了，陸港磨合，顯然遠遠落後於陸澳（門）磨合。第二十五年之後，就要倒數計時，**香港急著想要取得的安全感，顯然用錯了方法。**

高估了自己的實力，高估國際強權的介入或台灣的支持，低估北京對一國主權的絕對態度，無比堅定。結果必然錯估形勢。

以爭取雙普選為例，要求非一步到位不可，結果是僵住了，也失去了先求有，再求好的契機。在反送中持續抗爭下，要逼使北京全面接受。更激烈的衝突，更難磨合、更難獲得所要。

二〇二〇年五月份，反送中無休止的抗議，終引來北京涉港機構人事更替，進一步更強化一國態勢；並由人大主動訂立「港版國安法」，取代香港遲遲不願依基本法二十三條，制定國安法的延宕。如此，大限壓力的恐懼必會大增。

更令人擔憂的是「缺乏磨合下的關係」，加上大限必來的事實，除了恐懼，又能如何？**還有近二十七年的時間可以磨合，只要開始，一切都還來得及。但繼續零和地對抗不和解，**

時間對香港是不利的。

◎抗爭無果的恐懼

恐懼的總和，更加深香港集體化的恐懼，理性溝通似乎更難進行。北京與香港，是中國特色社會主義體制與西方資本主義體制的對話，是某一種程度的雞同鴨講。香港必須調適心理，才能面對**「先有一國，才有兩制」的事實，才能爭取到兩制的最大空間和恆定性、穩定性。五十年是會到期的。五十可以是大限，也可以是經歷五十年，磨合成功的兩制再延續。**

香港已到命運選擇的十字路口。兩制不是兩國，兩制是主權國下的特區政府，不是自治區，更不是類似邦聯、聯邦的獨立區，這就是現實。香港的政客、某些特定立場的媒體，把香港的價碼拉得越高，北京不會與香港就地討價還錢。香港今天不會取得更多，反而將來要付出更大的代價、更痛苦地轉身。

如同在台灣，去中反中越徹底，台獨理念越高唱，公投自決獨立的訴求越高調，將來付出的代價更高；受傷更重，轉身更困難、更痛苦。

港版國安照妖鏡

大陸施行社會主義政經體制，香港實行資本主義政經體制，這是一國兩制的根本。北京是否貫徹一國兩制，香港是否仍是一國兩制，不在於是否訂有逃犯遣返條例，也不在於是否制訂港版國安法，而在於社會主義的大陸，資本主義的香港，是否並存於中華人民共和國的旗幟下。

號稱自由、民主、實施資本主義體制的國家，均以防止國外勢力入侵，敵對國家滲透，防止並打擊恐怖主義等理由，做為訂有國家安全的相關法律的必要性、正當性。美國最多，共計四十多種，非經專業律師研讀，一般人無法懂。即使美國一般人，不小心觸法的機率也極高。

美國，可訂多如牛毛的國安相關法律，英、法、澳、加等可以有，難道香港是註定要淪為歐美間諜天堂的宿命，才叫民主自由？北京必須留下香港的國安空窗，供國際揮耍，才是一國兩制？別忘了，九七前，港英政府不經立法，直接設政治部執行國安，港人俯首，國際噤聲，這又算什麼？

台灣的國家安全法，經民進黨修改，人民一不小心就有觸法的可能。民進黨以反敵對滲透為由，以粗暴手段，通過反滲透法就可以；北京反對英美勢力滲透香港，這樣卻不對，這又是什麼道理？

民進黨有何臉面夸夸而談，反對港版國安法，卻以多數暴力，趁選後換屆空檔，不經討論審議，強制通過了惡名昭彰的反滲透法！

歐美、台灣，以防止敵對勢力滲透為名立法，就理直氣壯；大陸也防止敵對勢力滲透香港，就惡名昭彰，罪大惡極？這就是嚴以律人，寬以待己的雙重標準。

間諜天堂在香港

或許有人辯駁，反對人大代替香港制定國安法，是因為違反基本法；但是否違反基本法尚有極大的爭議空間。二〇〇三年起，香港立法會，被各種勢力，用盡方法阻礙延宕十七年，不依基本法第二十三條，制定適用香港地區國安法。號稱民主派人士，寧願讓中國在香港有一塊國安空窗，供各國有心有意人士，尤其間諜，活躍於香港，成為中國境內的「國安樂園」、「間諜天堂」。**全世界何國、何地能忍受如此的「樂園」、「天堂」？歐美眼見間諜的**

「樂園」、「天堂」消失而焦慮、抗議；但香港不要國安法的正當性何在？

若制定國安法，就會破壞香港資本主義政經體制，那所有歐美資本主義政經體制的國家，制定並執行國安相關法令，又算什麼？

立國家安全相關法令，設國家安全執行機構，是國家法制必然的「惡」，所以必須限制其權限，嚴格規範其執行，以便既能限制其「惡」又能保其「善」。這是一般法學的基本概念。十七年來，香港有何理由，拒絕依基本法二十三條，制訂國安相關法例？

以此而言，香港沒有不訂港版國安法之理。除非港人認同，讓香港成為中國國內空窗，繼續縱容外國勢力，為所欲為；何利於香港？利於中國？依基本法二十三條，制定國家安全法令，如同軍事、外交屬中央，完備國家安全體系，中央特區執行一條鞭，適用於香港，合情合理，是兩制裡體現一國的主體性。香港十七年不訂，開了國安空窗，由中央以基本法附件而訂，亡羊補牢而已。

美國今後不能在香港為所欲為，老羞成怒，惡言攻訐，也只能雷聲大、雨點小。不信，我們拭目以待，看它何時為香港下大雨。

失去中國，香港不會更好

英國殖民統治香港期間，設有完全由英國人管理統治，執行的「政治部」。沒有法源，當然也不必立法，總督說了算，香港政治部就是在港執行「國安」的「國安部」。

依據中英聯合聲明，「直通車」精神（即一九九七年六月三十日存在的組織制度、法令等，適用於一九九七年七月一日回歸後的香港），「政治部」必須延伸到回歸後的香港。**英國人很狡猾，在一九九五年取消了執行香港「國安」的政治部，就不用直通了。一九九七年香港回歸，沒有維護國安的政治部，香港成為中國最大的國安空窗區。**

依一國兩制，大陸國安相關法制，不能適用於香港，直通車少了一節極為重要的國安車廂，所以才有基本法二十三條，應訂定符合香港地區相關國安法制體系。

英國人殖民統治，要有政治部；歐美各國更都擁有國安法律體制；依基本法二十三條，應由港人制定，卻一再被阻撓，依主權國憲法由人大制訂，也要反對。只有讓各國在香港肆無忌憚，從事各項活動，就算會危害中國國家安全之虞，才符合香港利益？香港與中國是「皮之不存，毛將焉附」、「覆巢之下，豈有完卵」的關係，因香港的國安空窗，傷及中國權益，是港人所樂見？沒有中國，香港不會更好。

是為美國，不是為香港

沒有相關法律的規範，香港是國際間諜的萬國地，搜集、交換、買賣情報活動，甚至祕密進行滲透顛覆。

以美國總領事館為例，香港七百萬左右人口，美國在港領事館人員竟達千人，所為何事？不搞情報、間諜活動，政治活動，鬼才相信？除領事館外，其他打著NGO的機構，也必然以各種名稱活躍於香港。沒有國安法的香港，成為有心國家公然滲透活動的天堂。第一個跳出來反對國安法的，就是美國，因為美國間諜滲透活動能量最大。美國出面抗議，是為美國的國家利益者多，香港人民的利益者少，甚至沒有。

就在北京下定決心，貫徹在港國安立法之際，美國即刻將六棟三層高級豪宅以數十億美元標售。當然，美國對外說法是清理美國海外資產，問題是早不清、晚不清，此時就在香港清，因為用不了這麼多豪宅，供情報高官使用。

是耶？非耶？只有美國心知肚明。美國做的，就被美化，是透明；別人做的，就被醜化，是陰謀。說美國言行沒有陰謀？美國人笑你是憨大呆。

香港成為中國國安漏洞，誰得利？絕不會是香港

同屬一國兩制的澳門，依基本法二十三條制定相關國安法令，實施於澳門以來，未見有傷害兩制者。澳門沒事，香港就有事？

二〇〇三年香港開始推動立法，即遭受內外阻力，拖延至今已有十七年。十七年不算短的時間，若從九七年算已二十三年。

與其說北京及特區政府沒有耐心，不如說阻撓者吃了秤砣鐵了心，硬要讓香港成為中國國安的空窗漏洞，更有利於各股境外勢力，持續吃香喝辣了！難怪發起抗議活動的人士，總被說，背後有國際勢力的支撐、煽動，瓜田李下難避嫌啊！

同樣的標準，美國政府同意嗎？

假設在夏威夷推動脫美獨立，發動者，一面將支持群眾鼓動上街頭，與政府對著幹，與警察對著衝。一面與支持夏威夷獨立的境外勢力官員、情報人員公開接觸，要求支持。不要說美國有四十多種國安法伺候，世上又有哪一個國家，可以容忍這樣的行為？只視為單純的言論自由？

就如同台灣，主張統一者，一面鼓動上街抗議，訴諸行動，一面在台灣公開與中共官員，情治單位接觸，要求支持；試問今天所有聲援香港港獨的國人，有誰認為統派如此作為，合法應受保障？或統或獨各有主張，訴諸行動，且公開與境外勢力接觸，並要求介入支持，哪國容許？

在美國，在台灣不被容許的行為，在香港就可以？這是什麼標準？這與一國兩制會變成一國一制有何關係？

當反送中隊伍高舉港獨，攻擊北京駐港機構，攻入香港立法會，破壞交通道路公共設施，公開與境外勢力（就是美國）駐港官員，甚至與情治人員會面，有圖為證，還公開示之；**而法律對境外人士，對勾結者無法可施，無法可管，試問這是一個正常的法治社會嗎？**

二〇一九年，從反對罪犯遣返條例，從事和平理性非暴力活動，變質為街頭游擊戰之後，由抗議立法層次，變調為港獨運動，且公開與外國勢力公然掛勾，證實有國安的空窗。既然二十三年來不願訂、十七年來都阻撓而訂不成，北京為國家安全防護，依二十三條內容為綱，以基本法附件三主動立法，就全面批評、指責，詆毀，全歸責於北京；阻撓立法的那群人，都不必負責，不通吧！

香港最大的敗筆，是傷了十四億人的感情

據報載，該法於人大審議時，獲全場最長，長達十九秒的掌聲，代表了大陸人民的心聲。二〇一九年香港長達半年的抗議活動，**香港最大的損失，不在抗議的反送中，甚至不是街頭游擊隊式的暴動所造成的經濟、社會成本；而是過程中，已深深傷害大陸人民的感情，失去了大陸人民的支持。將十四億中國人與七百萬香港人對立起來！**

香港夠聰明的話，應爭取十四億中的多數人，認同支持香港的訴求，對北京才有壓力。反之**與十四億人對立，十四億人成為支持北京對港，採行政策的堅強支持者。失策啊！**

包圍抗議中聯辦，這是民主國家、地區，抗議包圍公署的家常便飯。但抗議者把象徵國家的國徽破壞了，國旗焚燒了，並在牆上噴上「支那賤畜」的字眼，中國人民的感情崩潰了。這就是十九秒掌聲的來源。

抗議期間，高舉美國星條旗，英國米字旗，到美、英駐港機構陳情。衝進立法會高舉米字旗，掛上英國旗，甚**至於活動中，焚毀五星旗，高舉美英旗**。活動中出現強烈排華辱華言行，讓入境的大陸人深感威脅，讓不會廣東話的中國人，甚受排斥。**中國十四億人的心碎**

了，人大十九秒掌聲出現了。

割裂陸港人民的感情

別以為這是大陸官方特意偏差的渲染結果，吾人親聞大陸底層人民、工作者也說出：「香港人什麼了不起，過去有錢看不起我們，今天我們也有本事了，我才看不起他們呢？**中國人有什麼對不起香港人的，抗議就抗議，為何要羞辱內地人？要對大陸人出氣？**」

香港脫序的抗議，正一刀一刀割裂了大陸與香港人民的感情。**香港一連串對中國人感情的傷害，香港社會卻沒有出現，更強的公民力量出面制止，甚且將出面者，貼上中共、「暴警」同路人的標誌，公開羞辱霸凌、攻擊。香港與十四億人對立了。**

現在北京任何針對香港的立法，必然獲得絕大多數中國人民支持，北京可心無罣礙地立法執行。

鼓動抗爭的人，或有外國護照，或已做好政治庇護的準備，屆時各方勢力，拍拍屁股就走人，最終受害的，是失去十四億人支持認同的香港。

人大常委所通過的立法原則，未來在執行層面上，仍有許多可調適的空間。簡單地說，依基本法二十三條內容精神，香港人意見可充分融入其間，亦可完完全全由北京一手主導執行，一切取決於香港人的政治智慧。

香港愈玩零和的遊戲，失去的會更多。反之，愈落實符合香港特區國安法及運作體系，香港的運作會更順暢。

末代港督，彭定康的詭計

政治本就是妥協的產物，英國被公認是全世界最懂運用妥協以議事，而且運用最精準的國家。議會內閣制的精髓就是「人人不滿意，人人可接受」的妥協藝術。絕非贏者全拿的零和遊戲。

英國人很自私，他們是妥協議事的佼佼者，但只用在他們的體制，和對英國利益相關的國際談判，絕不把這項絕活，教會或給予被殖民統治的人民。殖民帝國的統治者，要的是完全服從的被統治者，只有統治者下令，要求絕對服從的 yes sir，絕無妥協二字。他們認為妥協就是放鬆管制，必會動搖帝國的統治權威。

英國殖民香港，回歸前，基於彭定康的詭計，才給予香港民主議會與選舉的權力，一百五十多年的統治期間，從沒給過一絲一毫的民主。**一九九七年前，歐美，尤其美國，替港人爭取過什麼？港英殖民時期，英國不給的，美國沉默**，今天個個法相莊嚴，說三道四，有何道理？尤其曾是殖民統治者的英國。更是自己打臉。

這個質疑，不在否定民主，在於檢討港英的私心詭計，被逼交還，就陰險算計設局。自己殖民統治一百五十多年，什麼也不給；臨去前丟問題給別人，臨去後又對北京、特區的民主與否，指指點點。誰都有指點批評的權力，唯獨英國，尤其彭定康再不閉嘴，只會把自己的臉打得啪啪響。

現在批評北京及特區政府的西方國家，更是雙重標準的偽君子。假若民主和公民自決脫離殖民統治，是絕對的普世價值，一九四五年第二次世界大戰結束後，翻天覆地的殖民地獨立運動風起雲湧之時，歐美為何不聲援香港，要求英國殖民者撤出香港，或至少應給香港民主選舉，民主議會吧！

一九四五年～一九九七年，五十二年間，半個世紀，西方縱容港英政府，完全的殖民帝國統治，沒有選舉，沒有民主。倫敦換北京，英國換中國了，英國做的都是對，中國做得再多，都不對。這就是雙重標準。

說穿了，西方帝國主義心態——我做的都是對，你做的都不對，因西方至今仍掌握定義價值、定義文明的話語權，我說了算。西方霸權必須學習，謙卑面對多元價值興起的世界，人類才會少紛爭，多和平。

商場爭輸贏，政治講妥協

英國殖民期間不教香港政治，如同日據時代，日本人不准台灣人在台學習政治法律，因為他們只要被殖民的順民。英國人更不會教香港人政治是妥協的藝術，只留殺戮戰場弱肉強食，優勝劣敗，適者生存，成王敗寇的資本主義精髓。讓回歸後的香港面對政治議題，只有輸贏的全或無，沒有妥協的空間，難有雙贏的思維。

面對一塊好的地皮，大家用盡手段搶著拿，贏者全拿，獨家開發。甚少妥協共購、共同開發、共享成果。即使不得已共購，也要想盡辦法，掌有獨大控制權，沒有妥協的空間。這是商場競爭的本色。

英式內閣議會制，要順利運作，就必須學會妥協，否則議事無法開展；除非不得已才表決，定輸贏。在野黨抵制杯葛的目的，是要執政黨妥協，放出有利在野黨的政策或資源；若杯葛到底，就要冒著被執政黨以多數否決，什麼也得不到的結果。

表決或杯葛是朝野政黨攻防的武器，不輕易對決。妥協是政事順利運作的必要，所以是否人人滿意，不是重點，大家能接受才是目標。

英國丟下一把刀

這套英國人最專長的操作，英國人基於統治的私心，貫徹對殖民地的掌控，絕不讓香港有學習了解的機會。香港只習慣商場輸贏勝負的對決，且深入人心；覺得妥協就是失敗，不熟悉，也不習慣妥協。不知妥協才是化解政治對決，追求進步的常用手段；以零和的激烈手段，在政治上，往往會反噬自己。

從要求特首直選的佔中到反送中，上街者只有真普選的唯一訴求。梁振英特首時代，提議先有各界組成委員會，通過幾位候選人，再經公民直選，以利間接選舉過渡到完全直接民選。香港稱為「袋住先」，先求有，再求好，就是妥協的運用。但上街者要求開放登記，公民直選，毫無妥協的空間；結果仍以間接選舉，選出林鄭月娥特首，否定直接民選特首的訴求。欲速則不達，卻累積了港人的憤怒。

反對遣返條例，只有全案撤的唯一條件，特區政府以停止審議，達成實質撤案目標，上街者仍不接受，除要求撤全案外，再加碼為「五大訴求，缺一不可」。絕不妥協，要全贏。最後港府撤案了，港澳小組、中聯辦換人了，人大立法了。

激進者不喜歡「妥協」，但社會不是激進者組成。當雙方面臨衝突時，堅持激進，或許造就個人名聲，成敗與否，都是英雄，卻讓社會出付出代價；而妥協可能還背負罵名，卻是社會需要的穩定中求進步。

香港不是台灣，民進黨不可學，英美承諾不能信

香港必須面對以下鐵錚錚的事實。再怎麼鬧，香港是中華人民共和國的領土，是主權國內特區政府，這項事實不可能改變。不管激進份子的口號多誘人，多響亮，不管政治論述，史觀論述多偏頗，改變不了這項事實。更不論西方、美國如何鼓動，拍胸脯，說狠話，美國訂再多與香港相關的國內法，也改變不了以上的事實。

西方尤其美國，再多的承諾，都阻擋不了國力及國際影響力日益增強的中國，行使主權國的決定，這是中國的內政。

香港絕不同於台灣，北京和香港的關係更不同於兩岸關係。台灣有向大陸叫板的空間，香港沒有。國際強權如美國，用台灣當棋子，香港卻連棋子都當不成。

別相信台灣民進黨給你們的建議，台灣或許可做的，香港做不來。別太相信台灣的聲援，好聽不實用。更別學台灣民進黨對抗國民黨那一套，因為共產黨不是國民黨。

香港必須體認，香港是中國主權下的特區政府，彼此的勢態清楚了，面對現實，才能與北京互動爭權益，摸索出香港模式。

試想隔著台灣海峽，有軍隊的台灣，台獨喊了幾十年了，如今民進黨全面執政，中美對撞中，美國玩台灣，玩得正起勁，台獨也只能說不能做；可知港獨，絕無機會，別再打自傷拳了。

沒有一國何來兩制？兩制的空間無論如何的再擴大，只有一國的前提下，才有空間。若想擺脫一國，一切都是空談；無論歐美如何大力支援香港，都必須面對，中國在香港擁有行使主權的絕對權力。這就是國際社會必會、也是必須面對的現實。

這些話赤裸裸，對某些港人甚至有些逆耳、刺耳，但忠言逆耳利於行！

美英支持香港，反對制定國安法，不少激進人士，向美英尤其美國喊話，意圖美國干涉插手，暗示「危險時刻」請伸援手。期待英美的人，一定會失望。

我曾開玩笑說：美國提供二百萬，英國提供一百萬的移民名額，問題就可解決。要出走的，有英美，要留下的，有香港。

英美對港人，會端出如此慷慨的決策嗎？保證不會！談大話易，有效行動難！就算同文同種的台灣，當港人提出移民台灣時，民進黨（其實哪一黨都一樣）聲援可，移民看著辦，好說，慢慢來，雷聲大雨點小。對台灣有期待的香港人，一定很失望，現實上台灣也有一本難念的經啊！港人最好還是回歸務實，實事求是吧！

是空頭支票，不是空白支票

諸位請嚴肅看待：美國、英國、台灣都不會，把空白支票給香港。就算會給，也是給會跳票的空頭支票。**香港有難時，我深信，北京一定不計前嫌，不計一切伸手救援，因為香港是中國的領土，香港人是中華人民共和國的國民。而今天的鼓動者如英美等，香港有難時，**

他們或袖手旁觀或只是口惠實不惠。

近年來香港與大陸的不斷衝突，逐漸衍生出脫中求獨的想法，為了合理化想法，如台獨一般，開始出現許許多多的奇言怪論；歌頌鴉片戰爭有之；肯定日本侵華者有之；全力追捧港英統治者有之；全面醜化中國者，扭曲史觀者有之；如此的羞辱自己，只讓自己偏離正道，淪落邪門歪道。有意義、有價值、有必要嗎？

浩浩蕩蕩，綿延數千年的中華歷史，不會因這幾年香港某些人的躁動、反動而輕易改變。隔著台灣海峽擁有國家完備條件的台灣，台獨都難成；**中國領土的香港，絕無獨立的機會。告訴你會成功的人是騙子，相信會成功的人是傻子，香港的命運，不能由騙子和傻子決定吧！**

港版國安法的出爐，代表香港與中國關係再回歸

一九九七年～二〇二〇年，二十三年來，北京謹守「直通車」謹小慎微，信守一國兩制，幾乎放手不為。讓部分港人、政客、國際強權，以為北京對港軟硬無方，束手無策，進而故意挑戰「先有一國，才有兩制」的主權國基本權力。把兩制無限放大，幾無一國可言。

港獨口號，英美旗號，焚燒國旗，攻進官署，塗抹國徽，攻擊警察，霸凌反對者，幾無

底線地公開接觸國際干預勢力，要求介入港務……不管訴求正當與否，放眼全球，沒有任何一個主權國，會放任事態惡化延續。再理想的訴求，挑釁主權國的權力，國際毫無介入的正當性。

總結回歸二十三年，完全不去殖民化，直通車式的回歸，有了維護兩制的用心，卻脫離了一國的根本。北京從主權國的角度看，這絕不是真正的兩制，而是失控的兩制，甚至埋下分離、分裂開端的兩制，必須改絃易轍。

二〇二〇年港版國安法的頒行，是北京重新表明陸港關係，必須以尊重一國主權，主權絕對涵蓋於香港的事實，貫徹「大陸實施社會主義政經體制」、「香港實施資本主義政經體制」的兩制。二〇二〇年之後，兩制仍然是兩制，是先確立一國為前提下的兩制，否則怎能稱之為一國兩制？因此港版國安法的頒行，代表著香港與中國關係再回歸。一九九七年是從港英回歸到中國，二〇二〇年是從直通車到去殖民化的第二次回歸，走向真正一國兩制的正道。

最後，香港人必須面對，五十年不變的承諾，二十七年後，也就是二〇四七年，必然會到臨的事實。屆時是第二次回歸後，一國兩制的再延續？或是陸港一體化的一國一制？或是兩制一制之間的綜合體？往一制或靠向兩制的修正版？太多的可能與假設，絕對由未來二十多年陸港間的互動、磨合結果決定，正考驗著這一代香港人的智慧。

同樣施行一國兩制的澳門特區，澳門跟大陸之間，特區政府、人民、社會與北京之間的關係、互動，證實一國兩制是成功、可行的模式，即使到了二〇五〇年的屆期，幾無懸念，應該仍是一國兩制的延續。

相對於澳門，香港應有自覺，以自己的智慧、利益選擇自己的未來。若仍寄望英、美等國際強權，甚至台灣的支持聲量，必是枉然也毫無意義。這一代的香港人若繼續相信與北京進行零和的抗爭，繼續傷及大陸人民的情感，是確保港人權益的必然手段，既會失去爭取的目標，更會傷害下一代人繼續享有兩制的權益。以零和抗爭為目標的這一代人，沒有權力毀掉下一代吧！

台灣謀略：刺激 2020，再認識中國大陸，探索台灣未來路 / 李勝峯著 .-- 初版 .-- 臺北市：時報文化，2020.10
面；　　公分 .--（人與土地；24）
ISBN 978-957-13-8408-5（平裝）
1. 兩岸關係 2. 兩岸政策 3. 文集
573.09　　109015513

ISBN 978-957-13-8408-5
Printed in Taiwan

人與土地 24
台灣謀略：刺激 2020，再認識中國大陸，探索台灣未來路

作者　李勝峯｜**圖表提供**　李勝峯｜**編輯**　陳萱宇｜**副主編**　謝翠鈺｜**封面設計**　陳文德｜**美術編輯**　WST｜**董事長**　趙政岷｜**出版者**　時報文化出版企業股份有限公司　108019 台北市和平西路三段 240 號 7 樓　**發行專線**—(02)2306-6842　**讀者服務專線**—0800-231-705・(02)2304-7103　**讀者服務傳真**—(02)2304-6858　**郵撥**—19344724 時報文化出版公司　**信箱**—10899 台北華江橋郵局第九九信箱　**時報悅讀網**—http://www.readingtimes.com.tw｜**法律顧問**　理律法律事務所　陳長文律師、李念祖律師｜**印刷**　勁達印刷有限公司｜**初版一刷**　2020 年 10 月 30 日｜**定價**　新台幣 420 元｜缺頁或破損的書，請寄回更換

時報文化出版公司成立於 1975 年，並於 1999 年股票上櫃公開發行，
於 2008 年脫離中時集團非屬旺中，以「尊重智慧與創意的文化事業」為信念。